·未来学校创新计划系列丛书·

未来教师的教学策略

丛书主编 王素　　　　　本书主编 杨春生
丛书副主编 袁野 李佳　　本书参编（按姓氏笔画排序）
　　　　　　　　　　　　白晶　刘英琦　孙榕蔚　李宇婷　李春来
　　　　　　　　　　　　杨硕　陈雪梅　胡俊　段昆仑　姚铁龙
　　　　　　　　　　　　袁汉邦　陶波　韩方廷

助你成为教学设计高手

机械工业出版社
CHINA MACHINE PRESS

也许初登讲台的你有过这样的经历:课前信心满满,精心备课,结果一堂课教下来,情绪低落,万般无奈,因为课堂气氛沉闷,教学效果很差。在教学活动中,教师常常问:怎样教学才有效?怎样教学更有效?本书共8章内容,通过案例呈现给你7条当下效率高、应用广、受众多的教学策略,帮助你迅速提高教学效果,让你成为教学高手。这7条教学策略是:情境教学策略、混合式学习策略、深度学习策略、合作学习策略、游戏化学习策略、项目化学习策略和逆向设计策略。

图书在版编目(CIP)数据

未来教师的教学策略/杨春生主编. —北京:机械工业出版社,2022.6(2023.2重印)
(未来学校创新计划系列丛书/王素主编)
ISBN 978-7-111-71094-3

Ⅰ.①未⋯　Ⅱ.①杨⋯　Ⅲ.①中小学—教学研究　Ⅳ.①G632.0

中国版本图书馆CIP数据核字(2022)第113435号

机械工业出版社(北京市百万庄大街22号　邮政编码100037)
策划编辑:熊　铭　　　　　责任编辑:熊　铭　夏晓琳　彭　婕
责任校对:王　欣　刘雅娜　责任印制:李　昂
北京联兴盛业印刷股份有限公司印刷
2023年2月第1版第2次印刷
184mm×260mm・13印张・313千字
标准书号:ISBN 978-7-111-71094-3
定价:45.00元

电话服务　　　　　　　　　　网络服务
客服电话:010-88361066　　　机 工 官 网:www.cmpbook.com
　　　　　010-88379833　　　机 工 官 博:weibo.com/cmp1952
　　　　　010-68326294　　　金 书 网:www.golden-book.com
封底无防伪标均为盗版　　　机工教育服务网:www.cmpedu.com

Foreword 前言

教学策略的融合与创新

"问渠哪得清如许？为有源头活水来。"在信息技术高速发展的今天，让人学必自学，教人书必读书。只有通过读书学习，我们才有源源不断的"活水"，才能紧跟时代，拥抱时代，成为面向未来的教师。而本书就是一本具有前瞻性的、面向未来教师的、可读的、要读的"有用"的书。

策略，是一个古老而永恒的话题，策略所反映的是人的思想意识和物质意识。教学策略是指人们在解决教育教学中存在的矛盾的过程中，实现预期目的与效果的高超艺术。教师只有对教学策略有了深入的研究，才能实现高质量的教育，办人民满意的教育，成为"有理想信念、有道德情操、有扎实学识、有仁爱之心"的未来教师。

本书通过情境教学、混合式学习、深度学习等当下最为有效的七大教学策略，为教学创造有利条件，实行全面行动，实现预期目标，提高教学效果。

本书共8章，内容包括教学策略——课堂革命实施的秘笈，情境教学——跨越今天与昨天的鸿沟，混合式学习——连接今天和明天的桥梁，深度学习——让学习由"浅表"走向"深度"，合作学习——让学习在交往互动中发生与发展，游戏化学习——让学习与兴趣、快乐、成长共舞，项目化学习——基于真实情境的知识建构与应用，逆向教学设计——评价先行的教学策略。从为什么、是什么、怎么做三个方面，对理论做了详细的梳理，对实践做了深入的探讨，对效果给出了典型案例，对如何做"谋略型"的未来教师给出了可行的方法和可走的路径。

"向来枉费推移力，此日中流自在行。"本书力求化繁为简，化难为易，强调知识性、科学性、思想性、趣味性和应用性。教学策略，仁者见仁，智者见智，而本书只是挑选了一部分典型的教学策略，这些策略会让您发现，使用策略是有用的，教师必须学习；学习策略是系统的，值得教师学习；分析策略是有趣的，教师可以学习；不同策略是奇妙的，教师喜欢学习。

　　教学系统是个多因素、多变量、开放的动态系统，教学设计的指导思想应该具有系统性与整体性。本书分别介绍了行之有效的七大教学策略，这并不是说我们的教学每次只能应用其中一个教学策略，而是应该恰当地根据学生实际情况、教学内容、教学资源和教师本人的教学风格，选择、有效融合多种教学策略，使教学过程最优化、教学活动高效化、教学效果最大化。高效的教学活动一定是多种教学策略融合与创新的结果。

　　叶圣陶先生说过："教学有法，教无定法，贵在得法。"达完美而难得，臻至善为我求，恳请读者对本书提出宝贵意见，万分感谢。

Contents 目录

前言

第一章 教学策略——课堂革命实施的秘笈 1

  1.1 未来已来，策略先行 1

  1.2 教学策略与课堂革命 3

  1.3 我国教学策略的演变 6

    1.3.1 个别教授，以学为主 6

    1.3.2 班级教学，西学东渐 7

    1.3.3 改良教法，本土改革 7

    1.3.4 深化改革，百花齐放 9

  1.4 国外教学策略的发展 10

    1.4.1 主要发展阶段 10

    1.4.2 主要教学策略介绍 12

第二章 情境教学——跨越今天与昨天的鸿沟 19

  2.1 为什么要进行情境教学 20

  2.2 怎样才能创设情境 23

    2.2.1 国外关于情境教学的认识与发展 23

    2.2.2 国内关于情境教学的认识与发展 25

    2.2.3 情境教学的特点 27

    2.2.4 创设情境的类型及原则 29

    2.2.5 创设情境的途径 32

  2.3 创设情境典型案例评析 37

- 2.3.1 典型案例评析一　看，看，看！——"掰手腕"习作情境教学案例 37
- 2.3.2 典型案例评析二　"小猪佩奇探险记"教学设计 42

第三章　混合式学习——连接今天和明天的桥梁 50

- 3.1 为什么要进行混合式学习 50
  - 3.1.1 混合式学习的由来 50
  - 3.1.2 混合式学习的含义 51
  - 3.1.3 混合式学习理论的内涵 53
  - 3.1.4 混合式学习理论的特点 54
  - 3.1.5 要进行混合式学习的原因 55
- 3.2 怎样才能实现混合式学习 56
  - 3.2.1 用颠覆式创新推动教育革命 56
  - 3.2.2 混合式学习教学设计 58
  - 3.2.3 混合式学习模式 61
- 3.3 混合式学习典型案例评析 61
  - 3.3.1 典型案例评析一　清华大学"数据科学与工程"专业硕士项目 61
  - 3.3.2 典型案例评析二　混合式学习背景下初中整本书阅读案例——
    以《水浒传》为例 62
  - 3.3.3 典型案例评析三　混合式教学模式在物理化学实验教学中的应用探索 62
  - 3.3.4 典型案例评析四　混合式学习视角下初中数学课堂教学策略研究 62

第四章　深度学习——让学习由"浅表"走向"深度" 64

- 4.1 为什么要深度学习 64
  - 4.1.1 深度学习回应时代挑战 64
  - 4.1.2 深度学习更尊重教学规律 65
  - 4.1.3 深度学习破解教学悖论 65
  - 4.1.4 深度学习颠覆教学观念 66
- 4.2 怎样实现深度学习 66
  - 4.2.1 明确深度学习总目标 66
  - 4.2.2 营造深度学习生态 67
  - 4.2.3 深耕课堂教学 68
  - 4.2.4 避免陷入误区 71
- 4.3 深度学习典型案例评析 73

4.3.1 典型案例评析一　邹旭红老师的《深度学习：让学习真正发生——"三角形的三边关系"一课的教学实践与思考》中的教学片段 ………… 73

4.3.2 典型案例评析二　魏本亚老师的《语文深度学习的实现路径》中节选的多个经典语文学科深度学习案例 …………………………………… 80

第五章　合作学习——让学习在交往互动中发生与发展 …………… 84

5.1 为什么要进行合作学习 ………………………………………………… 84
5.1.1 学会合作是新时代对人才的基本要求 …………………………… 84
5.1.2 合作学习理论和策略为学会合作提供有效教学条件 …………… 85
5.1.3 基础教育课程改革倡导合作学习 ………………………………… 85

5.2 怎样组织有效的合作学习 ……………………………………………… 86
5.2.1 目标互赖——明确小组目标，建立积极互赖 …………………… 87
5.2.2 资源互赖——掌握社交技能，积极参与互动 …………………… 92
5.2.3 角色互赖——明确个体责任，实现机会均等 …………………… 98
5.2.4 奖励互赖——建立评价机制，激发学习动力 …………………… 100

5.3 合作学习典型案例评析 ………………………………………………… 102
5.3.1 典型案例评析一　学习小组成就分工法教学实例及分析 ……… 103
5.3.2 典型案例评析二　切块拼接法教学实例及分析 ………………… 105
5.3.3 典型案例评析三　小组调研法教学实例及分析 ………………… 107
5.3.4 典型案例评析四　结构法教学实例及分析 ……………………… 108
5.3.5 典型案例评析五　综合教学法教学实例及分析 ………………… 109

第六章　游戏化学习——让学习与兴趣、快乐、成长共舞 ………… 111

6.1 为什么要进行游戏化学习 ……………………………………………… 112
6.1.1 时代对游戏化学习的呼唤 ………………………………………… 112
6.1.2 游戏化学习具有优势价值 ………………………………………… 114
6.1.3 游戏化学习对教育的变革潜能 …………………………………… 114

6.2 怎样进行游戏化学习 …………………………………………………… 115
6.2.1 电子游戏怎样吸引玩家 …………………………………………… 115
6.2.2 游戏玩家怎样开展学习 …………………………………………… 116
6.2.3 课堂教学可以向游戏设计学什么 ………………………………… 118
6.2.4 游戏化学习的实现方式有哪些 …………………………………… 119

6.3 游戏化学习典型案例评析——空间与图形内容的单元游戏课 ……… 129

第七章　项目化学习——基于真实情境的知识建构与应用 138

7.1 为什么要进行项目化学习 138
7.1.1 进行项目化学习的原因 138
7.1.2 什么是项目化学习课程 140

7.2 怎样进行项目化学习 141
7.2.1 去哪里寻找优质的项目点子 141
7.2.2 高质量项目化学习计划的核心要素 145
7.2.3 如何制订项目日程表 153
7.2.4 项目的管理与评价 155

7.3 项目化学习典型案例评析——用人物玩转绘本 161
六年级英语绘本阅读《堂吉诃德》 161

第八章　逆向教学设计——评价先行的教学策略 170

8.1 什么是逆向教学设计 170
8.1.1 逆向教学设计的提出 171
8.1.2 逆向教学设计与传统教学设计的区别 171
8.1.3 逆向教学设计的运用效果 172
8.1.4 逆向教学设计的理论基础 172
8.1.5 逆向教学设计的教育教学理念 173

8.2 为什么要进行逆向教学设计 173
8.2.1 逆向教学设计能够实现学习者的真正理解 174
8.2.2 单元逆向教学有助于学习者建构大概念 177
8.2.3 逆向教学设计重视多元评价方式的实施 178

8.3 怎样进行逆向教学设计 179
8.3.1 合理制订学习目标是教学设计的第一步 179
8.3.2 逆向教学设计的操作模式 181
8.3.3 逆向教学设计范例 182

8.4 逆向教学设计典型案例评析 183
8.4.1 典型案例评析一　逆向教学设计，让学生的学习真正发生 184
8.4.2 典型案例评析二　高中生物逆向教学单元设计之作业设计 187
8.4.3 典型案例评析三　基于逆向设计的"STEM+ 物理"课例开发 192

知识索引 197

CHAPTER 01

第一章　教学策略——课堂革命实施的秘笈

1.1　未来已来，策略先行

相信读过科幻作家叶永烈的《小灵通漫游未来》的人大多会对其中一个情节有很深刻的印象：

> 我朝老爷爷的对面一瞧，吓了一跳：老爷爷的对手是一个长着银光闪闪的长方脑袋的怪物。他有两只圆圆的眼睛，三角形的鼻子，一张又宽又大的嘴巴。他浑身都亮闪闪的。在肩膀、手腕、膝盖、脚踝、头颈这些关节上，可以看到一颗颗凸出来的六角形螺丝帽……
>
> 小虎子指了指那位浑身发亮的人说，"他是机器人，绰号——也算是他的名字吧，叫作'铁蛋'。他浑身是用不锈钢做成的。"

上面的情节描述的是小灵通第一次到"未来"的朋友小虎子家的情景。在小虎子家有一个叫"铁蛋"的机器人，"铁蛋"的脑袋里安装了微型电子计算机，不且可以倒茶、做菜，还可以和小虎子的爷爷下棋。可以说，"铁蛋"就是我们今天人工智能的产物。

如今，人工智能产品已广泛深入到我们的日常生活之中，在银行、餐厅、公园、图书馆、农田、工厂等地方都可以看到它们的身影，为我们的生活、工作和生产带来了无穷的便利。《小灵通漫游未来》中的"未来"已悄然地来到我们的身边——未来已来。

就如《小灵通漫游未来》所描述的那样，人工智能的应用为我们带来了许多生活与工作上的便利。然而，人工智能的发展还带来了一系列关乎人们生存和发展的挑战。

人工智能在生产和服务领域的广泛应用，给人们的就业岗位和劳动力市场带来了巨大的冲击。许多工作岗位由于有较多手工操作和重复性的工作任务，在不久的将来极易被人工智能所取代，大量的就业岗位将因此而消失。普华永道会计师事务所（PwC）2017年的分析报告则预测，在未来15年，制造业、运输业和批发零售业的就业职位将会受到人工智能发展浪潮的严重冲击,大量的工作岗位将为人工智能技术所代替[1]。

也就是说,在人工智能的时代中,人类的大量工作岗位将被"外包",许多人在工业生产中将会变得可有可无,变得"透明"。

人工智能的应用让将来的人们面临着生存和发展的挑战,而我们今日的学生在踏入社会以后将成为面临着人工智能挑战的劳动者。我们的学生需要具备一系列新的能力,方能在将来和人工智能的竞争中站稳脚跟,并且得到可持续的发展。这些能力包括但不限于:**创造和革新的能力、解决问题的能力、沟通与合作的能力、信息技术素养及终生学习的能力**(表1-1)。掌握上述这些能力让学生在踏入社会后能够从容地面对人工智能的挑战。

表1-1 人工智能时代下学生需要具备的能力

能力	描述
创造和革新的能力	能提出新的思想,实施有创意的想法,在工作中展现创新的才能
解决问题的能力	能检索、分析和综合信息,理解事物之间的相互联系,以回答问题和解决问题
沟通与合作的能力	能够与不同团队有效地合作共事,为协同工作共同承担责任
信息技术素养	能运用信息技术搜寻、评估、整合和创建信息,以便及时地做出正确的决策和行动
终生学习的能力	能够有意识地在一生中持续不断地学习,以适应社会发展,满足个体发展的需要

然而,上述这些能力并不是学生天生就具有的,学生需要在成长的过程中持续地发展和实践这些能力。学校作为培养学生能力的重要场所,在学生发展这些能力的过程中发挥着重要的作用。**学校的教育应该着重培养学生面对人工智能挑战的能力,帮助他们为将来踏入社会进行充分的准备。**

由于学校的教育是通过课堂的教学来实现的,因此学校需要在日常教学中强调学生上述能力的发展,要求教师在课堂中注重培育学生的上述能力。这就对教师的课堂教学提出了新的、更高的要求。

以教师为本、直接授课式的传统课堂教学模式已被验证无法培养学生的创新能力、解决问题能力、交流沟通能力和终生学习能力,因而难以培养学生突破人工智能的挑战。**教师需要转变教学观念,运用新的教学策略,以便能够在课堂教学中有效地培育学生的能力。**

目前已经有一系列教学策略被教育研究证明能够有效发展学生的能力和素质,例如项目化学习、探究式学习、小组合作学习等。教师需要采用这些教学策略,让学生能够通过课堂的学习,发展他们需要具备的能力。

---

[1] PwC.Will robots really steal our jobs?[R].(2018).https://www.voced.edu.au/content/ngv%3A78814.

教学策略是指教师在特定教学情境中为达成教学目标，适应学生的认知需要，所制订和采用的教学实施措施。**没有任何单一的教学策略能够适用于所有的教学目标，最好的教学策略就是最适合特定教学目标、最能有效达成特定教学目标的策略**。为了让学生能够在将来适应人工智能的挑战，教师务必选择、应用合适的教学策略，让学生能够在课堂的学习中发展出所需的能力。

唯有教师先行采用适当的教学策略，学生才能发展出相应的能力，从而在"未来已来"的时代做好充分的准备迎接人工智能的挑战，自身实现可持续的发展。

1.2　教学策略与课堂革命

《人民日报》在2017年9月8日发表时任教育部部长陈宝生署名文章《努力办好人民满意的教育》，文章提出了要**深化基础教育人才培养模式改革，掀起"课堂革命"，努力培养学生的创新精神和实践能力**[一]。文章有关"课堂革命"的论述明确了我国的课程改革在经历了理念、政策、管理、课程、评价等层面的探索后，将关注的重点指向了更加微观、更加多样态的课堂教学层面。那么，课堂革命到底意味着什么？

对于"课堂革命"，不同教育专家提出了各自的解读。《中国教师报》在2017年10月25日刊登了《"课堂革命"笔谈·专家观点》的专栏文章，集中展示了三位教育专家对"课堂革命"的解读[二]。

——中国教育科学研究院基础教育研究所所长陈如平认为，课堂革命旨在从根本上攻克当前课堂教学中存在的难题，提升课堂教学的活力，克服教育改革亟待解决的重要问题。

——华东师范大学教师教育学院教授、院长周彬提出，课堂革命，是让课堂教学回归到以生为本、以学为本、以人为本的本质。

——东北师范大学教授、东北师范大学附属小学校长于伟指出，课堂革命是让课堂教学真正形成"以学习者为中心"的形态，解决当前"结果导向""功利导向"的教学缺乏过程、追求速成、忽视儿童发展过程性和阶段性特点、削弱课堂教学育人功能的问题。

在中国教育新闻网的一篇文章《课堂改革中的偏见与共识——2017课堂教学改革年度观察》当中，记者引用了《第二次教育革命是否可能》一书作者张卓玉（山西省教育厅原副厅长）在2011年接受采访时提出的观点，课堂革命"必须建立新的教育哲学和以这种哲学为指导的新的实践模式"[三]。

[一]　陈宝生．努力办好人民满意的教育［N］．人民日报，2017-9-8（7）．

[二]　"课堂革命"笔谈·专家观点［N］．中国教师报，2017-10-25（4）．

[三]　褚清源．课堂改革中的偏见与共识——2017课堂教学改革年度观察［EB/OL］．(2017-12-27)［2020-12-19］．http：//www.jyb.cn/zgjsb/201712/t20171228_915220.html．

尽管不同专家对"课堂革命"有着不同的论述，但是他们均明确了课堂革命的一个核心指向——课堂教学的变革。**课堂革命将课堂教学改革定位为教育改革的核心**。课堂是教育的主要阵地，是教育发展的核心地带。课堂的一端是学生，另一端连接着中华民族的未来。只有进入到课堂教学的层面，教育改革才真正进入到深水区。只有课堂改变，教育才能改变；只有教育改变，学生才能改变。因此，教育只有抓住课堂教学这个核心，才能得到真正的发展。

纵观全球，近年来部分国家或地区的教育改革无不将课堂教学的变革置于最为优先的关注事项（表1-2）。我国内地教育改革剑指课堂革命，全面深化课堂教学的改革，是顺势而为，符合国际教育改革的潮流。

表1-2 近年来部分国家或地区的教育改革

国家或地区	改革内容
新加坡	在1997年提出了"学习型学校，思考型国家"的教育改革理念，推动学校通过采用新的教学方法来推动"以学生为中心"的学习，塑造学生的学习热情，培养学生的高层次思考能力
日本	1998年12月和1999年3月先后修订了中小学《学习指导要领》，确定于2002年开始实施新课程，力求为学生营造轻松宽裕的课堂教学环境，让学生在丰富多彩的学习活动中，掌握最基本的知识，发展自主学习、独立思考的能力
中国香港地区	于2001年公布了《学会学习：课程发展新路向》的课程改革文件，指出学校要改变以往"知识学习"的路向，采用"生活事件"和"以学习者为中心"的教学，以丰富学生的学习经历，让学生的学习更为有效
芬兰	在2014年开启了新一轮的基础教育核心课程改革，并在2016年8月发布了新的《国家核心课程大纲》，透过实施"基于现象的教学"，为学生创设跨学科融合与合作学习的情境，以培养学生对学习的兴趣

我国内地课堂革命的最主要目的，是培养学生适应社会发展和终身发展所必须具备的品格与关键能力。课堂是为国家发展培养人才的主要渠道。在一定程度上讲，课堂教学的模式，决定着我国人才培养的模式。我国的课堂革命需要遵循一定的基本原则，才能培育出新形势下国家发展所需要的未来人才。这些原则包括：

1）**坚持以学生为中心**。回顾上文所提及的世界多地的课堂教学改革，我们可以清晰地发现，"以学生为本"是各国各地课堂教学改革所共有的目标。课堂革命下的课堂教学，必须一切从学生出发，照顾学生的个性差异和不同的学习需求，满足学生全面而有个性化的发展需要。

2）**教为学服务**。在课堂革命视域下，课堂的教学不应只是强调知识的灌输，而是需要服务于学生的学习，关注培养学生自主学习的能力，让学生学会学习，从而能够自主规划学习、监督学习和评价学习，成为自立、自主和自律的学习者。

3）发展学生的核心素养。21世纪是知识经济时代，学生需要具备过硬的核心素养才能在社会中立足。课堂革命背景下的课堂教学需要切实发展学生的核心素养，培养学生的必备品格和关键能力，树立正确的价值观，让学生为未来踏足社会做好充足的准备。

那么，课堂革命应该如何进行，才能遵循以上的原则呢？这就需要学校更新教学理念，应社会的发展和技术的革新推动教师采用新的教学策略。**课堂革命的核心，就是课堂教学理念的更新和课堂教学策略的革新**。

正如张卓玉所说，课堂革命"必须建立新的教育哲学和以这种哲学为指导的新的实践模式"。课堂革命是一场观念的革命，是一场对传统课堂教学模式的颠覆性改革，要求学校和教师树立全新的教育观念、课堂观念和教学观念。只有在新的教育理念的引领下，课堂的教学模式才会真正地发生变革，课堂革命才有可能真正地发生。

课堂革命推动着课堂教学策略的转变，而**教学策略的变化则是课堂革命的内容和本质**。课堂革命是通过教学策略的变革落实在每一节课堂之中的。在新教学理念的指导下，学校课堂教学的策略和模式出现变革，标志着课堂教学改革的启动和实施。

教学策略是教育理念的实施路径，课堂革命所提倡的教学理念必须通过与之相对应的**教学策略加以实践**。如果没有通过教学策略加以实施、落地，再好的教学理念也只会是空中楼阁，而课堂革命或课堂教学改革也就无从谈起。因此，在课堂革命中，学校和教师需要探索有效的教学策略，让课堂教学遵循知识发展的逻辑规律，遵循学生身心成长的规律，满足学生人生发展的需要。

近年来，为了开展课堂革命，推动课堂教学的变革，多元的教学策略纷纷被引入、推广到国内的中小学课堂。这其中的一些教学策略已有一段相对比较长的发展历史，如**情境教学、合作学习、游戏化学习和项目化学习**等。这些教学策略的意义和效果已为教育研究者和实践者所广泛熟悉和认同。而在课堂革命兴起的背景下，这些策略得到了进一步的重视和研究，其内涵得到了进一步的丰富和拓展，实践的领域和模式得到了进一步的扩充。

同时，伴随着信息技术的快速发展和教育教学理论的不断更新，一些新的教学策略相继被学术界提出，被不同的学校所采用，如**混合式学习、深度学习和逆向设计**等。这些新的教学策略将信息技术广泛、深入地融入课堂的教学之中，并且在教育理念上更加强调对学生学习需要的照顾，更加注重学生在课堂中的参与，从而让学生的学习更为有效。目前，还有研究者在尝试创新地运用各种教学策略，在课堂中将不同教学策略融合在一起，让课堂教学更能激发学生的学习兴趣和投入程度。上述教学策略将会在本书后面的章节中详细介绍，在这里不再赘述。

课堂革命的开展需要学校转变和革新课堂教学策略。学校需要引入、应用新的教学策略，以促使课堂革命的启动和发展。

1.3 我国教学策略的演变

作为教师的你有没有想过，自己是如何决定这节课的组织方式的呢？是以讲述为主，还是以学生合作讨论为主呢？当你采用不同的方法来组织课堂时，就是在运用不同的教学策略。

1.3.1 个别教授，以学为主

我国明清时期前的教育（图1-1）以私塾的个别化教学为主，一位塾师只会负责教授少量的学生，并根据每名学生的学习情况调整教学内容，而且常采用面批的方式给予学生反馈。私塾的个别教学从春秋战国时期诞生，一直延续到民国时期。到1915年底时，小学性质的私塾数量仍为公立小学数量的一半[一]。

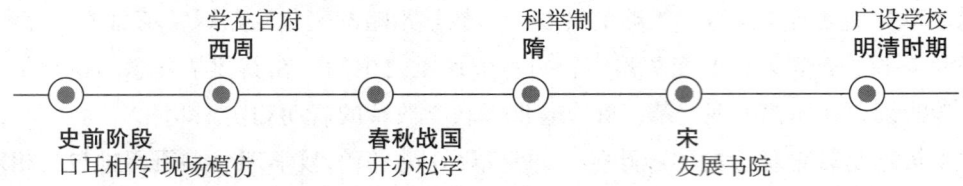

图1-1 明清时期前教学的不同阶段[二]

在该阶段有许多关于教学的名言（表1-3），比如，孔子的"不愤不启，不悱不发，举一隅不以三隅反，则不复也"，意思是教师要对学生进行启发，并帮助学生掌握迁移知识的能力；还有耳熟能详的"三人行，必有我师焉"，给我们的启示是要善于向自己的同伴学习。这些流传至今的古代名言，突出了学习的重要性，体现了**以学为主**的教学策略。

表1-3 我国古代"以学为主"的教学思想举例

古代名言	体现的教学思想
独学而无友，则孤陋而寡闻	合作学习[三]
不愤不启，不悱不发，举一隅不以三隅反，则不复也	启发式学习[四]
善问，善待问	探究性学习[五]
得一端而多连之，见一空而博贯之	案例教学[六]

[一] 熊贤君.中华民国时期私塾的现代化改造 [J].华东师范大学学报（教育科学版），1998（3）：83-90.

[二] 刘瑛.中国古代教育变革大事、特点及启示 [J].学理论，2012（27）：140-141.

[三] 王国章，吴永玲.合作学习及其尝试 [J].教育改革，1995（1）：49-52.

[四] 康儒铭.谈"不愤不启，不悱不发" [J].江苏教育，1984（20）：23.

[五] 费恩红.如何"善问""善待问" [J].小学语文教学，2010（32）：41.

[六] 案例教学的举例来自冯青来.中国古代教学思想与当代西方教学理念之比照反思 [J].高等函授学报（哲学社会科学版），2006（5）：25-28.

1.3.2 班级教学，西学东渐

到了清末民初时期（图1-2），我国教育界开始呼吁将私塾教学变革为班级教学。因为当时需要接受教育的人口数量非常大，在教育资源并不充分的条件下，以班级的形式教学能够让更多人共享教育资源。

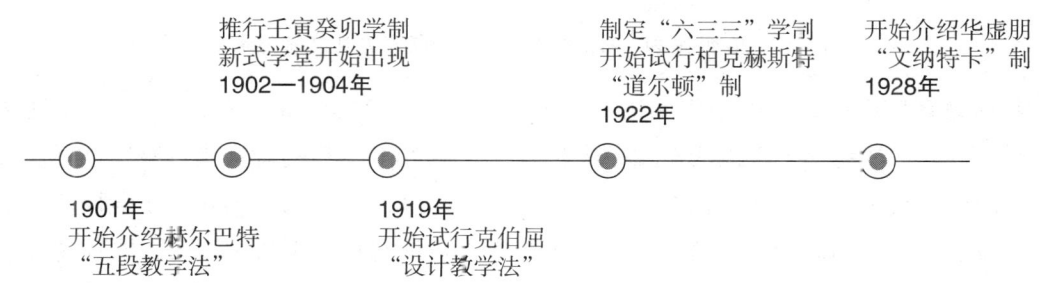

图1-2　清末民初时期教学方法的发展

可以想到的是，之前以学为主的教学方法不再适合班级教学了，西方的教学策略开始进入我国。比如，赫尔巴特的"**五段教学法**"在1901年介绍到我国，随后在我国的小学教育界传播甚广[①]；1919年克伯屈提出的"**设计教学法**"开始在我国试行，1922年柏克赫斯特的"**道尔顿**"学制也随之在我国开始试行[②]；1928年华虚朋提出的"**文纳特卡**"制开始进入我国，并在小范围内试行[③]。

在这一阶段进入我国的西方教学理论促进了我国近代教育的发展。我国教育界在把这些教育教学理论付诸实践的过程中，也在不断尝试如何把西方教学理论、模式与我国实际教学情况相结合[④]。

1.3.3 改良教法，本土改革

在实验和试行各种西方教学理论的过程中，广大教师及教育学家逐渐认识到：西方的教学理念并不能全盘接受，而需要根据我国的实际教学情况有所选择和改良。因此从20世纪20年代开始，我国教育工作者开始发展符合国情的本土化教学策略[⑤]（图1-3）。

[①] 洪成. 赫尔巴特五段教授法在中国 [J]. 课程·教材·教法，1997（5）：61-63.

[②] 和学新，田尊道. 杜威教育理论的中国化及其启示 [J]. 全球教育展望，2015（1）：36-50.

[③] 吴洪成，张媛媛. 文纳特卡制在近代中国的传播与实验述评 [J]. 中国人民大学教育学刊，2015（4）：163-179.

[④] 何元林. 中国近代教学方法改革及其现代启示 [J]. 教育与教学研究，2009（8）：50-52.

[⑤] 高天明，李定仁，李秉德. 二十世纪我国教学方法变革研究 [D]. 兰州：西北师范大学，2001.

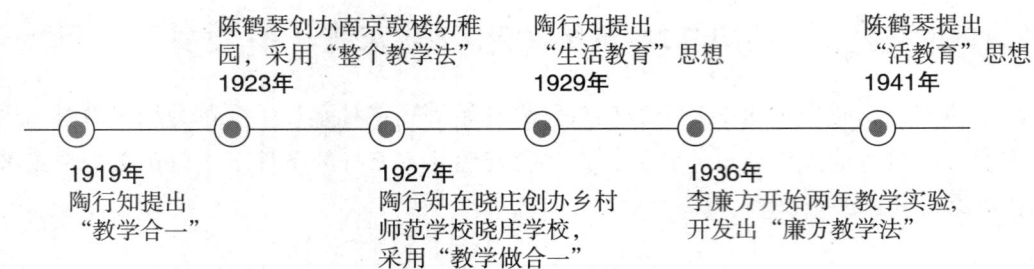

图 1-3　20 世纪 20—40 年代中国本土教学方法及思想举例

我国教育家陶行知基于中国国情，于 1919 年提出了"教学合一"，在 1925 年发展为**"教学做合一"**，认为学生应该从实践中获取知识①。1927 年，陶行知在南京晓庄创办乡村师范学校晓庄学校，实践"教学做合一"的教学方法。1929 年，陶行知在晓庄学校的办学实践中，发展出"生活教育"的理论思想，主张学生应该在社会生活中学习，课程内容应与社会实际紧密相连②。

我国教育家陈鹤琴投身到幼儿教育中，创办了南京鼓楼幼稚园，试验中国本土化的幼儿教育理念。陈鹤琴不赞成对幼儿进行分科教学，他认为应该以生活或自然为中心，综合所有课程，称之为**"整个教学法"**（图 1-4）。

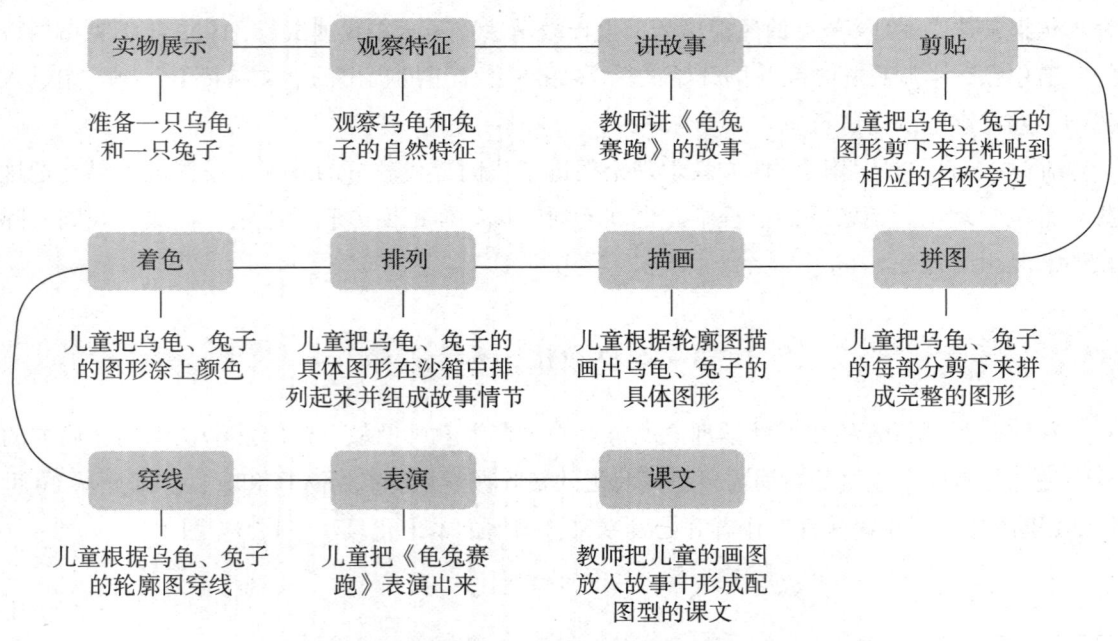

图 1-4　陈鹤琴的"整个教学法"流程举例③

---

① 侯怀银，李艳莉."教学做合一"述评 [J]. 课程·教材·教法，2013（8）：18-25.

② 黄书光. 陶行知本土办学实践与"生活教育"的独特创造 [J]. 教育发展研究，2015（18）：7-13.

③ 陈鹤琴. 整个教学法 [J]. 儿童教育，1928（1）：3-6.

1941 年，陈鹤琴提出"**活教育**"的理论思想，他认为教材应该广泛吸收来自社会和自然的知识，在实践中进行教学活动。[一]陈鹤琴在《小学教师》杂志的发刊词中写道：

> 我们怎样做教师：教活书，活教书，教书活？我们怎样使儿童：读活书，活读书，读书活？这个问题，实在很重要！这个使命，实在很重大！本刊发行的唯一宗旨，就是要想负起这个使命一部分的责任。我们不愿墨守旧规，去贻误子弟。我们要研究所用的教材，是否适合儿童的需要。我们要研究教法，是否能够引起儿童的兴趣，启发儿童的思想，培养儿童创造的能力。[二]

另外一位发展出本土化教学方法的代表人物是李廉方。他主张以大自然和社会为教材，规定每个单元的活动任务，这种教学方法被称为"**廉方教学法**"。其中，语文识字不用教材，采用卡片的形式来教授，成效很好。

1.3.4　深化改革，百花齐放

我国当代广泛开展了教学方法改革实验，孕育出了众多具有中国特色、本土化的教学模式和流派（图 1-5）。

图 1-5　我国当代教学流派举例[三][四]

其中，李吉林提出的**情境教学法**在我国具有广泛的影响力，并得到了大范围的推广应用[五]。李吉林从学生的日常生活中选取场景带入到课堂中，通过让学生扮演不同的角色，进行语言的学习和演练。在此基础上，李吉林又将情境教学和作文练习融合起来，通过带领

[一] 吴小鸥. 儿童经验、行动与大单元课程——陈鹤琴的"活教材"思想研究 [J]. 课程. 教材. 教法，2020（7）：132-133.

[二] 陈鹤琴. 怎样做小学教师 [M]. 上海：华东师范大学，2013.

[三] 李彦军，等. 中国当代教学流派 [M]. 济南：山东教育出版社，2002.

[四] 缪学超. 改革开放 40 年我国基础教育教学法改革实验的历程与反思 [J]. 教育科学，2018（5）：23-29.

[五] 苏春景. 当代中国特色教学流派的生成机制 [J]. 教育研究，2015（9）：106-112.

学生观察自然，培养"意境"，引出学生的真情实感，激发写作动力。随后，情境教学又进入到语文阅读中，运用图画、音乐和表演将学生带入到情境中，体会语言文字之美①。

我国教育界也从西方教学策略中汲取适用于国情的部分，结合新课程改革的需求，积极探索更有效的教学方法。在这一阶段，混合式学习、深度学习、合作学习、游戏化学习、项目化学习得到了大量的实证研究，最新出现的"追求理解的教学设计"即"逆向设计"教学法，也正在实践中。

1.4 国外教学策略的发展

1.4.1 主要发展阶段

根据戴永的总结，国外的教学策略主要经历了四个阶段②。

第一阶段是从 20 世纪初到第二次世界大战（图 1-6），为教学策略的萌芽阶段。从 1944 年开始，在第二次世界大战中，大量的心理学家和教育家投身到士兵发展训练的教育内容及材料研编中，以及对士兵进行筛选的测量运用中。在这个阶段，教育策略主要以理论为主，研究结果多来自**动物行为训练**，侧重于行为主义的理论支持。

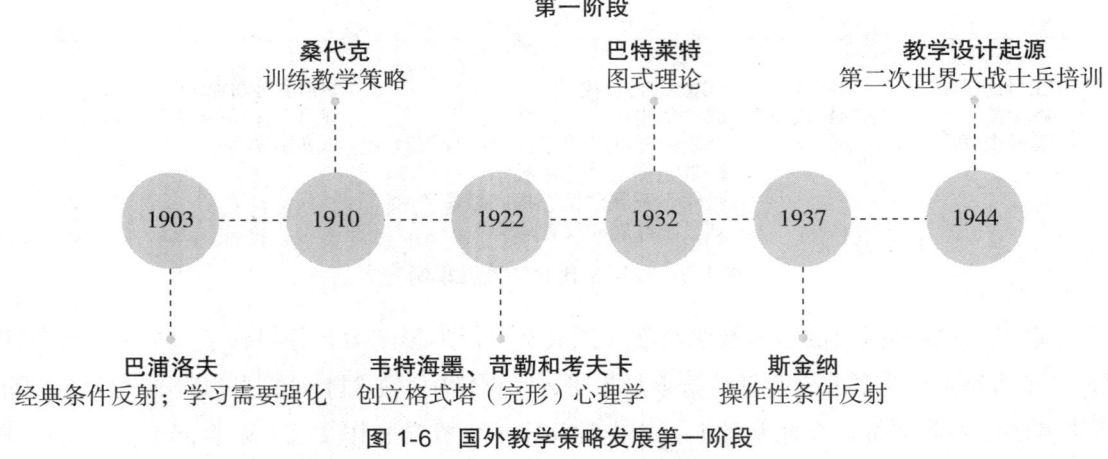

图 1-6　国外教学策略发展第一阶段

第二阶段是 20 世纪五六十年代（图 1-7），为教学策略的建立阶段，探讨学习的条件和教学的目标等，同样侧重于行为主义的理论支持。

---

① 李吉林. 我的情境教育探索之路 [J]. 基础教育，2005（Z1）：107-113.

② 戴永. 国外教学策略研究的回顾及其启示 [J]. 黑龙江高教研究，2020（4）：96-102.

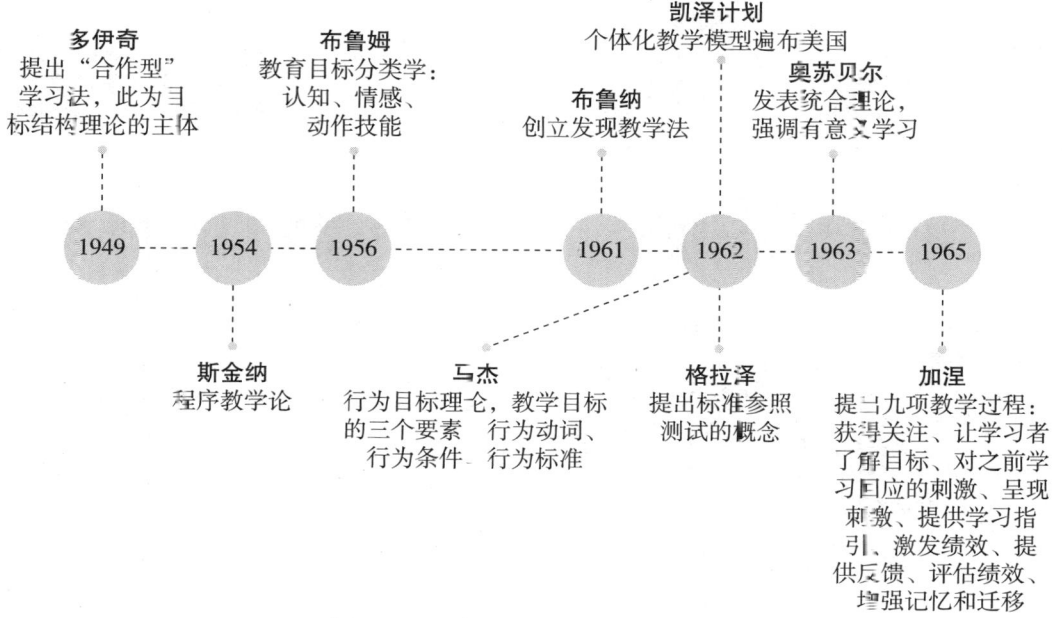

图 1-7　国外教学策略发展第二阶段

第三阶段是 20 世纪七八十年代（图 1-8），为教学策略的发展阶段，出现信息技术的迅速发展，进入了信息化时代，探讨信息加工系统在教学中的应用。

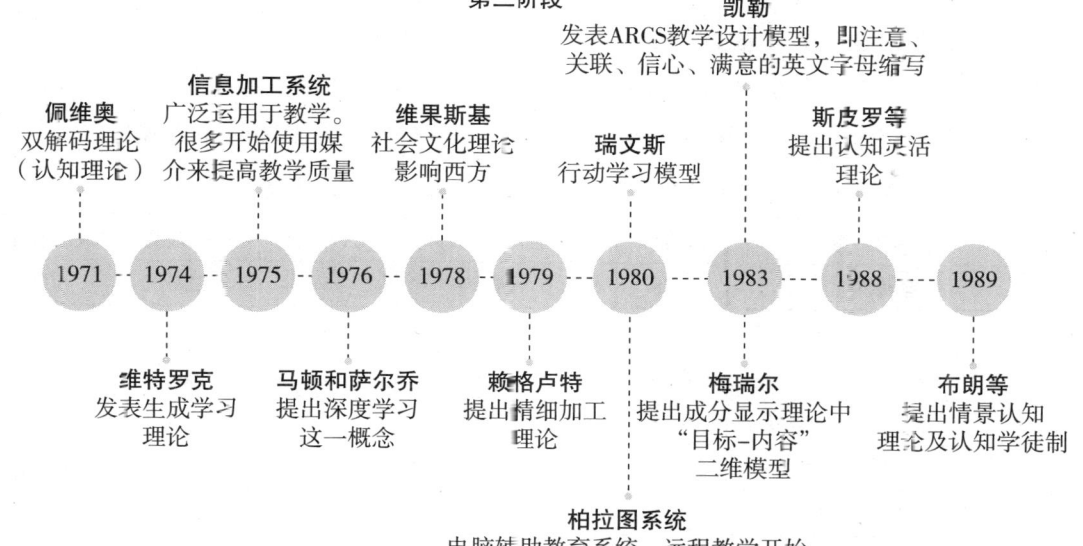

图 1-8　国外教学策略发展第三阶段

第四阶段是 20 世纪末到现在（图 1-9）为教学策略的深化阶段，以建构主义为主导，强调学习任务的复杂性、真实性，并且随着信息技术的继续发展，在线学习开始兴起。未来的教学策略离不开大数据以及学习体验设计的发展。

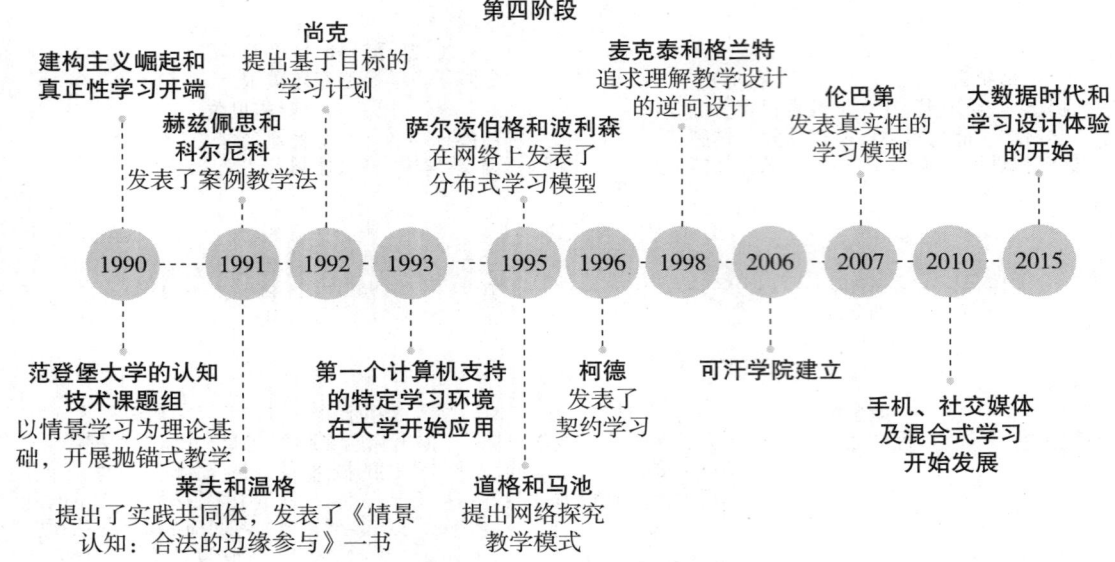

图 1-9 国外教学策略发展第四阶段

1.4.2 主要教学策略介绍

澳大利亚学者哈蒂对针对各种教学策略的研究进行了元分析，提出了著名的哈蒂排名，表 1-4 展示了国外主要教学策略的哈蒂排名。本节介绍的情境教学、混合式学习、深度学习和逆向设计等较新的教学策略，在哈蒂排名中未直接展现出来。合作学习、游戏化学习和项目化学习这些教学策略虽然发展的时间较长，但是历久弥新，发展较为成熟，在哈蒂排名中以中等效应量为主。下面将详细介绍每个教学策略在国外发展的详细情况。

表 1-4 国外主要教学策略的哈蒂排名（2020 年）元分析信息汇总

排名	影响因素	效应量	对学生成绩的影响	元分析数	研究数量	效应量数
59	翻转课堂	0.58	中等影响	6	227	504
60	支架式学习和情景学习	0.58	中等影响	4	192	431
70	合作学习与个别学习	0.55	中等影响	5	959	906
81	合作学习与竞争学习	0.53	中等影响	8	1031	960
130	合作学习	0.40	中等影响	23	630	1191
190	竞争学习与个别学习	0.24	较小影响	4	831	203
92	游戏项目	0.5	中等影响	4	95	95
156	游戏 / 模拟	0.34	较小影响	26	1594	2557
34	问题解决教学	0.67	较高影响	12	714	1864
109	探究式教学	0.46	中等影响	8	353	553
151	基于问题的学习 PBL	0.35	较小影响	21	794	1439

1 情境教学

情境教学法的理论基础最早来自于1989年布朗、柯林斯与杜吉德提出的情境学习（Situated Learning）模型○一，1991年让·莱夫和爱丁纳·温格进一步丰富了情境学习的理论，他们认为学习发生在具体的情境之中，学习是真实世界中社会实践的一部分○二。1996年麦克莱伦提出了情境学习的八个组成部分（图1-10）。

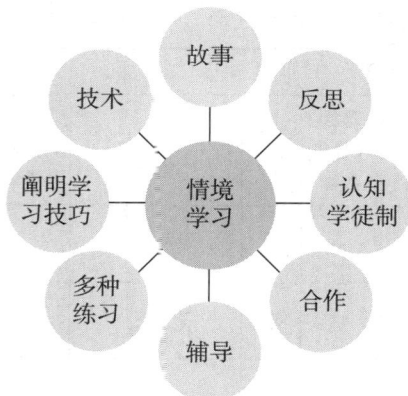

图1-10 麦克莱伦情境学习模型○三

利用情境教学开展的项目有美国的狐火项目（Foxfire Project）○四。在该项目中，学生需要为师生一起创办的《狐火》杂志撰写社区历史、民间风俗等方面的稿件。为此，学生需要深入了解自己所在的社区文化，并收集记录第一手的资料。通过狐火项目，学生能够更好地学习英语及新闻采访课程○五。美国西北大学的可视化协作学习项目（The Learning through Collaborative Visualization Project）也是运用情境学习的案例。学生通过合作来完成学习，教师给学生提供必需工具来完成一系列真实的项目，同时给予必要的辅导○六。

近些年，前沿的信息技术，如虚拟现实技术，开始辅助情境教学，因此情境教学开始和混合式学习、深度学习结合，帮助学生掌握和深入理解知识。

2 混合式学习

混合式学习（Blended Learning）缺乏得到各方认可的确切定义。从广义上来说，**混合**

○一 贾义敏，詹春青. 情境学习：一种新的学习范式 [J]. 开放教育研究，2011（5）：31-41.

○二 JEAN LAVE, ETIENNE WENGER. Situated learning : Legitimate peripheral participation[M]. New York: Cambridge university press，1991.

○三 HILARY MCLELLAN. Situated learning perspectives[M]. Englewood Cliffs: Educational Technology publications，1996.

○四 MURAT ATAIZI, Situated learning [J]. Encyclopedia of the sciences of learning, 2012: 3084-3086.

○五 JAN HERRINGTON, THOMAS C REEVES, RON OLIVER. Authentic learning environments[J]. Handbook of research on educational communications and technology, 2014: 401-412.

○六 贾义敏，詹春青. 情境学习：一种新的学习范式 [J]. 开放教育研究，2011(5):31-41.

式学习指的是任何两种及以上教学方式的使用。但进入 21 世纪之后，随着互联网信息技术的不断革新，混合式学习这一概念往往和网络学习、在线学习、远程学习等概念交替使用，因此混合式学习到目前为止更多是指网络教学（线上）和面对面教学（线下）的混合[一]。

美国教育科学研究所地区教育实验室中心在 2017 年总结了 11 个混合式学习课程项目的特征，如表 1-5 所示[二]。

表 1-5 美国 11 个混合式学习项目的特征和有效度研究

项目名称	线上项目特征					课堂项目特征				
	在线交流	教师个性化内容	项目个性化内容	学生自学	在线测评	项目数据可能触及教学	线上融合课堂教学大纲	分层或技能分组	年级还是主题	领域
柏拉图焦点（PLATO Focus）	无	√			进度报告		√		小学	英语语言艺术
认知辅导代数 I（Cognitive Tutor Algebra I）	无		√	√	进度报告 技能测评	√	√		代数	数学
大学预备公立联盟学校（Alliance College-Ready Public Schools）	无	√	√		进度报告	√	√	√	中学	数学、英语语言艺术
赋权学院知识即力量项目（Knowledge is Power Program Empower Academy）	无		√		进度报告			√	小学	数学、英语语言艺术
认知辅导几何（Cognitive Tutor Geometry）	无	√	√		进度报告 技能测评	√	√		几何	数学
适时认识（Time to Know）	无	√	√		持续性的形成性和终结性评价	√			小学	英语语言艺术
目标阅读（Destination Reading）	无	√			进度报告		√		小学	英语语言艺术
飞跃 通道（Leap Track）	无	√	√		技能评价	√	√		小学	英语语言艺术
沃特福德早期阅读（Waterford Early Reading）	无	√	√		进度报告 技能评价				小学	英语语言艺术
阅读 180（Read 180）	无		√				√	√	小学	英语语言艺术
一线学校（First-line Schools）	无	√			进度报告	√	√		小学	数学、英语语言艺术

⊖ BETTY COLLIS, HUIB BRUIJSTENS, VEEN VAN DER JAN KEES. Course redesign for blended learning: modern optics for technical professionals[J]. International journal of continuing engineering education and life long learning, 2003, 13(1/2): 22-38.

⊖ R MARC BRODERSEN, DANIEL MELLUZZO. Summary of research on online and blended learning programs that offer differentiated learning options. rel 2017-228[J]. regional educational laboratory central, 2017.

混合式学习的未来发展不仅关注教师如何使用混合式学习，而且将着眼于学生如何有效利用混合式学习获得个性化发展。近几年国外对混合式学习的研究逐渐开始聚焦学生体验、翻转课堂和合作学习这三项主题[一]。

3 深度学习

马顿和赛尔乔在1976年的研究中首次讨论了深度学习（Deep Learning）。他们在阅读任务中要求学生使用两种不同的策略：采用深度学习策略的学生在阅读中会尝试理解文章的核心概念，采用浅层策略的学生则关注文章细节。他们的研究发现：浅层学习策略注重机械记忆，缺乏反思；而与之相对的深度学习策略则在内容、理论假设和抽象概念之间建立联系，学生能够在更深层次处理信息，从而实现深度学习[二]。深度学习经历了四个阶段的发展（图1-11）。

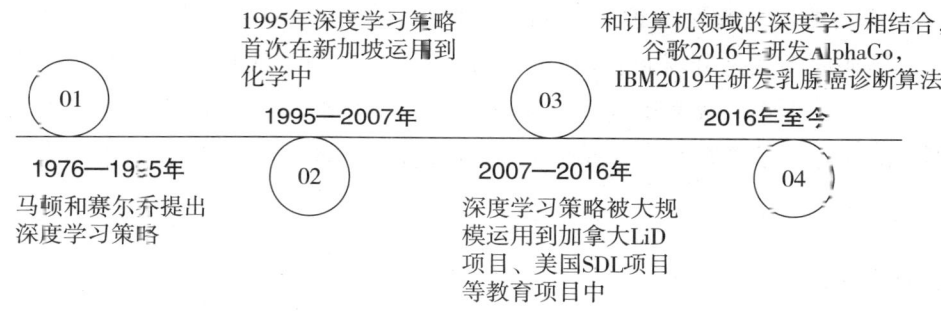

图 1-11　深度学习理论的四个发展阶段[三][四][五]

4 合作学习

一般来说，合作学习定义为一种以学生为中心，教师为辅助的教学策略。每一位组员都要对自己和其他组员的学习负责。同一组中的学生通过互动来获取和练习相关的学习内容，解决问题、完成一个任务或者达成一个目标[六]。教师在合作学习中的作用是控制学习的环境、设计学习活动、帮助分组，而不是简单的传授知识。在哈蒂排名（见表1-4）中，合作学习和其他教学策略相比有着很明显的优势（效应量在0.40~0.55之间），并且有着非常

[一] 马志强，孔丽丽，曾宁. 国内外混合式学习研究热点及趋势分析——基于2005—2015年SSCI和CSSCI期刊论文比较[J]. 现代远程教育研究，2016（4）：51-59，104.

[二] MARTON F, SÄLJ R. On qualitative differences in learning:I—outcome and process [J]. British journal of educational psychology, 1976（46），4-11.

[三] 彭红超，祝智庭. 学习架构：深度学习灵活性表达[J]. 电化教育研究，2020（2）：19-26.

[四] 殷常鸿，张义兵，高伟，等. "皮亚杰—比格斯"深度学习评价模型构建[J]. 电化教育研究，2019（7）：15-22.

[五] 祝智庭　彭红超. 深度学习：智慧教育的核心支柱[J]. 中国教育学刊，2017（5）：44-53.

[六] PANITZ T. The case for student centered instruction via collaborative learning paradigms [J/OL](1999-12-00)[2022-4-22]. https://files.eric.ed.gov/fulltext/ED448444.pdf.

深厚的社会学和心理学的理论基础。

合作学习的理论最早起源于美国著名哲学家、教育家约翰·杜威（John Dewey），他认为真正的学习是基于真实世界的。合作学习这一概念和理论由美国社会心理学家莫顿·多伊奇（Morton Deutsch）于1949年第一次正式提出，后来经过约翰逊兄弟不断完善形成了合作学习的相关理论——社会互赖理论。然而，合作学习涉及的理论十分广泛，王坦在2005年将合作学习的理论做了一个大概的总结：除了社会互赖理论之外，还有哥拉斯的选择理论（Choice Theory）强调学习的内驱力；斯莱文的教学工学理论（Classroom Instructional Technology），即合作学习包括三个教学要素——任务结构、奖励结构和权威结构，这与传统教学有极大不同；道奇的动机理论（Motivational Theory），即合作学习将学生的动机从竞争模式转变为互助模式；维果茨基的"最近发展区理论（Zone of Proximal Development）"，即儿童在完成相适宜的任务中，认知发展与社会发展是通过相互交流发展起来的；莱文的认知精制理论（Cognitive Elaboration Theory），即学习是通过认知精制发生的，例如向他人解释材料，而合作学习极大地促进了认知精制的发生；接触理论（Contact Theory），即强调教育和学习的多元性[一]。由于合作学习有着深厚的理论基础，在各国成为影响深远的教学策略之一。20世纪70年代，合作学习的研究在美国迅猛发展，并取得了显著的成果。

5 游戏化学习

在哈蒂排名（见表1-4）中游戏项目被归在课程的范畴内，而游戏（或模拟）又出现在技术的范畴内，都不是当作一种新的教学策略。可以看出游戏化学习作为一种教学策略是较新的。国外在游戏化学习的发展上要比我国早，早在1982年鲍曼已经研究将Pac-Man电视游戏融入教学设计中。这些研究伴随着针对游戏的设计以及游戏如何提高学习动机的设计策略。其中最为有名的是美国教育游戏专家马克·普伦斯基（Marc Prensky）的数码游戏化学习，为游戏化学习的概念、应用效果等方面提供了详细的论述。谢弗等学者将游戏化学习定义为在游戏过程中能够得到既定的学习结果，游戏化学习不仅仅包括电子游戏，也可以包含各种类型的游戏，并且游戏化学习（Game-based Learning）与游戏化（Gamification）有很大的区别[二]。普拉斯等人认为，同样的科目，游戏化不只是在完成作业后提供红星这种奖励，更重要的是重新设计作业让其变得更加游戏化[三]。

在理论上来说，**游戏化学习依据的是认知发展理论，尤其是皮亚杰的认知发展阶段理**

[一] 王坦. 合作学习的理论基础简析 [J]. 课程·教材·教法, 2005（1）: 32-37.

[二] SHAFFER D W, HALVERSON R, SQUIRE K R, et al. Video games and the future of learning. WCER working paper no. 2005-4[N]. Wisconsin center for education research (nj1), 2005.

[三] PLASS J L, HOMER B D, KINZER C K. Foundations of game-based learning[J]. Educational psychologist, 2015, 50(4): 258-283.

论。皮亚杰认为，儿童在游戏过程中通过激活图式，将游戏同化到现实中，来完成从低级到高级发展的构建过程。另外一个重要的理论基础是维果斯基的"最近发展区理论"，维果斯基认为，游戏在儿童发展中起着至关重要的作用，游戏有着象征和社会属性，能够让儿童达到和超越他平均年龄的水平。另外，针对游戏的动机理论、游戏者参与度、适应能力和面对失败的能力等方面，他都有相关的深入研究。另外，在游戏的设计上，学习游戏通过基本的要素（包括**知识**、**技能**、**刺激系统**、**学习发生机制**、**测量机制**、**运动设计**、**陈述设计**、**音乐**等）来增加四个方面的参与度，即**情感**、**行为**、**认知**和**社会文化**。

游戏化学习应用上最具代表性的是麻省理工学院媒体实验室（MIT Media Lab）开设的比较媒体学（Comparative Media Studies，CMS）专业，其中教育游戏厅（Education Arcade）专业方向是游戏设计，并深入研究教育游戏，课程内容包括游戏设计理论和游戏制作等。除此之外，麻省理工学院与微软公司合作，为培训教师提供了教育项目（The MIT Scheller Teacher Education Program），配合科技工具在教学中的应用，开发出了交互式教育媒体概念模型（https://education.mit.edu/project-type/games/）。他们认为游戏在学习中起到重要的作用，能够提供给学生安全、创造性的环境，在其中学生能够实验、合作并解决问题。目前他们的游戏模型主要关注数学和科学这两门学科。

6 项目化学习

早在 20 世纪 80 年代到 90 年代，美国的大部分医学院开始使用项目化学习。项目化学习最早由加拿大麦克马斯特大学的神经病学教授巴罗斯创立，慢慢地使用范围扩大到小学、中学和大学，并由问题（problem）研究转为更加强调项目（project）。大部分研究者将问题式学习（problem-based learning）和项目化学习（project-based learning）合为一体，都称为项目化教学方法，因为这两种方法都来自同样的教学理论——建构和行为理论。本书也采取相同的看法，将问题与项目结合在一起，因为项目化即在项目中需要解决多个问题。

另外，与之相近的教学方法都是以学生为主体的教学策略，其中有探究式教学和问题解决教学。在表 1-4 中显示了这三个教学策略的排名和效应量等信息。问题式和项目化学习都是为了一个共同的目标（project or problem）组织学习活动。**项目化学习的方法一般对最后的学习成果有要求（产品）**，例如设计一个网页，学习的过程需要有正确的步骤。在学习过程中会有许多问题（problems），教师作为一个"教练"而不是引导者，为学生提供专业的指导、反馈和建议，来帮助他们完成最后的产品。

探究式学习和问题式学习也很相近，因为都是来自美国哲学家和教育家杜威的理论基础，他认为教育开始于学生的兴趣。探究式学习以一个问题为开端，这个问题可以是找出解决方案、建构新知识、讨论发现和经验等。探究式学习主要是在以科学为主的学科中使用。项目化学习与探究式学习的不同之处在于教师的功能：项目化学习中教师作为指导者，支持学生在学习过程中清晰地思考，但是并不为学生提供解决问题的具体信息；在探究式学习中，教师不仅仅是指导者，还向学生提供相关的信息。项目化学习的理论基础主要有三个：建构主义、实用主义和发现学习理论。

7 逆向设计

追求理解的教学设计（Understanding By Design）是由威金斯和麦克泰格提出的一种可服务于备课、上课及评价的教学设计框架。**在利用该框架组织教学时，教师往往从最终想要达到的目标出发来设计整个教学过程，因此该教学策略又被称为逆向设计（Backward Planning）。**

逆向设计强调以目标为导向的、更全面具体的学习；以往的教学设计考虑的是"教"，而逆向设计主要考虑的是"学"，因此威金斯认为"教师需要成为学生学习设计师"，帮助学生在解释、阐明、应用、洞察、深入、自知六个维度上理解知识。

○ 方兆玉. 美国课程改革专家、UBD 创立人之一格兰特·威金斯：教师应成为学生学习的设计师 [J]. 上海教育，2018（14）：53-55.

○ 格兰特·威金斯，杰伊·麦克泰格. 追求理解的教学设计 [M]. 闫寒冰，宋雪莲，赖平，译. 2 版. 上海：华东师范大学出版社. 2016.

CHAPTER 02

第二章　情境教学——跨越今天与昨天的鸿沟

台上讲得口干舌燥，台下听得昏昏欲睡。这样的画面，你是否有似曾相识的感觉？为人师者，你是否也曾无奈地抱怨过："我这都讲半天了，你们咋还是不懂呢？"

下面是某小学语文教师关于生字"网"的教学环节，如图 2-1 所示。

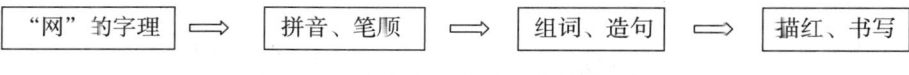

图 2-1　生字"网"的传统教学环节

如上的生字教学，步骤清晰，讲解细致，但孩子真正理解什么是"网"了吗？未与孩子的实际生活发生联结的教学，看似用心，实则无趣。孩子跟随教师在"网"的知识中走了一个来回，却与生活隔了千山万水，都是因为教师忽略了语文教学的综合性与实践性。

这样的课例，如果将环节稍加改动，我们来看看效果，如图 2-2 所示。

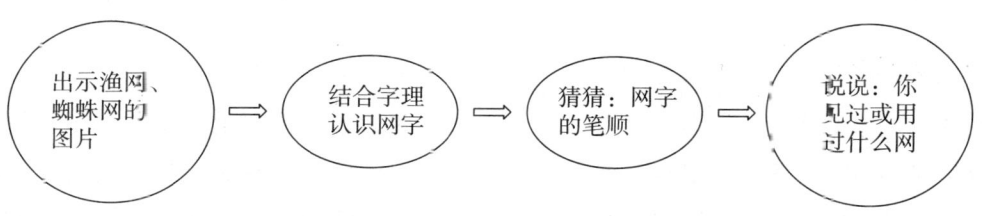

图 2-2　生字"网"的情境教学环节

在这个案例中，直观形象的"网"的图片展示在孩子们面前，立刻将孩子们带入他们熟悉的生活情境之中，孩子们的脑海中自然而然会调动出之前学到的认知。在字理的辅助下，孩子们将生活中认识的事物与"网"这个抽象的符号联系在了一起。在情境的驱动下，孩子们开始自主探究"网"字的书写方法，并与生活中的各种"网"建立联结。这样一个从生活情境到抽象符号再回到生活情境的学习过程，让学生对一个汉字有了全方位的真实感受。

2.1 为什么要进行情境教学

1 让习得真实化、生活化

马克思主义的反映论认为，认识是人脑对客观世界的真实反映。也就是说，要让我们的学生形成正确的认识，**教育者需要想尽办法，用各种手段，将客观世界真实地呈现在我们的学生面前，帮助我们的学生在自我的大脑中形成客观而真实的认识，从而习得知识。**

远古时代，知识与技能的习得就发生在真实的生活场景中，口耳相传，反复实践，一脉相传。文明的发展进步，让一部分人得以脱离繁重的体力劳动，现代班级教育制度的出现，让人才的培养变得更有效、更系统、更科学。与此同时，过于强调书本知识的学习，导致知识与能力的习得可能没有在真实的情境中发生，从而造成理论和实践的脱节，进而出现"高分低能"的怪象。

例如，在化学"金属的性质和利用"教学中，老师将当前流行的共享单车的问题带入课堂，创设问题情境：共享单车方便了市民的出行，但因长期"露宿街头"，所以损坏严重，我们该如何更好地使用和保护共享单车呢？化学来源于生活，更要应用于生活，以生活案例作为教学的情境，激发学生强烈的求知欲。学生在老师的引导下，以"共享单车"这一熟悉的生活情境为线索，对金属的性质、用途、防护等多项内容进行了自主探究式学习，在了解了金属的性质和腐蚀原理之后，提出了保护共享单车的建议。这让学习在真实的情境中发生，增强了学生的社会责任感，更让学生在自我内驱力的引导下明白了学习的真实价值，知识变得可感可触，可学可用。

2 让知识形象化、直观化

儿童心理学家皮亚杰认为，让学生在真实的情境中实际参与的教学，才是好的教学。**情境教学能够使抽象的知识变得具体形象，将单调乏味的知识学习变得生动活泼，富有生活气息，激发学生学习的内驱力，让学生积极主动地参与到老师创设的情境中，在情境中感知，在情境中探究，在情境中思考，在情境中快乐而高效地获得知识，得到情感满足，从而自然成长。**

对于学生来说，有些知识距离他们的生活比较遥远而抽象，生涩难懂。例如小学科学课中的《火山构造》等，老师的讲授肯定无法让学生理解，简单的图片等手段也很难创设出让学生直接感受的情境。这时，我们可以借助现代先进的教育技术，如图2-3所示，创设出虚拟的情境，呈现出现实生活中无法被学生看到的"火山喷发的成因"的科学过程，将这些抽象的知识直观形象化，化难为易，让学生在奇妙的虚拟情境中习得抽象的科学知识。

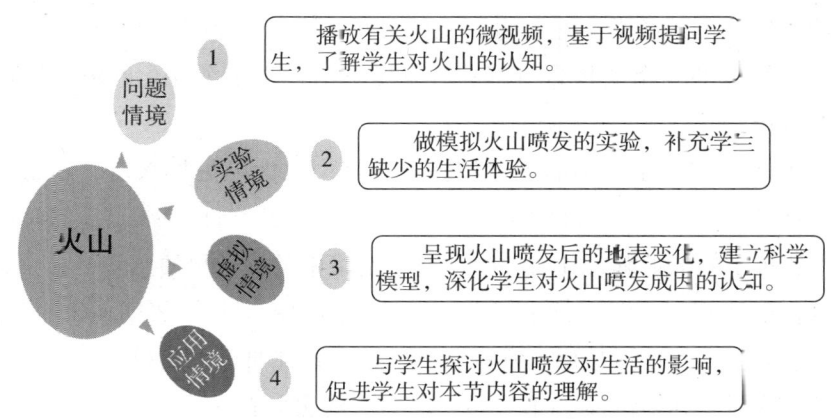

图 2-3 小学科学课《火山构造》教学情境创设图

情境教学可以让知识的学习变得直观化、形象化。汉语被称为世界上最难掌握的一门语言，汉字是世界上唯一一种音形义相结合的文字，掌握这一个个抽象的文字符号不是一件容易的事情。我国著名教育家李吉林老师在她几十年来研究的情境教学中，将抽象的汉语言文字符号与我们丰富多变的生活发生联结，让符号生活化，为孩子们创设一个个生动有趣的生活情境，将抽象符号与日常生活的关联展现在孩子们面前，为孩子打开了一条学习汉字的通道。

李吉林老师针对独体字所设计的情境教学堪称典范。例如李老师教学"月"字时，就特别注意创设直观形象的故事情境。

> 1）创设情景
> 在黑板上画一轮弯月")"。
> 2）提出问题
> 这是什么样的月亮？（弯弯的月亮）
> 你们猜，月亮上有什么呢？（有桂花树）
> 3）讲述情境
> 古时候，我们的祖先就根据月亮的模样，创造了表示月亮的这个字。起初，"月"就是这么写的：）。后来慢慢地，它才变得越来越像今天的"月"字了。
> 4）教授内容
> 教学"月"的笔画笔顺。

李老师边讲边画边演示，将"月"的字形与字义的感知结合在一起，这样运用情境教学来教授"独体字"，抽象的文字符号变得直观形象。孩子们既理解了字形，又理解了字义，将抽象的符号世界与美丽的生活世界联结了起来。

3 让情感可视化、个性化

情境教学，重在通过创设"境"、营造"场"，让学生在场景中感知、感悟、体验、生情。同一个情境中，不同的学生在习得知识的过程中会有不同的情感体验。**情境教育，情在前，境在后，情境的创设就是为情感的激发服务的**，学生个性化的体验和情感的生成，是教育的最终目的。

学生在教师为实现教学目标而创设的独特情境中，大脑更加兴奋，注意力更加集中，观察更加细致而持久，情感的体验更加充沛而外显，情境中的"物、色、声、形"这些直观的表象冲击着孩子们的大脑，让每一个置身于情境中的孩子尽情感知、感悟，充分体验，享受学习与获得的快感。此时，孩子们大脑中储存的词汇会更加鲜明而富有情感，语言更加丰富有趣，他们能自然而然地用上富有情感的语言描述自己的所见、所闻、所感。《文心雕龙》中"情以物迁，辞以情发"（图2-4）说的正是这个道理。

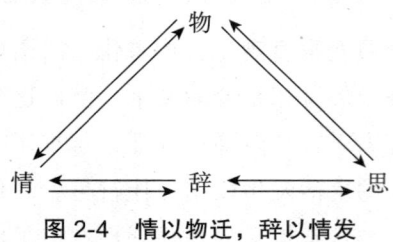

图2-4　情以物迁，辞以情发

例如《杨氏之子》一课，有教师设计了这样的情境教学环节。

> 1）将"杨氏之子"这个小故事和同桌合作演一演。
> 2）请一组学生上台表演故事，大家评一评：两位同学的表演怎么样？
> 3）在师生评议后，请这组同学再表演一次。
> 4）教师顺势对两位小演员进行采访：
> "两位请留步。请问孔先生：您为什么觉得杨梅是杨家的果呢？"（生答）
> "请问小杨同学：你为什么这样回答孔先生呢？"（生答）

在这个教学片段中，教师为了让孩子们对故事中的人物特点有更深刻的了解，特别创设了情境表演环节，第一次表演，体验不够充分，在大家的建议下，两位小演员绘声绘色的表演将在场的同学都带入了故事情境。此时，教师转换角色，变身记者，直入情境，顺势采访。角色表演的两位孩子瞬间换位，自然而然地深入人物内心，从所扮演人物的角度思考并回答。

> 孔君平先生笑了笑说："因为杨梅的'杨'和杨家的姓是同一个'杨'呀！"
> 杨氏之子歪了歪头，说："因为我听出了孔先生将杨梅和我的杨姓联系到了一起，开我的玩笑，这样的联系很容易想到呀！所以我便提醒孔先生，我发现他和孔雀也有联系呢！"
> ……
> 看，情境中的孩子，言辞得当，情真意切，跨越时间与空间的鸿沟，在情境架起的文化传承之桥梁间自由来回。

2.2 怎样才能创设情境

2.2.1 国外关于情境教学的认识与发展

苏联教育家苏霍姆林斯基曾说:"教育素养的重要特征的第一标志,就是教师在讲课时能直接诉诸学生的理智和心灵。""情境"是"情"与"境"的有机结合,"情"让"境"有了生命力,"境"让"情"有了抒发载体。情境教育,以"情"贯穿其中,让学生在特定的语境、氛围、情感体验中学习知识,丰富精神世界,提高审美情趣,培育品格心灵。

1　情境教育的萌芽——苏格拉底的'产婆术'

古希腊哲学家苏格拉底的"产婆术",被视为情境教学的萌芽。"产婆术",如图2-5所示,即在教学过程中,教师不会直接告诉学生答案,由师生对话来创设问题情境,通过不断问答、交流、讨论、争辩,使学生陷入矛盾,激发他们的求知欲,让学生通过自我思考得出结论,产生新的思想。苏格拉底的"产婆术"营造了轻松愉快的学习情境,不是一种通过外部的强加灌输让学生获得知识,而是教师充当"引导者",由内而外地将学生的困惑引出,激发学生学习的主观能动性,唤醒学生对知识与真理的渴望,通过原有认知与进一步反思获得新知识,激发学生的创造性思维与突破性的见解。

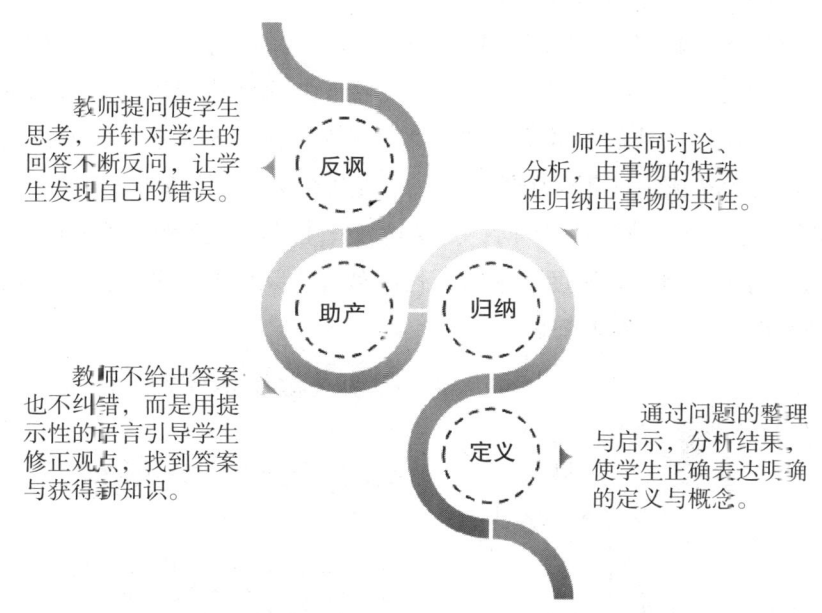

图2-5　苏格拉底"产婆术"教学步骤

2 情境教育的发展

（1）夸美纽斯——实践是最真的情境

捷克教育家夸美纽斯主张认识源于感官，如图 2-6 所示，强调知识与实践的结合，这正是情境教育的具体表现。夸美纽斯认为文字的学习不应该离开它们所代表的事物，学习最好的办法是学用结合，当学生能够使用准确的词汇表达自己的感受，或者面对一个场景能吟咏出应景的诗句，教育就是成功的，这意味着学生已经理解了词语与诗句的含义，相比于从理论规则中学习，从实践中学习来得更容易、更高效。他还建议**教师要通过感官做媒介去教授知识，帮助学生融入情境，从而理解和形成感性认识，才能写出有情感、有生命的文字。**

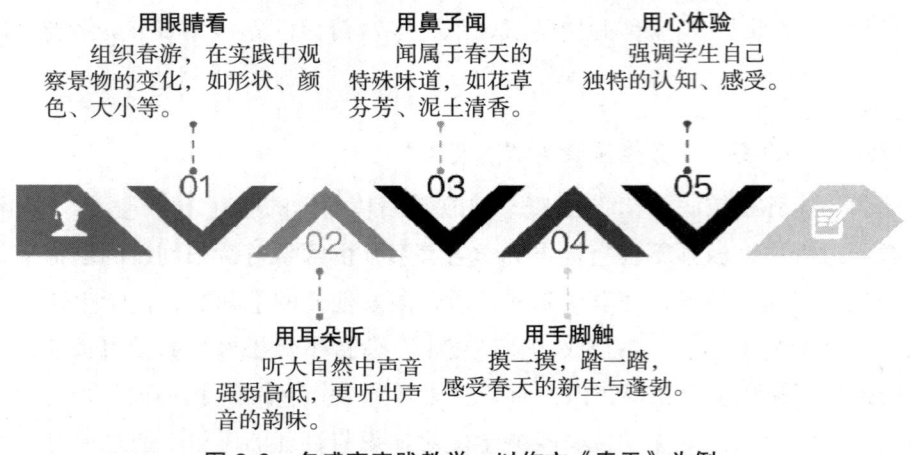

图 2-6　多感官实践教学：以作文《春天》为例

（2）卢梭——自然是最美的情境

卢梭是 18 世纪法国著名的启蒙思想家、教育家，他的自然主义教育的核心是"回归自然"。在代表作《爱弥儿》中，他写道："大自然希望儿童在成人以前就像儿童的样子。如果我们打乱了这个次序，他们就成了一些早熟的果实，既长不丰满，也不甜美，而且很快就会腐烂，我们就会造成一些年轻的博士和老态龙钟的儿童。"如图 2-7 所示，卢梭通过树的影子来引导爱弥儿找到了回家的方向，是情境教育中的典型案例。**卢梭倡导的自然教育，顺从天性，反对当时专制社会制度下束缚人性的教育，认为儿童的自然天性应该是置身大自然，亲身感受自然，主动获取知识。**

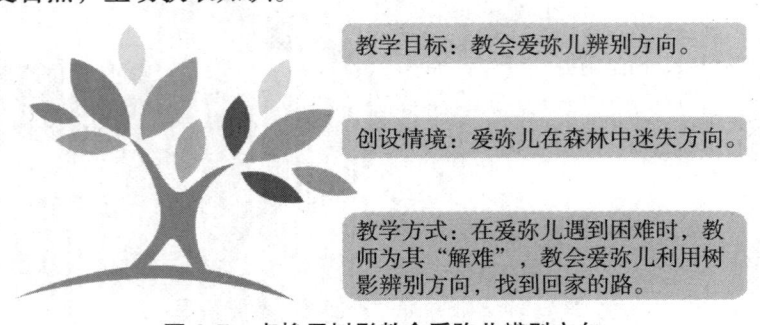

图 2-7　卢梭用树影教会爱弥儿辨别方向

◎（3）杜威——创设贴近真实生活的课堂教学情境

20 世纪 30 年代，美国教育家杜威在《我们怎样思维》中指出"思维源于直接经验情境"，提出如图 2-8 所示的"五步教学法"。**教师创设的情境应该符合课程标准与学生现阶段的认识发展水平，将课堂设计成一个贴近真实生活的教学情境，这样才能更大程度地激发学生学习的主动性**，达到预定的教学目标，并且对学生的表现进行客观、科学的评价。杜威的教学理论和实践使情境教学得到了快速发展。

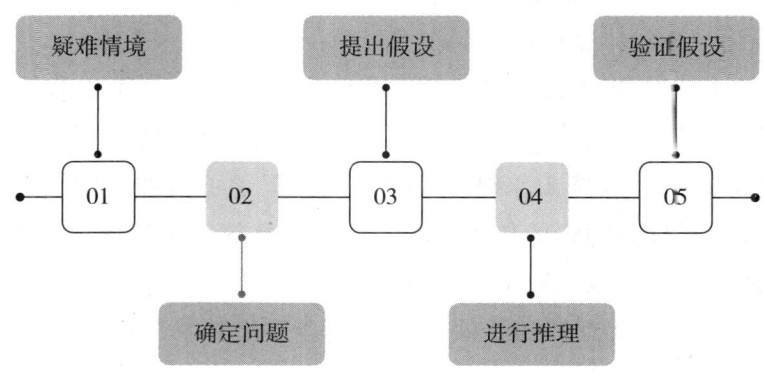

图 2-8　杜威的"五步教学法"

◎（4）情境教育理论快速发展——情境与教育日益紧密

20 世纪 80 年代末期，布朗、柯林斯、杜吉德发表的《情境认知与学习文化》，被当作情境认知学习理论的代表作，促进了知识、内容、技术手段和经验的连接，提出了情境教学的概念，即"唯有在产生与运用的情境中，知识才有意义。**不能把知识从环境中分离出来，掌握知识的最佳途径就是在情境中学习**"。它是促进知识向真实生活情境转化的重要理论。

20 世纪 90 年代，情境认知与学习理论进入发展完善阶段，希拉里·麦克莱伦《情境学习的观点》一书中提出，个体心理常常产生于认知过程发生的环境之中，**情境是一切认知活动的基础，认知过程是由情境决定的**。

◎（5）虚拟现实——现代信息技术模拟真实情境

随着 5G 时代的到来，前沿的信息技术开始辅助情境教学，比如虚拟现实能够帮助教师更好地模拟真实场景，为教学理念、教学平台与载体的发展带来突破性的发展。**利用虚拟现实技术，学生只需要戴上 VR 眼镜，便可以置身于虚拟的场景中，突破了一切时间与空间的限制**。

2.2.2　国内关于情境教学的认识与发展

中国古代以私塾教学为主要的形式，一个教师一般负责教授十来个学生，由于班额小，教师更能关注到每个学生的情感，创设不同的情境进行教学。

1 我国古代著名教育家的情境教学智慧

（1）孔子

2500年前的教育家孔子称得上是情境教学的鼻祖，他居洙泗之上，弦歌讲诵，传道授业，真乃胜事。**他站在奔腾不息的江水边，对他的弟子们感叹道："逝者如斯夫，不舍昼夜！"** 不难想象，弟子们望着滚滚东去的江水，岂能不心潮起伏、感慨万千？

（2）孟子

孟子教导学生立志要高远、胸襟要开阔时，也不采用直接说教，而是创设了情境："孔子登东山而小鲁，登泰山而小天下。故观于海者难为水，游于圣人之门者难为言。"**孟子创设登东山、登泰山、观海、在圣人门下学习这四个情境，调动学生的情感体验，教育过程不仅是知识的传授过程，还是情感的升华过程，教育者不仅以强大的逻辑力去说服学生，更以美好的情感感染人心。** 让学生去体悟，人的视点越高，视野就越宽广，对人生也会有新的看法，从而学会用超然物外的心态去看世间的纷扰变幻。

2 我国现代的情境教学

我国现代的情境教学以著名儿童教育家李吉林老师为代表，她在小学语文教学中应用情境教学。她以"情"为纽带，以"思"为核心，臻于"美"的境界，她以儿童活动为途径，以周围世界为源泉，使儿童在境中学，境中做，境中思，境中冶，将符号学习与真实的生活联结起来，将认知与情感统一起来。

李吉林老师的情境教育从刘勰的**"心物感应"**、王夫之的**"情景交融"**、王国维的**"境界说"** 等学说中汲取营养，受到了外语情境教学的启发，并从脑科学中觅取理论依据，在教育理论中不断革新，将"情"提升至教育审美的境界，便诞生了"情境教育"。它并非是形而上的思辨，而是日常的教育场景和活泼生动的师生生活。

李吉林老师明确提出了情境教育的概念："情境教学是通过创设优化的情境，激起儿童**热烈的情绪，把情感活动和认知活动结合起来的一种教学模式。"** 李吉林老师突出"情感"的作用，情感能激发儿童的认知活动，还能移入大自然，移入生活，使个体洋溢生命情感，即**"情能生美"**。

李吉林情境教学的核心是儿童，她坚定地认为儿童是大写的人，人是长大的儿童，儿童在"爱"中成长，教师在"爱儿童"中前行，这是李吉林的情怀与信念。她在诗歌《小鸟之歌》中写道："情境教育就是给孩子添翼。"这双翅膀以"思"为核心，以"情"为纽带，带领儿童飞向智慧的王国，也带领情境教育迈向新的历史台阶。

> 📁 知识之窗
>
> 情境教育，就是给孩子添翼，用情感扇动想象的翅膀，让孩子的思维飞起来，让孩子的心儿飞起来，快乐地飞向美的、智慧的、无限光明的童话般的王国。这是我心中的小鸟之歌。
>
> ——李吉林《小鸟之歌》

李吉林紧紧把握儿童学习这一核心，她的情境教育研究有四部曲，如图 2-9 所示。①**情境教学**：探索符号世界与生活世界的联结，让学习在情境中发生。②**情境教育**：各个学科的教学都具有教育性，探索由语文学科拓展到其他学科的路径。③**情境课程**：将课程作为情境教育开展的载体。④**情境学习**：构建中国儿童情境学习的范式，吸收最新研究与实践成果，不断完善与丰富儿童学习范式。

| 情境教学 | 情境教育 | 情境课程 | 情境学习 |
| 探索符号世界与生活世界的联结 | 由语文学科到其他学科的路径 | 将课程作为情境教育开展的载体 | 完善与丰富中国儿童情境学习范式 |

图 2-9　李吉林情境教育研究的四部曲

李吉林的情境教育改变了学习方式，让学习更加形象化，促进了学生个性的发展，不仅传授知识，还启迪情感，在不断探索中逐渐完善理论体系，为语文课堂带来生机，为其他学科的课堂带来可借鉴的学习方式，提高了课堂效率与学生的素养。

2.2.3　情境教学的特点

在不同的发展阶段，不同的学者针对不同时期情境教学（育）对应的学科特点，总结出了情境教学（育）不同的特点，见表 2-1。

表 2-1　不同学者总结的情境教学（育）的特点

学者	文章	情境教学（育）的特点
李吉林	《情境教学特点浅说》	形真、情深、意远、理寓其中
霍利民	《语文情境教学的基本特征》	直观形象性、情知对称性、智能暗示性、意象相似性
田慧生	《情境教学——情境教育的时代特征与意义》	注重情感因素，通过"育人以情"，实现育人目标的有机整合；强调主动发展，通过情境创设，开辟学生生动活泼、主动发展的现实途径；立足本土，注重实践，丰富了有中国特色的教育理论与实践
向晶	《情境教学：价值、特征及操作的思考》	提供丰富、有意义的情境；营造以学习者为中心的学习环境；体现教师的"支架"作用

（续）

学者	文章	情境教学（育）的特点
周淑平	《有效语言实践情境教学的特征与方法》	形象性、情感性、问题性
于兰	《英语情境教学：原理、特征与策略》	主体性、互动性、探究性、体验性
孙毓	《英语情境教学特点及应用策略》	主体性、互动性、探究性、体验性

综上所述，情境教学的特点可以总结为以下几点：

◉（1）直观形象性

形象愈鲜明、具体、活泼、新颖，就愈能缩短感知的时间，引起联想、想象，激发学生认知的兴趣，提高效率。表现形式有**声音**、**色彩**、**线条**、**形体**等。

【案例1】《狐狸和乌鸦》

上这篇课文的时候，给学生戴上"狐狸"的头饰表示"狐狸"，戴上"乌鸦"的头饰表示"乌鸦"，在充满想象力的孩子眼中，他们就是真实的狐狸和乌鸦。让学生来演绎狐狸和乌鸦的故事，《狐狸和乌鸦》的课文内容就从课本上迁移到了学生的生活中，强化了学生对课文的感知能力，教授课文也会因为情境还原而变得容易。

◉（2）以学生为中心

学生是教学的主体，一切教学活动都必须服务于学生的有意义学习。而学习者已有的经验和背景知识是学生有意义学习的主要基础，学习者在这样的环境中积极进行意义的自我建构，并始终处于学习环境的中心地位。

【案例2】《小池塘》第二课时

有两位教师分别做了以下导入。第一位教师出示了小池塘的图片，让学生们用第一课时积累的词语来夸一夸小池塘，学生的积极性很高，也自然而然地走进了课文中。第二位教师也出示了很多小池塘的图片，还配上了优美的讲解。教师讲得很动听，但是学生听的兴趣却并不高。因为他们已经充分朗读过文章了，大致了解了小池塘的样子，作为第二课时的情境导入，介绍小池塘已经不再是他们需要的了，他们需要的是更深层的、更能激发学习欲望的情境。

【案例3】《鸟岛》

苏教版二年级下册《鸟岛》一文中，"陆续"这个词语是个教学重点。教师让学生们化身为一只只鸟儿，从教室的不同地方"飞"向"青海湖"（即讲台）。这样，由于

"飞行"的距离不一样,到达讲台的时间也不一样,有先有后到达,就是"陆续"的现象表现。这个情景的设置紧扣文本,既是学生需要的,又是符合他们的身心发展规律的。教学"无痕"地突破了难点,可以说是一举多得。

(3) 注重情感体验

借助形象的山川田野、花草树木、鸟兽虫鱼以及各种典型化的人物,引导学生对优美的或恶劣的、崇高的或卑劣的、愉悦的或悲惨的种种不同事物做出肯定或否定的评价,体会到自己所表现的爱与憎、满意与厌恶的情感。教师的情感对于儿童来说是导体,是火种。教师要将自己对教材的感受及情感体验传导给学生,把教材内容与生活联系在一起,由此及彼,由表及里,由今昔以至未来……

【案例4】《影子》

对于一年级的学生来说,游戏是他们最喜爱的,也是乐此不疲的活动,他们的情感很容易在游戏中受到感染。于是,在课间教师设计并组织了学生玩"踩影子"的游戏。他们两人一组,你追我跑,你踩我躲,不知不觉在轻松的情景中发现了有趣的影子现象。在上课时,当老师问起"在游戏中你发现了什么有趣的现象"时,学生争先恐后举手,有的发现影子总跟着自己,自己做什么,它就做什么;有的发现自己躲在房子的后面,影子就没有了;还有的发现太阳出来就有影子,阴天、雨天没有太阳,就没有影子。由此而引发学生学习的愉悦感和对影子的喜爱。

(4) 寓理于情

直观鲜明的形象,学习环境的构建,情感的体验,三者融为一个整体,旨在使学生感悟其内涵和理念。

【案例5】《少年中国说》

教师以"少年中国"与"中国少年"之间的关系展开教学,使学生穿越时空感受中国的不断进步和发展。再以"少年的中国不断发展,中国的少年就是你们"作结,以此激发学生的爱国热情和"为中华之崛起而读书"的拼搏精神。通过形象的展示、情境的创设和情感的激发,目标指向爱国主义情怀。

2.2.4 创设情境的类型及原则

创设情境的类型可按教学情境与现实世界的关系或教学中使用教学情境的目的分类,

如图 2-10 所示。

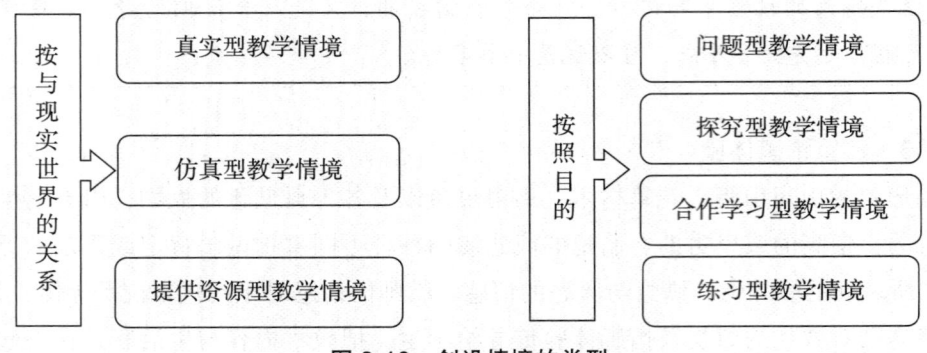

图 2-10　创设情境的类型

1 创设情境的类型

◉（1）真实型教学情境

真实型教学情境通过形式多样的真实客观存在的教学情境，让学生亲临生活实际，在社区、工厂、田间、野外等真实的生活与场景中学习知识，运用所学知识解决实际问题，这就是真实型教学情境。

大部分真实型教学情境的教学要走出教室，走出学校，干扰因素多，教师组织教学活动较为困难，突发性事件发生可能性大，保障工作量大，对教师、学生的组织能力、合作意识、纪律性要求高。通常只要教学条件允许，可以运用真实情境的教学都应当尽可能使用。但是实际教学中，在（学科）综合实践活动这一类活动课程中，它的使用效果会更好。

◉（2）仿真型教学情境

在教学中，有时受时间、空间、财力、物力的限制，不可能每节课都把学生带入实际生活中。一些较难接触或学生不易真实接触的学习内容可以用模拟环境来满足教学的需要，这就是仿真型教学情境。如课堂中模拟购物来学习计算，便可以借助多媒体等教学手段模拟现实情境，也可以采用学生模拟表演（课本剧）等形式，达到所需要教学情境的效果。**模拟现实生活创设仿真教学情境是教学中教师们经常使用的方法。**

◉（3）提供资源型教学情境

根据课程的教学目标，为学生提供丰富的学习资源，由学生选择学习、探究方式，充分发挥学生的主体作用，教师则起学习的引导者作用，使学生在探索中学习求知，培养独立钻研、独立学习的能力，这样形成的教学情境称为资源型教学情境。提供资源型教学情境的适用范围：一般来说比较适用于新授课、研究性学习等教学内容的课堂教学。

◉（4）问题型教学情境

为了完成教学目标，教师所设计的以某个问题探究为平台的教学情境称为问题型教学情境。问题型教学情境又分为全课问题情境与阶段问题情境。**全课问题情境**是指创设于课堂教学初始时的整节内容概要性的问题情境。**阶段问题情境**是指教师在教学过程的某一个阶段，紧扣某一个与全课有关的小问题而设的问题情境。

◉（5）探究学习型教学情境

为探究性学习任务创设的教学情境称为探究学习型教学情境。它是以探究性学习为主要学习方式的教学情境，要具备探究性学习的"猜想与假设、制订计划与实验设计、进行实验与收集数据、分析与论证、评估、交流与合作"的主要要素，适用于科学探究性学习以及综合实践活动等探究性、体验性教学。

◉（6）合作学习型教学情境

为在教学中的合作学习而创设的教学情境称为合作学习型教学情境。该教学情境以小组合作为主要学习形式，学习问题背景的选择要具备合作学习的要素，课堂教学环境中要建立小组合作学习的组织，充分保证组内交流的开展和交流的时间与空间。

◉（7）练习型教学情境

为新知识学习后巩固和拓展而创设的教学情境称为练习型教学情境，适用于总结复习、巩固练习、各种评价等课型。

2 创设情境的原则

教学情境的创设既要体现教学的目标，又要体现知识的发生发展过程，还要适应学生的认知发展水平，体现学生认识事物的规律。为了保证教学情境能充分发挥其功能，杨庆余教授在谈到创设有效教学情境时指出："所谓有效，第一，指创设的问题是儿童感兴趣的、能激发儿童主动地参与学习的。第二，创设的问题情境是儿童有经验支持的，且儿童已经具备一定的知识储备的。第三，创设的问题情境是儿童有可能提出问题或假设的。第四，创设的问题情境是儿童有可能尝试和探索的。"怎样创设教学情境，才能体现它在课堂中应有的价值？情境创设应遵循如图 2-11 所示的原则。

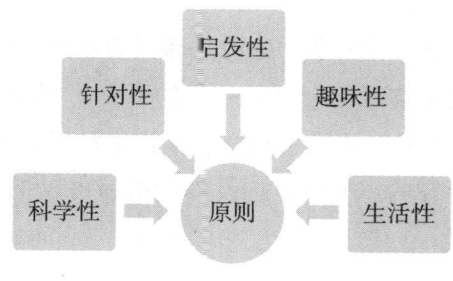

图 2-11　情境创设的五原则

◉（1）科学性原则

科学性是任何学科、任何领域开展科研的必要前提，因此也就成为创设教学情境最基本的原则。作为教学情境的材料或活动，必须是科学的、自然的、可信的。主要包含以下几方面：一是情境的内容要科学，不可无中生有；二是情境内容的表述要科学，不可含糊不清；三是情境的结构要科学，不可东拼西凑。因此要确保教学情境内容的准确、科学、严密，否则将对学生造成一定的误导。

（2）针对性原则

创设情境是为了让学生更好地学习教学内容，达成教学目标。因此，创设教学情境时要充分考虑教学实际需要，必须针对教学目标、教学内容、教学对象进行创设，教学情境必须与主题相关，达到教学内容与教学情境的和谐统一。设置问题、讨论问题等一切教学活动都应围绕教学目标有序展开，这样创设的情境才具有意义和价值。

（3）启发性原则

伟大的教育家孔子提出"不愤不启，不悱不发"，即在教学时创设的情境要能启发学生思考，引起学生的认知冲突；要能激发学生的求知欲，激发学生的学习兴趣。所以创设的情境要有启发性，通过引起学生的认知冲突，启发学生进行深入细致的思考才是创设情境的关键。有效的学习应该是学生在被激发认知需要的情境中积极主动地获取知识。为了在教学中调动学生的学习积极性，提高教学的有效性，我们在创设教学情境时要贯彻启发性原则，创设的情境既能激起学生的认知冲突，引发学生积极思考，又能让学生去探索解决问题的方法。

（4）趣味性原则

俄罗斯教育家乌申斯基说："没有兴趣的强制学习，会扼杀学生追求真理的愿望。"要帮助学生真正理解和掌握知识，就需创设有趣的情境，激发学生的学习兴趣。这样，既可提高课堂效率，学生也能在获取知识的同时获得情感上的乐趣。例如，数学模拟实验的教学情境大多以动态图形展现在学生面前，学生的学习兴趣瞬间被提升，这会促进他们积极思考问题，在交流与合作中不断地体验发现和学习的快乐，从而提出有意义的问题，在一个互动、交流和提高的过程中更好地学习。

（5）生活性原则

学习与人类的现实生活有密切联系，生活是课程的基础。教师只要善于发现生活中的教学问题，结合学生身边的事物及他们喜闻乐见的事件，创设教学情境来引出学科知识，就能激起学生对学科知识的兴趣，让学生感受到知识来源于生活，又服务于生活，亲自体验到生活中的知识是无处不在的。所以，创设教学情境可以把现实生活这个"源头活水"作为基础，遵循生活性原则。

2.2.5 创设情境的途径

一般来说，创设情境有如图 2-12 所示 5 条途径。

第二章 情境教学——跨越今天与昨天的鸿沟

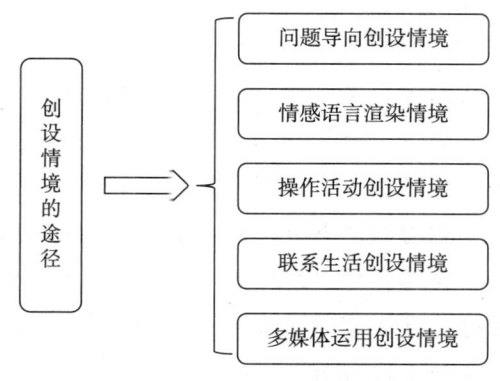

图 2-12 创设情境的途径

1 问题导向创设情境

思维是从问题开始的，问题是调动学生积极思维的"催化剂"。课堂教学的问题情境，就是通过具体问题引起的悬念或探索活动激起学生的求知欲望，进而形成的一种教学情境。许多抽象的知识都是基于一定的情境而构建和发展的，**问题情境是最常见和应用最广泛的一种情境，是启迪思维、激发兴趣的重要途径。**

教师使用问题创设情境可抓住关键问题，提出一个又一个的问题，环环相扣，提高学生独立思考、解决问题的能力。但它在运用时要注意以下几点：①要明确提问的目的，提问是为了启发心智，实现教学目的；②问题要有思考价值，难度水平要考虑学情；③问题要有顺序、有层次，循序渐进。

【案例1】王崧舟老师执教《去年的树》

"一棵树和一只鸟儿是好朋友。鸟儿站在树枝上，天天给树唱歌。树呢，天天听着鸟儿唱。"这是课文的第一段，王老师抓住显示友谊的词语"天天"创设情境，他安排了三次练笔，让学生补写树和鸟的旁白，写出树和鸟的外貌和心理活动。接着，经过层层设问，环环相扣，他提出问题："作者明明会写，为什么不加外貌和心理描写？"问题最终指向文章写作手法。

师：孩子们，我们看《去年的树》，它没有写外貌的句子（擦去板书"不写外貌"），它没有写表情的词语（擦去板书"不写表情"），它也没有写心理的言语（擦去板书"不写心理"），请问，是作者不会写外貌吗？（生：不是）是作者不会写表情吗？（生：不是）是作者不会写心理活动吗？（生：不是）

（教师板书：在三个"平淡"与三个"深厚"之间画出空白框）

作者明明会写，为什么不写？这个问题提得非常漂亮。王老师对学生提出质疑，让学生对文本提出质疑。

生：可能作者想让我们自己琢磨。

师：有这种可能。

生：作者想让我们自己思考，自己来感受这种感觉。不写出来，自己想的可能更加有趣，更加伤感，更加漂亮。

生：可能是作者为读者留下的想象空间。

师：真好。孩子们，你们看到这个留下的框了吗？（手指板书）这是一个巨大的空白，这是一个巨大的空间。是的，它不写表情，它不写外貌，它不写心理，它给我们留下了多么丰富的、无限的想象的空间。（在框内板书：想象）正是留下那么多的想象空间，这个故事才让我们领会到了语文的魅力——用最平淡的语言调动人们的想象，表达最深厚的感情。让我们永远记住这个故事——

生：（齐读）去年的树……

教学的最后扣在了这个童话的语言特征，也是这个童话最大的"语文的魅力"——用最平淡的语言调动人们的想象，表达最深厚的感情。王老师不满足于学生对文本内容的理解与感悟，他将课堂的最后定在文本的语言形式上。前面的问题是铺垫，至此，课堂中"学习表达运用"的线也打好了结。回望课堂中三次练笔，王老师将学生的三次感受一一列举在黑板上，又分三次一一擦去，目的就是要引导学生感受这"不写"的佳妙，当黑板上只留下三次书写的"平淡"与"深厚"，还有一个大大的空白的框，孩子们已不难理解这想象补白的作用，这"平淡到底"的深情。整堂课王老师通过"作者明明会写，为什么不写？"这一问题贯穿，创设各种情境，使学生一步步沉浸在树和鸟的深情情境之中。《去年的树》鲜明地呈现了新美南吉简洁素朴的文风，那淡淡的文字纤细、含蓄、克制，萦绕着淡淡的忧伤，又有着超越忧伤的强大力量。作为对文本把握准确的老师，王老师运用了问题创设情境的途径教学，整堂课像一曲婉转的歌，简洁清明，情理交融，耐人寻味。

2 情感语言渲染情境

苏霍姆林斯基说："人类教育最微妙的工具——言语，会触及人的心灵最敏感的角落……教师的言语成为最强大的教育手段。"语言在传情达意、渲染情感方面具有巨大的感染力。生动形象的教学口语和体态语有利于诱发感情、激发感情、触发共鸣。教师在实施该策略时，要根据教材内容和课堂情境灵活运用，教师可在设置导语、启发思维、朗读课文时运用语言渲染策略。这个策略的内涵是：**在教学过程中，教师运用语言去描绘情景，再现情景，启发、引导学生进行积极思维；联系生活经验去激发学生的灵感，通过联想、想象引导学生进入情境，去感受至美至善的感情，去领悟睿智敏锐的哲理。**

【案例2】李吉林执教《桂林山水》

李吉林老师在阅读教学中的情境教学就以情感为纽带，用生动的语言、丰富的表情展开教学，值得借鉴学习。下面是李老师在讲授《桂林山水》这篇课文时的教学片段：

上课时学习课文前半部分，了解漓江之美，突破"漓江的水静到让你感觉不到它在流动"这一句的难点时，老师承接前面所创设的假想旅行场景，一脸陶醉，带着期盼的语气笑着喊道："同学们都跟上呀，在漓江岸边，小船都在等我们呢！"停顿几秒又深情地描述着："现在我们乘坐着小船，轻轻徘徊在漓江河畔，我们一起看看这幅画想象一下，为什么说漓江的水静到感觉不到在流动？看看哪位同学和老师一样真的来到漓江。"（同时播放《让我们荡起双桨》这首曲子。）学生伴随着音乐一起轻声哼着，眯着眼看着图片中漓江的美景，加上老师用语言、神情创设出的情境，立即产生真实感受。

学生进入情境后反馈出的感受：

生1：漓江的水好静啊，我只听到船桨在江面划动的声音。

生2：漓江的水平静地好像一面镜子，当鸟飞过的时候，我才意识到自己不是静止的。

上述案例可以发现，教师运用语言传递情感对学生的学习效果具有极大的影响。通过教师饱含深情的语言、神态，学生对漓江的美有了具体的感受。这时再去看课文中描绘漓江的排比句，学生就很容易理解它的含义。

3 操作活动创设情境

操作活动创设情境，指根据所要学习的知识或所要解决的问题的特点，设计成学生自己主动参与的操作性活动。简而言之，就是让学生在"做中学"。课堂教学中的操作活动情境，需要教师的创造性设计，教师要热情投入，细心挖掘，才能创设出有针对性、有价值的操作活动情境。**在教学过程中，教师要尽可能设计与教学内容有关的实验，让学生自己动手进行实验或通过教师操作及现代教育技术手段演示来领悟知识。**让学生的思维在各种有效的动手操作、观察情境中得到激活，唤起他们的好奇心、求知欲和创造力。

比如，在数学的教学中，几乎所有的几何知识的学习都可以借助模型、实物甚至自制学具，摆出复杂图形的相对位置，通过平移、翻折、旋转、叠合等动手操作活动，使学生从中体会图形变换的特点，将抽象的知识转化为活生生的个人体验。

【案例3】四面体的搭建

在学习四面体的时候，可以引导学生参与操作活动"用6根长度相等的牙签或火柴，试试你最多能搭几个正三角形"。对这样的操作活动情境，学生参与的兴致是高昂的。但由于受平面思维定式的影响,大多数学生的实际摆放结果是在桌面上摆出2个正三角形,还余下一根牙签。此时,教师不失时机地告诉学生最多可搭出4个,强烈的好奇心会促使学生积极探索摆法,当悟出可以不局限于桌面摆放时,也就不难在空间中搭出4个正三角形,如图2-13所示。然后教师向学生展示正四面体骨架模型,这样就以直观、巧妙的操作方式引导学生思维由平面向空间拓展,帮助学生建立起空间观念,引出立体几何的研究对象和研究目的。

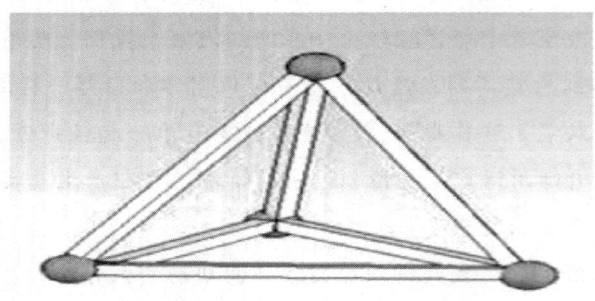

图2-13 四面体的搭建

【案例4】《找春天》

在语文教学《找春天》一课中,学完课文后,教师们可以带领学生去实践操作,去校园中寻找春天,用课文的句式让学生们回答找到的春天的景物,进行课文续写小练笔,这样的操作活动不仅能够激发学生的学习兴趣,更能够加深学生对知识的认知、理解与应用。

4 联系生活创设情境

生活经验是学生学习的基础。因此,教师在讲授新的课程时,首先根据学生的年龄特点,把握学生已经掌握的知识以及现有的生活经验,然后有针对性地创设符合学生特点和贴近生活的情境。**教师要真正立足于学生的经验,力求从学生熟悉的生活情境出发设计问题,用丰富的感性材料,创设出提炼现实生活的教学情境。**这不仅可以打破学生固有的思维定式,而且可以让学生真正体验到所学知识在现实世界中的实用价值,这有利于激发学生理论联系实际、学以致用的应用意识,提高解决实际问题的能力。

【案例5】《游子吟》

笔者在教授《游子吟》时,通过创设情境,引导学生体会深夜为即将出远门的儿子缝补新衣的母亲的情感,让学生感受到母亲的关怀、母子离别的不舍,从而体会母爱。

由诗句进而引申到现实生活中。回到最初的画面，年迈的老母亲在油灯下，眼睛昏花，动作迟缓，但坚持到底，一定要为孩子缝制一件衣服。请你说说这是一位怎样的母亲？想一想现实生活中，你是不是也有这样一位母亲？妈妈为你做过哪些细小的事情，让你很难忘？你做过或者会做哪些事情来表达对妈妈的爱呢？这样，学生们都开始思考，有的说自己的妈妈和文中的母亲很像，也很关心自己，夜里经常给自己盖被子。有的说妈妈和诗中的母亲不同，不会做衣服，不会做饭，但是会辅导自己功课。通过进一步引导，通过多种方式的还原，促进学生理解诗文，理解母爱。学完后，让他们把这首诗作为礼物背诵给自己的妈妈听，他们个个学得起劲儿，背得也迅速。联系实际生活让学生学以致用，会让课堂更加高效。

5 多媒体运用创设情境

美国心理学家和教育家布鲁纳认为："在学校教育教学中，所有教学计划在很大程度上将依赖于为达到教学目标而采用的教学媒体。"**课堂教学中还可以创设动态情境**，即运用电影、录像、幻灯、图片等多媒体教学手段创设的特定情境，给学生以生动直观的感性认识，**激发学生兴趣，促进学生思维水平的提高**。

在课堂教学中，我们经常运用多媒体创设情境。如教师在讲授《葡萄沟》时，给学生们展示葡萄沟的图片；讲到《草原》的时候，给学生们播放草原风光的视频；又如朗读课文时，给学生们配上音乐等，这都能帮助我们有效地创设情境，激发学生的学习热情。

其实，创设情境除了以上提到的几个重要途径之外，还有很多其他途径，如游戏式情境创设、悬念情境创设、故事情境创设、学科渗透情境创设等。不同的课程需要设置不同的教学目标、教学对象，我们要选用不同的途径实施教学。

2.3 创设情境典型案例评析

2.3.1 典型案例评析一 看，看，看！——"掰手腕"习作情境教学案例

深圳市福田区荔园外国语小学西校区 刘小玲

★ 探究目标

创设情境，引导学生在游戏情境中学习运用"定点观察、连续观察和聚焦观察"的"三看"方法观察游戏过程，并尝试把游戏情境写清楚。

★ 教学重点

营造游戏情境让学生在其中自然而然地进行观察与体验。

★ 教学难点

"定点观察、连续观察和聚焦观察"的"三看"观察法的习得与运用。

★ 教学准备

一张桌子、两张座椅、奖杯和奖牌各一

★ 习作过程

板块一　欢乐开场

◉（1）玩一玩

教师和学生一起玩小游戏——反动作，例如，教师说："起立"学生立即做相反动作：坐下。

◉（2）聊一聊

根据上一个游戏的情况反馈，教师和学生们聊："平时喜欢玩什么游戏？为什么？"

◉（3）猜一猜

揭示本节课主题——掰手腕。

（设计意图：开课由孩子们熟悉的游戏导入，既可拉近教师与学生的距离，又可快速集中学生的注意力，一举两得。同时，在欢快的游戏氛围中可以轻松打开学生的话匣子，聊一聊他们平时喜欢的游戏，引起师生以及学生间的情感共鸣，将学生迅速带入欢乐的游戏情境，为接下来参与和观察掰手腕游戏做好情感铺垫。）

板块二　一看——定点观察

◉（1）寻找观察对象

请班长和体育委员每人推荐一位同学参赛（也可以自我推荐），并请两位同学说说推荐理由。

◉（2）引导观察猜想

请两位被推荐的选手上场做自我介绍。大家说说对这两位选手的猜想，如我觉得×××同学可能会获胜，因为他比×××更高更壮。将你的猜想写在教师提供的写作稿纸上（格式如下）。

★ 猜想

今天PK的两员大将是＿＿＿＿和＿＿＿＿，他俩一个＿＿＿＿＿＿＿＿，一个＿＿＿＿＿＿＿＿＿＿＿＿，我觉得＿＿＿＿＿＿＿＿＿＿＿＿＿＿＿＿。

第二章 情境教学——跨越今天与昨天的鸿沟

◉（3）实时观察评议

用什么词形容两位选手比较好？你觉得这位选手获胜的理由是什么？

【设计意图 创设游戏情境是为引导学生进行观察、体验和思考服务的。所以从游戏开始的选人环节，老师就要有意识地将学生的目光吸引到比赛选手（也就是定点观察对象）上来。由班长和体育委员推荐观察对象，一是为减少选择的时间，二是让观察对象的特点更显性。找出观察对象后，让所有学生在情境中马上动笔记录观察所得，这可以培养学生边观察边思考的习惯。】

<u>板块三　二看——连续观察</u>

◉（1）观察对象的连续活动

请两位选手进入准备状态，活动活动筋骨，拉伸拉伸手臂，弯弯腰，揉揉手，各拉开一把椅子，在桌子两边坐下。提醒学生仔细观察，把两位选手的准备过程写下来。

◉（2）学习连续观察方法

★准备

只见两位"大力士"_____

_____

_____

1）学一学：PPT 出示"观察小窍门——慢镜头"。

2）演一演：请学生观察教师表演"写字"，师生共同梳理出慢镜头下教师写字的连贯动作：转、伸、拨动、挑、捏、转、写。

3）说一说：将刚刚"教师写字"的过程用一段话说出来，要用上"慢镜头"看到的连贯动作。根据学生的回答出示相应句子。

4）想一想：通过观察"教师写字"，你学会了什么？

◉（3）记录连续观察所得

两位选手做了哪些准备？你观察到他们准备掰手腕前做了哪几个连贯的动作？请学生将刚刚用"慢镜头"的连续观察法所观察到的内容说一说，然后写在如下的稿格中。

◉（4）评议连续观察习作

两位选手的准备动作是否连贯？

> **设计意图**
>
> 学生刚开始写作最容易忽视细节,此板块重在引导三年级的孩子学习细致与连贯的观察。用连续观察"教师写字"这么一个情境为例,让学生迁移运用到观察"选手准备比赛"这个情境中,以达到"学以致用"的教学目的。

板块四　三看——聚焦观察

（1）提出观察任务

比赛开始,请粉丝们为支持的选手加油,并将比赛过程记录下来。

（2）学习聚焦观察

> **★准备**
>
> 只见两位"大力士"＿＿＿＿＿＿＿＿＿＿＿＿＿＿＿＿＿＿＿＿＿＿＿＿＿＿
>
> ＿＿＿＿＿＿＿＿＿＿＿＿＿＿＿＿＿＿＿＿＿＿＿＿＿＿＿＿＿＿＿＿＿＿＿＿

1）**欣赏**："这次的试卷太难了。他右手握笔,左手托着自己的下巴,眉头越皱越紧,眼珠一动不动,死死地盯着题目,牙齿狠命地咬着嘴唇,都快要咬出血来了……"

2）**思考**：这是一位同学做试卷时的表情和动作,你们读了有什么感受？

3）**学习**：我们可以聚焦人物的哪些部位进行观察？（师生共同小结并板书：脚、躯干、手、眼、嘴……）

4）**提醒**：我们不但可以用定点观察的观察方法观察选手,还可以观察观众。

（3）聚焦精彩过程

小组合作,用上"放大镜"聚焦选手的某一部位进行观察。提问引导：请问这个小组你们准备怎么分工？眉毛和眼睛为什么分由两个人聚焦观察？

（4）记录观察所得

小组合作回忆、汇总观察结果。每组派一位代表说说：用上"放大镜",我们看到了什么,听到了什么？请学生把观察到的有趣的事儿记下来,计时五分钟。

> **★比赛过程**
>
> 　老师一声令下,比赛开始啦！（谁？）＿＿＿＿＿＿＿＿＿＿＿＿＿＿＿＿＿＿＿＿
>
> ＿＿＿＿＿＿＿＿＿＿＿＿＿＿＿＿＿＿＿＿＿＿＿＿＿＿＿＿＿＿＿＿＿＿＿＿＿＿
>
> ＿＿＿＿＿＿＿＿＿＿＿＿＿＿＿＿＿＿＿＿＿＿＿＿＿＿＿＿＿＿＿＿＿＿＿＿＿＿
>
> （谁？）＿＿＿＿＿＿＿＿＿＿＿＿＿＿＿＿＿＿＿＿＿＿＿＿＿＿＿＿＿＿＿＿＿
>
> ＿＿＿＿＿＿＿＿＿＿＿＿＿＿＿＿＿＿＿＿＿＿＿＿＿＿＿＿＿＿＿＿＿＿＿＿＿＿
>
> 观众们有的＿＿＿＿＿＿＿＿＿＿＿＿＿＿＿＿＿＿＿有的＿＿＿＿＿＿＿＿＿＿
>
> ＿＿＿＿＿＿＿＿＿＿＿＿＿还有的＿＿＿＿＿＿＿＿＿＿＿＿＿＿＿＿＿＿＿＿
>
> 我＿＿＿＿＿＿＿＿＿＿＿＿＿＿＿＿＿＿＿＿＿＿＿＿＿＿＿＿＿＿＿＿＿＿＿

◉（5）师生实时评议并修改游戏过程

> **设计意图**
>
> 掰手腕比赛经常在一两分钟内就会决出胜负，在这短短的时间内，沉浸在游戏情境中的孩子往往只关注比赛结果，而忘记观察比赛过程。为了吸引孩子们将目光集中到选手比赛过程中表情、动作的细微变化中，此环节特别设计了一个小组合作：将全班学生分成若干个小组，每小组5人，每人抓住比赛选手身体的一个部位进行观察，比赛结束后组员合作，将观察所得汇总交流，这样既分解了观察难点，又提高了观察效率。

板块五　热烈庆祝

◉（1）配乐颁奖

宣布比赛结果，颁发奖杯。

◉（2）采访选手

获得冠军的选手有什么想说的？没有获得冠军的选手有什么想说的？

◉（3）采访观众

掰手腕的游戏好玩吗？你有什么想说的？

板块六　意犹未尽

◉（1）活动结束

游戏结束了，我们的《掰手腕》作文也写得差不多了，你看：猜想、准备、比赛，再给这篇文章加个精彩的开头和有趣的结尾，一篇文章就完成了。

◉（2）总结

希望你们平时也能用上慢镜头和"放大镜"去观察，这样就能写出好多有意思的文章啦！

板块七　板书设计

掰手腕 ┌ 慢镜头：走、拉、坐、伸、握、按……
       └ "放大镜"：脚、躯干、手、眼、嘴……

★ 教学反思

按照此教学设计，我在湖南汉寿的詹乐贫中学附属小学和朱家铺小学的三年级支教，两节课下来，教师和孩子们的反响不错，詹乐贫中学附属小学的教师们说："习作是目前学生学习的薄弱环节，刘老师的习作课真可谓'源头活水'，给我们语文教师指明了习作教学的方向。现场教学、寓教于乐，将整个课堂推向了高潮！"朱家铺小学的教师也说："刘老师通过创设游戏情境，营造了轻松愉悦的教学氛围，在刘老师的引领下，学生情不自禁地进入了情境。课堂上学生的表现是那么的认真、活泼和专注。教师悉心指导学生观察和体验,学生的写作水平在不知不觉中提高了。"听课教师的肯定是对此教学设计的最大褒奖。

欣喜之余,冷静思考。我觉得这个教学设计有两个收获:

一是活动成功激发了学生的写作兴趣。游戏入课堂很好地为学生创设了近距离、有目的地观察的情境,学生在情境中看、在情境中听、在情境中想;置身其中,真实记录,真正实现了"我笔写我心"。

二是教师细心引导了学生的观察方法。定点观察、连续观察和聚焦观察,是我们小学生写作观察中最常用的三种方法。学生学会了这三种方法,才可以达到教师"授之以渔"的目的。在朱家铺小学三(3)班的课堂上,有个细节特别有意思。学习完聚焦观察之"放大镜"法之后,我让学生立马用上此法,观察两位选手的掰手腕比赛。比赛结束后,教室里沸腾了!这时,坐在教室左后方的一位男学生急切地问:"老师老师,到底是谁获胜了呀?我刚刚只顾着观察×同学的嘴巴,都不知道是谁赢了!"同学们笑了,听课教师也笑了!当他把自己看到的×同学的嘴的变化描述给大家听后,教室里更是响起了一阵掌声。你看,当学生沉浸在情境之中,他们的思维和语言是多么美妙!

2.3.2 典型案例评析二 "小猪佩奇探险记"教学设计

深圳市福田区荔园外国语小学(香蜜湖) 林晓敏

★ 设计简介

本节课依托绘本创设故事化情境,让学生沉浸在情境中,自发、自主地解决问题。借助"游戏材料",体验多种不同算法,在多重算法的对比、联系中内化算理、强化算法。用游戏化思维重塑课堂教学,让学生在充分合作的探究中,巧借游戏化元素,虚实结合,静中感悟,动中操作,搭起算法与算理的桥梁。

★ 教学目标

(1)知识与技能

1)建立估算的意识;

2)掌握两位数加两位数进位加法的计算方法;

3)能正确计算两位数加两位数的进位加法以及相关的生活实际问题;

4)体会计算方法的多样性。

(2)过程与方法

1)通过动手操作,如摆一摆、拨一拨、写一写,探索两位数加两位数的计算方法,体会计算方法的多样性;

2)能运用所学知识解决有关的实际问题,感受数的运算与生活的密切联系,培养学生的初步估算意识和解决简单实际问题的能力。

第二章 情境教学——跨越今天与昨天的鸿沟

（3）情感态度与价值观

感受与同学合作学习的乐趣，体会数学知识与生活实际的联系。

★ 教学重点

探索并掌握两位数加两位数的进位加法。

★ 教学难点

理解两位数加两位数的进位加法的算理。

★ 教学过程

（1）创设情境，激发兴趣

师：小朋友们，认识这是谁吗？它怎么还不出来？看来你们的诚意不够啊！坐端正、瞪大眼睛看清楚了哦！（生：小猪佩奇。）看来你们很喜欢小猪佩奇，那一定能帮他解决这个问题。究竟发生了什么事呢？你们看！

（播放PPT动画）佩奇买回38个恐龙蛋，乔治买回17个恐龙蛋，可是妈妈说这个盒子只能装60个。

> **评析**
>
> 创设富有生活气息的情境，巧妙选用学生喜闻乐见的动画片人物，符合学生的年龄与认知特点。这既能引起学生的注意，激发学生内心的需求，驱动学生解决问题，又能巧妙地把计算与生活联系起来。

师：估一估，猜一猜，这个盒子能装得下吗？谁来估一下。

生1：把17估成20，38不变，20+38=58，58<60，装得下。

生2：把38估成40，17不变，40+17=57，57<60，装得下。

生3：把17估成20，38估成40，20+40=60，60=60，装得下。

师：不错，有的把其中的一个数估成整十数，另一个数不变；有的把17和38都往大的数估，估成整十数。确实很方便。我们把这种计算叫估算。

师：想一想，这里能往小的数估吗？

> **评析**
>
> 课堂播放富有生活气息的故事情境，成功营造"沉浸"氛围，学生心里产生解决问题的需求，自发地思考解决问题的方法。此时教师追问：谁来估一下？学生会"挖空心思"地想出答案。在学生不同的回答中，教师总结出"估计的方法"。这样故事化的情境创设，让学生沉浸在情境之中，自发、自主地在解决问题中培养估算意识，从而发展数感，获得情感上和思维上的提升。

◉（2）游戏探究，内化算理

1）解决问题

师： 帮助妈妈判断盒子能否装得下，除了估算，我们也可以直接计算，算一算一共买了多少个恐龙蛋？

师： 怎么列式解决？

生： 38+17=

师： 是多少呢？接下来我们一起探究两位数加两位数的计算。（**板书：** 两位数加两位数）为了方便大家得到结果，给每组提供一些材料，可以摆小棒、拨计数器，或者在纸上写一写，来得到结果。

下面我们来玩一下如图2-14所示的"探究达人"游戏，请听游戏要求（课件出示游戏要求）：

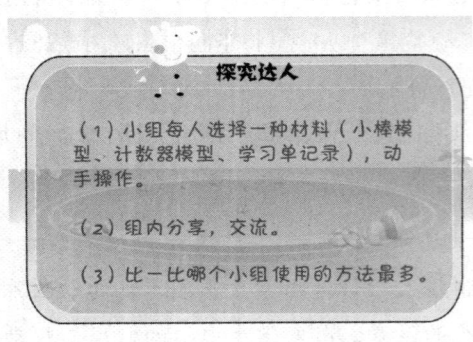

图2-14 "探究达人"游戏

第1步： 每人选一种材料。看谁又快又能安静坐好！

第2步： 动手摆一摆、拨一拨或写一写，算出结果。

第3步： 把你的方法与小组同学进行分享。

第4步： 汇报。

开始！

2）分享交流

（a）摆小棒

师： 谁来摆小棒，说一说你怎么计算的？

学生一边摆一边说，教师把小棒圈起来，如图2-15所示。

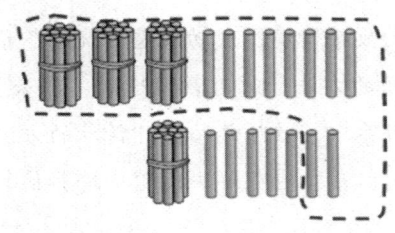

图2-15 圈小棒

生1：先摆第一组38根小棒，再摆第二组17根小棒，从第二组17根小棒中拿2根小棒放在第一组38根小棒里面，按照10根小棒为1捆的计算方法，这样就是4捆，第二组还剩下15根，加起来是55根。

师：谁听懂了他的想法？为什么38根和2根凑成一起？（凑整十。为什么？）

师：谁能把刚才摆小棒的过程用算式记下来？（38+2=40，40+15=55。）

生2：先摆38根小棒，再摆17根小棒，3捆和1捆合起来是4捆，8根和7根合起来是15根，共有5捆5根，所以是55。

师：用算式怎么记？（30+10=40，8+7=15，40+15=55。）

师：大家听懂了吗？为什么3捆和1捆合在一起，8根和7根合在一起？

（b）拨计数器

师：谁愿意拨计数器说一说？

生：先拨出17个珠子，然后个位上拨8个珠子，个位满10个珠子换成十位上1个珠子。（为什么？满十进一。）这时，个位剩下5个珠子，十位有5个，所以是55。

（c）竖式计算

师：谁在纸上写出你的方法？上来展示一下。

生汇报。

师：用竖式计算，你有什么要提醒其他同学的？

生：相同数位对齐，从个位算起，个位相加满十，向十位进1，如图2-16所示。

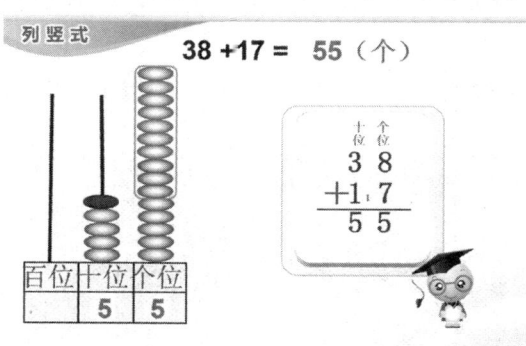

答：一共买了55个恐龙蛋。

图2-16 列竖式

师：为什么相同数位要对齐？（这样才可以个位加个位，十位加十位。）跟摆小棒哪一步一样？（师在黑板标记。）

师：看到进位1，你想到了使用计数器中的哪一步？

师：计算十位时，要注意什么？（不要忘加进位"1"。）

师总结：同学真聪明，想出这么多种方法计算出两位数加两位数的进位加法！结果都是55，那盒子能装得下吗？（能！）

（d）学以致用

师：小猪佩奇在帮助你们学习用竖式计算，他出两道题考考你们，请拿出练习本用竖式计算。开始！

生上台汇报。

☆重点：46+54=

师：谁听懂了，再来说一说。

师：这道题计算，有什么特别的？

生：十位满十也要向百位进1。

师：竖式计算学得真好！只要满十，就要向前进1。

评析

承接上面的"小猪佩奇绘本故事情境"，小猪佩奇继续抛出核心问题：一共有多少个恐龙蛋？教师可设计游戏活动——探究达人。"探究达人"游戏活动，融合"竞争""反馈"等游戏机制，展开组内合作，组间竞争模式，给活动增加了竞争性、刺激性。教学情境形式多种多样，有故事化的生活情境，也有动手操作和课件演示，丰富而富含趣味的情境有助于学生接受与深刻理解数学知识。

（3）巩固提升，强化算法

师：这竖式计算难不倒你们，你们敢挑战任务吗？那我们一起跟随小猪佩奇完成任务吧！

1）游戏：我说你拨（如图2-17所示，每答对一题得1颗宝石）

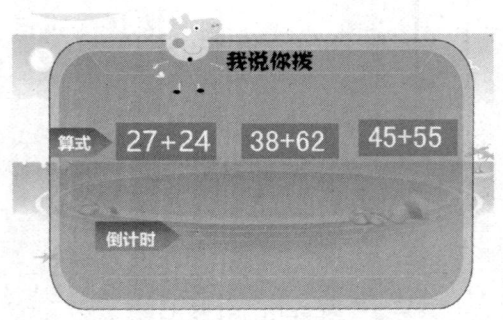

图2-17 我说你拨

师：请拿出你们的计数器，看谁又安静又快算好。

重点：38+62=　　（课件演示）

师：然后呢？（满十进1）

师：个位10个珠子了，换成十位1个珠子。接着呢？十位满十也要向百位进1，你们真棒！这都让你们发现了！看来计数器上"只要满十就要前一位进1"。

2）游戏：火眼金睛（如图2-18所示，每答对一题获得2颗宝石）

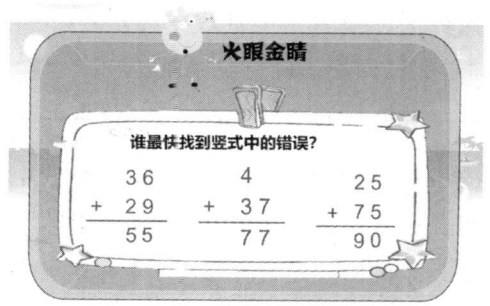

图 2-18 火眼金睛

师：比一比谁最快找出错误。找到的请举手，开始！

（a）

$$\begin{array}{r} 36 \\ +29 \\ \hline 55 \end{array}$$

生1：忘加进位点。

师：在哪儿加？

（b）

$$\begin{array}{r} 4 \\ +37 \\ \hline 77 \end{array}$$

生：4应该写在个位上。

师：对啦，相同数位要对齐。

（c）

$$\begin{array}{r} 25 \\ +75 \\ \hline 90 \end{array}$$

生：十位满十要向百位进1。

3）游戏：有奖竞答（如图2-19所示，每答对一题获得3颗宝石）

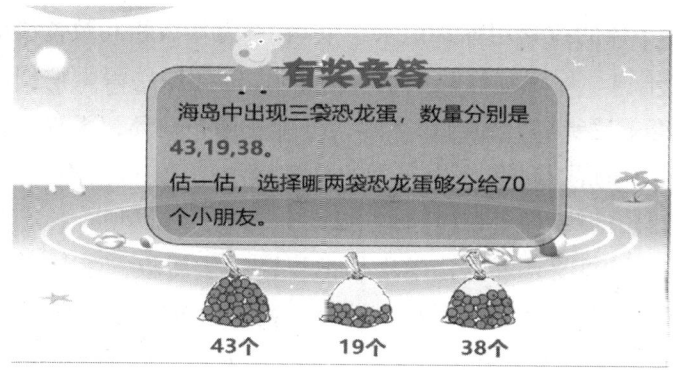

图 2-19 有奖竞答

师：你们的表现实在太棒了，最后一个游戏——有奖竞答。估一估：有三袋恐龙蛋，哪两袋够分给我们班每个同学呢？回答正确有奖励哦！

> **评析**
>
> 根据心理学研究，小学生的注意力集中时间只有20分钟左右，之后呈下降趋势，如何让学生的注意力集中时间延长呢？何不借助"互联网＋技术"的交互性、实效性，让练习情境化，更具趣味化、更具立体化、更具高效性。本课继续营造小猪佩奇前往神秘的海岛寻宝的情境，邀请学生前往探索，途中设计层次分明的趣味十足的游戏隐藏在挑战卡中。情境化的游戏练习设计，能够做到虚实结合，线上与线下无缝衔接，每个知识点的突破巩固，在情境中自然发生，思维也悄无声息地生长。

⊙（4）总结提升

师：今天跟随小猪佩奇一起历险，你们都学到什么了？

★ **教学反思**

纵观全课，"情境化"教学贯穿课堂。课堂开始的故事情境营造出让学生"沉浸"的学习环境；探究环节以操作类的问题情境，多维度培养学生的思维品质；练习环节的游戏情境激发学生的学习热情，让数学课堂充满了生机活力。

⊙（1）故事情境，激发学习内驱动力

有趣的小猪佩奇动画故事引发学生不断思考问题，研究数学算理，能够形成教学亮点，为数学课堂启动注入新的动力。既增强学生进一步探究的学习动机，也强化了学生对知识的深度理解，使非智力因素积极转化为智力因素。

⊙（2）问题情境，渗透学科思维品质

借助"故事情境"，在探究算理的过程，以"游戏材料"为载体，创设可操作的游戏活动，用大问题引领学生思考，每个大问题承载着小问题，"谁来估一下""这里能往小的数估吗""为什么38根和2根凑成一起""为什么3捆和1捆合在一起，8根和7根合在一起""你能把刚才摆小棒的过程用算式记录下来吗""为什么相同数位要对齐？跟摆小棒哪一步一样""看到进位1，你想到计数器中哪一步"，问题层层深入挖掘，让思维在探究中逐渐可视化，在探究中逐步提升和内化算理，思维一环扣一环，无缝衔接。教师在追问中促进学生思考，让学生的思维不断迸发出新的思考。

⊙（3）游戏情境，调动课堂积极因素

教师利用游戏进行调度，可以让学生们都积极给予回应，参与到游戏互动中。一个"寻宝"游戏，为课堂增添了无穷的乐趣。游戏"我说你拨"是多种感官参与的动手操作，既提高了学生参与度，做到及时反馈，又是见证学生对两位数加两位数的进位加法算理的理解、强化和加深的过程。"火眼金睛"更是利用线上抢答器技术，锻炼学生的反应能力，对算理算法熟练掌握程度更是一目了然，学生乐于参与，专注力和思考力高度聚焦，思维在瞬间一触即发。"有奖竞答"与前面的"快节奏"的游戏形成鲜明对比，此时学生在"慢"中逐渐形成"脑中思"，内化算理算法，分析问题，解决问题，提升思维能力。

　　游戏、故事、问题等都属于教学情境设计的重要选择，其助学效果显著。情境化教学营造出自由、快乐、幽默和富有创造性的课堂氛围，顺应儿童的天性，寓教于乐，让不同的学生在情境中迸发出思维的火花，以激发创造性思维的产生。学生以其积极向上的情感态度价值观，面对学习，参与课堂学习，享受学习带来的获得感和成就感。

CHAPTER 03

第三章 混合式学习——连接今天和明天的桥梁

由于"新冠"疫情,在 2020 年春季延期开学期间,我国的中小学开展了在线教学,也就是"停课不停学"。由此,线上教学迅猛发展,课堂教学在形式和内涵方面均发生了深刻变化:教学由单场景向多场景转变,由教师知识讲授向学生自主学习转变,由以教材为主要学习媒体向多种教学资源的整合转变。

因为疫情影响,我国教育提前开启了网络教学新时代,我国教师都变成了教学主播。

目前全国的疫情得到了有效控制,中小学教学模式如今已然进入常态化。然而,在"停课不停学"期间,我们攻克了线上教学的一个又一个难关,解决了线上教学的一个又一个难题,积累了丰富的线上教学经验。如何立足信息化环境,重组教学结构,变革教与学的方式,探索线上线下"混合式学习"模式,为教育发展注入新活力,成为我们当下要思考和践行的重大课题。不要问我做"混合式学习"有没有未来,要问"混合式学习"的未来里有没有我。

3.1 为什么要进行混合式学习

在回答为什么要混合式学习之前,我们要明确什么是混合式学习。

3.1.1 混合式学习的由来

混合式学习(Blended Learning)的提出源于网络学习(E-Learning,也可以称为在线学习或者远程学习)的兴起,以及关于"有围墙的大学是否将被没有围墙的大学所取代"辩论的深入研究和探讨。它是在网络学习的发展进入低潮后,人们对纯技术环境进行反思而后提出的一种学习理念。

20 世纪 90 年代初,随着信息技术、通信技术和网络技术的发展,网络学习逐渐兴起。与传统课堂教学相比,由于摆脱了传统学习方式在时间和空间上的限制,网络学习更具有快速、高效、个性化和低成本等优势。

为此，国际上（特别是美国）展开了"有围墙的大学是否将被没有围墙的大学（网络学院）所取代"的激烈辩论。两派各执己见，长期相持。在 2000 年，美国教育部在"教育技术白皮书"中提出：① E-Learning 能很好地实现某些教育目标，但是不能代替传统的课堂教学。② E-Learning 不会取代学校教育，但是会极大地改变课堂教学的目的和功能。这种观点在国际教育界逐渐产生共识。

进入 21 世纪后，随着网络的普及和 E-Learning 的发展，在企业培训领域中首先出现并经常使用一个词语"混合式学习"。考虑到培训对象在时间与地点方面的需求多样性，企业在应用 E-Learning 进行培训的实践中，开始把网上培训与传统培训结合起来，逐渐形成了课堂教学、分组讨论、专题研讨及网上远程教学相结合的一种培训方式。采用这种方式，企业在一定程度上减少了物力、人力和财力的投入，提高了企业的收益。

在国际教育技术界，"混合式学习"的思想随即被认可，被引入到学校教育中，很多学者投入到混合式学习理论的研究中来。传统教学和 E-Learning 各有其存在的合理性和局限性，只有通过科学的分析和实践检验，充分发挥各自的优势，实现优势互补，取长补短，才能真正解决教育教学过程中存在的问题，从而有效地提高教学质量和教学效率，实现教育教学过程的最优化效果。

3.1.2 混合式学习的含义

关于什么是混合式学习，不同的学者在不同的领域有着不同的研究成果和观点。

1 迈克尔·B.霍恩（Michael B. Horn）、希瑟·斯泰克（Heather Staker）的定义

在美国学者迈克尔·B.霍恩、希瑟·斯泰克所著的《混合式学习：用颠覆式创新推动教育革命》书里，把混合式学习的定义分为三部分：首先，混合式学习是正规的教育项目，学生的学习过程至少有一部分是通过在线进行的，在线学习期间学生可自主控制学习的时间、地点、路径或进度。定义的第二部分是学生的学习活动至少有一部分是在家庭以外受监督的实体场所进行的。第三部分是学生学习某门课程或科目时的学习路径模块，要与整合式的学习体验有关。

为了使大家易于理解这个定义，本书也给出了三个假想的场景，请您判断是否属于混合式学习。

场景 1：学生多米尼克的老师将所有的课程计划、作业和测验都发到毕博教学平台（Blackboard）的教学管理系统上。多米尼克可以借助学校的平板电脑，在实体教室或者在家里上网访问课程主页。

场景 2：马修是一名高山学院（Mountain Heights Academy）的全日制学生，此学院曾叫犹他州开放高中（Open High School of Utah）。他在校园外独立完成了自己的功课，并与老师通过网络摄像头和网络视频会议软件进行联系。同时，他还利用网络电话与学校的虚拟象棋俱乐部和虚拟学生会保持联系。

场景 3：安杰拉很喜欢用图书馆的电脑玩在线数学游戏。她修了代数课，并有老师对她面对面进行指导，这位老师并不知道她喜欢玩在线游戏，但是很赞赏安杰拉在快速记忆数学题方面表现出的能力。

这三个场景都不属于混合式学习。在第一个场景中，多米尼克的课程是由互联网来提供信息和学习工具的，但是互联网并没有对课题内容的传播和教学进行管理，而是由老师进行管理的。因此，多米尼克没有自己控制学习的时间、地点、路径或进度。这门课程的所有学生都是在同一时间学习同样的内容，课程进度也保持一致；并没有根据不同学生的情况，利用一个在线学习平台提供难度适宜的内容。多米尼克是在一个"技术配备齐全"的教室里学习，但没有进行混合式学习。在第二个场景中，马修并没有在家以外的受监督的实体场所进行学习。他与同学和老师进行实时联系，而不是在校园里进行面对面的交流。马修算是一名全日制虚拟学校的学生，而没有进行混合式学习。在第三个场景中，安杰拉所进行的数学学习活动与创建一门整体的、统一的代数课程没有关系。她在图书馆学习数学，但是没有人统计她的学习数据，也没有人用这些数据去更新她在传统数学课堂中的学习计划。安杰拉在图书馆进行在线学习，但这不属于混合式学习课程的一部分。

也就是说"混合式学习"指的是学生至少部分时间在家以外的受监督的实体场所学习，至少进行部分在线学习任何正规的教育课程；期间学生可自主控制学习的时间、地点、方式或进度。这种学习模式将学生在学习课程或科目时的各种模块结合起来，为学生提供一种整体的学习体验。

2 国内学者对混合式学习的定义

（1）优势互补之说

在国内，混合式学习最早是由北师大何克抗教授在 2003 年 12 月召开的全球华人计算机教育应用第七届大会上首次正式倡导的。他总结了国外学者关于混合式学习的相关知识，赋予了它新的含义。

何教授认为："所谓混合式学习就是要把传统学习方式的优势和网络学习的优势结合起来。也就是说，既要发挥教师引导、启发、监控教学过程的主导作用，又要充分体现学生作为学习过程主体的主动性、积极性与创造性。"⊖

目前国际教育技术界的共识是：只有将这二者结合起来，使二者优势互补，才能获得最佳的学习效果。他还认为"混合式学习是未来教育技术的发展趋势，是国际教育技术界关于教育思想和教学观念的大提高与大转变。这些思想实际上是当代教育技术理论的回归，是一种螺旋式上升"。

（2）教学要素优化组合之说

上海师范大学黎加厚教授认为，"所谓混合式学习，是指对所有的教学要素进行优化

⊖ 何克抗.关于网络教育模式与传统教学模式的思考[OL].中国教育，2001-08-29. https://www.edu.cn/edu/yuan_cheng/jiao_xue/200603/t20060323_13625.shtml.

选择和组合，以达到教学目标。教师和学生在教学活动中，将各种教学方法、模式、策略、媒体、技术等按照教学的需要娴熟地运用，达到一种艺术的境界。"○

◉（3）低成本高效益的教学方式之说

华南师范大学李克东教授认为"混合式学习是人们对网络学习进行反思后，出现在教育领域，尤其是教育技术领域中较为流行的一个术语，其主要思想是把面对面（Face-to-Face）教学和在线（On-line）学习两种学习模式有机地整合，以达到降低成本、提高效益的一种教学方式。"○

综上可得，所谓"混合式学习"，就是把传统的"面对面学习"和"在线学习"有机结合，既要充分利用在线学习资源丰富、交互便捷的强大功能，又要发挥教师的引导、启发、监控教学过程的主导作用，以学习效果和效率最优化为目的，充分发挥学生学习的主动性、积极性和创造性，全面培养学生自主学习、探究学习和合作学习能力的一种学习方式。也就是说，"混合式学习"是融合了传统课堂学习和网上学习优点的一种学习方式，它包括多种运营方式的混合、多种教学设备的混合、课程内容与资源的混合、学习策略与评价方式的混合、同步学习与异步学习的混合等，"混合式学习"的关键是通过混合达到最优的学习效果。

3.1.3　混合式学习理论的内涵

虽然国内学者对"混合式学习"的定义有所不同，但他们普遍认为"混合式学习"是网络学习和传统课堂学习的相互结合和互补，既能发挥课堂学习中教师的主导作用，又能体现学生的主体作用。

结合相关的文献资料以及学者对"混合式学习"的定义，对于"混合式学习"理论的本质含义可以理解为：

混合式学习是指为达到"教"与"学"的目标和获得较好的教学效果，对所有的"教"与"学"中的组成要素进行合理选择和优化组合，使"教"与"学"的相关成本达到最优的理论与实践。

对这个内涵的理解，可以从以下几个方面来看：

◉（1）混合式学习研究的本质是对"教"与"学"过程中的信息传递通道的研究

混合式学习不仅关注技术通道，更重要的是研究"教"与"学"过程中的信息传递通道。即研究哪些信息传递通道最具典型性，采用什么样的信息传递通道能更有利于促进学生的有效学习。有效学习的先决条件是学习通道的选择与学习者的学习风格相适应。目前，具有代表性的信息传递通道主要包括：教室、虚拟教室、基于 Web 的课程、印刷品、光盘、

○ 赵福君. B-learning 在《现代教育技术》教学中的实验研究 [J]. 兵团教育学院学报，2013（6）：71-74.
○ 李克东，赵建华. 混合学习的原理与应用模式 [J]. 电化教育研究，2004（7）：3-8.

视频、电子邮件、电话、教练与导师、电子绩效系统（EPSS）、软件模拟、在线协同、自定步调的网络学习、移动和无线通道等。

对信息传递通道的研究就是要提高学习效果和确保教学质量，这与美国培训与发展训练协会（ASTD）学者哈维·辛格（Harvey Singh）和盖瑟·里德（Gaither Reed）提出的关于"混合式学习"的5R之说本质上是一致的。也就是要在"合适的"时间为"合适的"人采用"合适的"学习技术，为适应"合适的"学习风格传递"合适的"技能来优化与学习目标对应的学业成绩。这个可以认为是混合式学习理论的核心。

◎（2）混合是"教"与"学"相关的多方面的组合或融合

混合式学习不是形式上在线学习与面对面学习的简单混合，而是与"教"与"学"相关的多个方面的组合或融合。主要包括基于不同教学理论的教学模式的混合；教师主导活动和学生主体参与的混合；课堂教学与在线学习不同学习环境的混合；不同教学媒体的混合；构成教学系统的教学媒体、教学材料、传输介质、学习环境和学生支持服务等教学诸要素混合使用。

◎（3）混合式学习的关键是对"教"与"学"的所有要素进行合理选择和优化组合

混合式学习遵从施拉姆的媒体选择定律，即最小成本和最大价值率。教师在"教"与"学"的过程中适当地选择与组合媒体，以实现用最小的成本取得最大的效益的目的。一是以人为本，学习者选择合适的学习风格使学习效果达到最优化；二是教师或教学主体从实际人力、物力、财力的情况出发，选择合适的学习方式、教学设计模式和传递知识信息的载体，用最低的成本产生最大的学习效益或商业效益。

◎（4）混合式学习是一种基于网络环境发展起来的教育理念和教学策略

混合式学习以多种教学理论为指导，以适应学习者个性化的学习目标、不同学习环境和不同学习资源的要求。教学方法以"主导—主体"双主模式为主，即在"教"与"学"的过程中注重"以学生为主体，以教师为主导"，强调教师主导作用与学生主体地位的有机结合。教师不再是知识的简单灌输者，而是学生学习的设计者、帮助者和支持者。学生不再被当成知识接受的"容器"，而是认知的主体，教学的过程成为在一定的环境中促进学习者主动建构知识意义的过程。

3.1.4　混合式学习理论的特点

笔者通过对国内外有关"混合式学习"的文献资料学习和研究，对混合式学习理论内涵的总结与探讨，可以得到如下关于混合式学习理论的特点：

◎（1）时代性

"混合式学习"是教育领域出现的一个较新的名词，尽管与其相关的一些理念已经存在多时，但是作为一种新型的学习方式或作为一种有发展前景的教育理论，不管在企业培训中还是在学校教育中，都引起了人们积极探讨和应用实践。混合式学习理论明显具有时代特征，它是随着信息技术和网络技术的发展出现的,是在网络学习进入低潮后人们对纯技术环境进行反思而提出的。随着科技的发展和现代教育技术的不断创新,混合式学习理论也必将不断完善。

(2)综合性

混合式学习理论的综合性主要体现在两个方面:一是"混合"组合成融合了与"教"与"学"相关的多个方面,例如不同的教学方式、教学环境、教学媒体、教学要素等诸多方面的有机结合。二是混合式学习的理论基础深厚,相关的支撑理论不断地被提出。混合式学习的理论是多元化的,是多种理论的混合,主要包括行为主义学习理论、认知主义学习理论、建构主义学习理论、人本主义思想、教学系统设计理论、教育传播理论(麦克卢汉的"媒体是人体的延伸"的理论和庇拉姆的媒体选择定律)、首要教学原理、活动理论以及创造教育理论等。

(3)应用性

2009年,美国教育部通过对1996—2008年间在高等教育中开展的实证研究数据进行元分析,指出与单纯的课堂面授教学、单纯的远程在线学习相比,混合式学习是最有效的学习方式。大量的研究和试验表明混合式学习在学校教学、教师培训以及企业员工培训等方面的运用,确实增强了教学效果、改进了培训"投入—产出比"、提高了学习者的满意度。

(4)发展性

混合式学习理论的发展性也主要体现在两个方面:一是混合式学习理论的内涵将会得到不断的充实和完善,混合式学习的模式和方法将会越来越多样化,混合式学习涉及的内容(主要是课程)将会越来越广,其趋势将遍及所有课程,将会打破语言和地域障碍,精品的学习资源将逐步实现全球共享;二是混合式学习理论的应用将会不断深入,会有越来越多的个人、学校、企业、机构、国家等参与其中。混合式学习的不断发展在一定程度上会大力促进教育的国际化和全球化。

3.1.5 要进行混合式学习的原因

我们明确了什么是混合式学习,也就明确了为什么要进行混合式学习。

一是建设"人人皆学、处处能学、时时可学"的学习型社会的需要。

2015年5月22日,国家主席习近平在致国际教育信息化大会的贺信中指出:"当今世界,科技进步日新月异,互联网、云计算、大数据等现代信息技术深刻改变着人类的思维、生产、生活、学习方式,深刻展示了世界发展的前景。因应信息技术的发展,推动教育变革和创新,构建网络化、数字化、个性化、终身化的教育体系,建设'人人皆学、处处能学、时时可学'的学习型社会,培养大批创新人才,是人类共同面临的重大课题。"[1]

二是教育信息化助推混合式学习发展的需要。

---

[1] 习近平. 习近平致国际教育信息化大会的贺信[OL]. 新华社,2015-05-23. http://www.gov.cn/xinwen/2015-05/23/content_2867645.htm.

"信息化"一词高频次地出现在各行各业，我国教育部也格外重视教育信息化发展。近年来，国家陆续出台了教育信息化的发展政策、纲要，旨在促进教育信息化的发展，加快实现教育现代化、建设教育强国。2019年2月23日，中共中央、国务院印发了《中国教育现代化2035》，提到学校要充分利用现代信息技术，丰富并创新课程形式，建设智能化校园，实现规模化教育与个性化培养的有机结合。[1]要实现教育现代化必然得先发展教育信息化，一系列政策的出台，足以看出国家格外重视教育信息化的发展。

教育信息化发展势头迅猛，混合式学习、网络化学习、智慧课堂等早已进入人们的视野，混合式学习尤其备受广大师生关注。

三是后疫情时代构建适应未来教育新生态的需要。

2020年上半年的新冠肺炎疫情，让中小学经历了一场史无前例、规模宏大的在线教学。通过本次疫情，大量的教学平台、教学APP应时而生，教师积累了丰富的线上教学经验，并在实践中得到提升和完善，线上教学资源得到进一步的梳理、补充和完善，内容更加丰富，体系更加系统，教学更有针对性和实用性。而今已进入后疫情时代，教育回归原有生态，但是初露端倪的教育新生态已渐成方向，一场因疫情引起的世界范围内的在线教育实践，正在影响着未来的教育理念和治学变革，以"线下课堂为主阵地，线上教学为支撑和有益补充，线上线下深度融合"的"混合式学习方式"正在成为方向和目标。

综上，"当今时代，以信息技术为核心的新一轮科技革命正在孕育兴起，互联网日益成为创新驱动发展的先导力量，深刻改变着人们的生产生活，有力推动着社会发展。"[2]而混合式学习适应时代的要求，通过线上与线下学习的优势互补，达到"人人皆学、处处能学、时时可学"的目标。这是实现教育现代化，建设教育强国的要求；是新时期教与学方式转变，提升学生素养的要求，是以互联网和人工智能为基础的未来教育的要求。混合式学习的应用必将变革课程组织与实施方式、教学范式、学习方式、评价模式、管理方式、教师专业发展方式、学校组织结构等。

3.2 怎样才能实现混合式学习

3.2.1 用颠覆式创新推动教育革命

在前述《混合式学习：用颠覆式创新推动教育革命》这本书里指出，最成功的混合式

---

[1] 中共中央、国务院. 中共中央、国务院印发《中国教育现代化2035》[OL]. 新华社, 2019-02-23.http://www.gov.cn/zhengce/2019-02/23/content_5367987.htm.

[2] 习近平. 习近平：互联网让世界变成地球村[OL]. 新京报, 2014-11-20.http://it.people.com.cn/n/2014/1120/c1009-26057437.html.

学习项目通常都是为了达到以下诉求：一是通过个性化学习提高学生成绩和生活质量；二是提供学生平常接触不到的课程和学习机会；三是促进学校整体财务健康；四是以上三种诉求的结合。有时学校会发现与上述领域相关的一些即时需求或者问题，这促进学校采用混合式学习；有时学校意识到这是一个机会从而决定实施。

针对我国的情况，最成功的混合式学习项目可以这样理解：一是我国主要以班级授课制为主，且班额相对较大（大约在 40~55 人之间），小班化教学（30 人以下）只是在部分地区的一小部分学校或班级实施，在较大班额的情况下，如何实施个性化学习是一大难题。二是由于师资的问题，我们的学校及第二课堂无法满足所有学生对课程的需求，通过混合式学习可提供学生平常接触不到的课程和学习机会，满足学生多样化的学习需求。三是充分利用学校现有的硬件资源，避免无休止的引进设备，却使大量的设备束之高阁；要把有限的教育经费应用好，也就是不单纯迷恋技术本身，导致在现有模式上堆砌技术，增加了成本却没有成效。

《混合式学习：用颠覆式创新推动教育革命》一书就如何实施混合式学习提出以下方法：

一是动员：从行动纲领开始、组建创新团队。

二是设计：提升学生的学习动力、提升教师的教学水平、虚拟和实体装备的设计、模式选择。

三是实施：塑造文化、发现自己的成功之路、结语。

本书给出了混合式学习的蓝图，如图 3-1 所示。

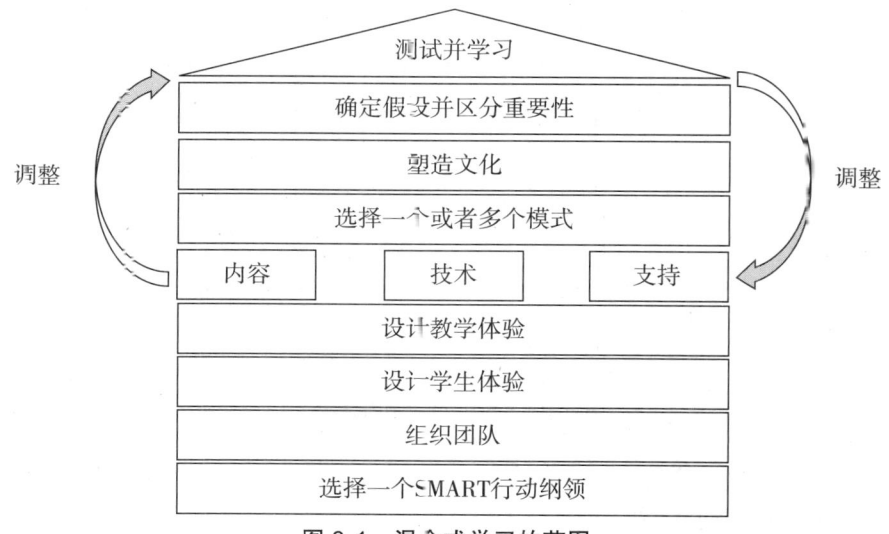

图 3-1 混合式学习的蓝图

本书的最后指出：混合式学习具备相当大的潜力，能将我们传统的工厂模式教育转变为以学生为中心的教学设计，并实现个性化、公平与机会以及成本控制。虽然它不是灵丹妙药，但面对需要推陈出新的学校和学校里的学生，它将是教学策略中相当重要的一块。当我们具备了这方面的专业知识时，就是时候让我们撸起袖子大干一场，构建未来学习了。

3.2.2 混合式学习教学设计

"混合式学习"并不是将适当的"要素"混合在一起那么简单,混合式学习教学设计历来是学者们研究的热点,许多学者都关注混合式学习的解决方案、模型、指导方法和策略等。好的学习效果来自一流的教学设计,混合式学习的教学设计以混合式学习的教学理论为指导,分析解决学习中的问题和需要,设计解决问题的方案,实行解决方案、评价并逐步修改方案,最终获得教学效果最优化。

1 Badurl Khan 的八边形模式

该模式是最早的关于网络教学的结构模型。该结构将设计网络学习时合适内容的选择、设计、开发、传送和管理以及评价等诸多要素概括组成了一个八边形,其中网络教学位于八边形中心,教学、技术、界面设计、评估、管理、资源支持、伦理和机构八个要素分别占据着八边形的一条边,如图 3-2 所示。这个简单的模式说明了在教学设计中一切的教学要素都要以服务学习为中心,但是对于如何进行要素间的混合和合理配置该模式没有明确的表述。尽管如此,这个模式仍然可以为我们设计、开发、管理及评价混合式学习课程设计提供很好的指导性原则。

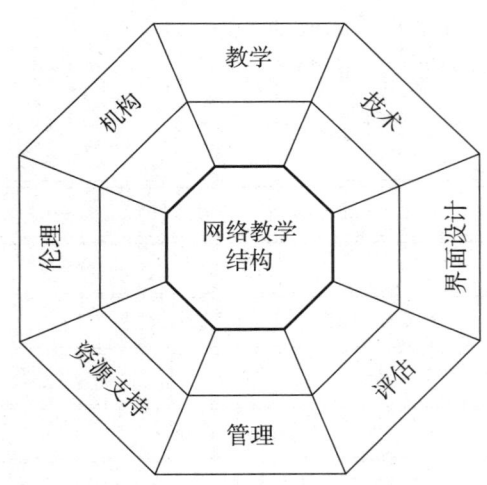

图 3-2 Khan 的八边形模式○

2 Josh Bersin 的四环节

Josh Bersin 认为混合式学习设计过程包含四个基本环节:①识别与定义学习需求;②根据学习者的特征,制订学习计划和测量策略;③根据实施混合式学习的设施(环境),

---

○ 程建钢,韩锡斌.信息技术教育应用与实践:第十届全球华人计算机教育应用会议论文集[M].北京:清华大学出版社,2006.

确定开发或选择学习内容;④执行计划,跟踪学习过程并测量学习结果。这四个环节兼顾了学习需求、学习者特征分析、学习环境和教学过程等教学设计的重要环节,可以帮助我们更好地把握混合式学习设计的整个过程。

3 李克东教授的八个步骤

李克东教授结合 Josh Bersin 混合式学习的四个基本环节,提出了混合式学习设计的八个步骤,如图 3-4 所示。这八个步骤是直线型的结构,也是逐渐完美的循环过程,这八个步骤是对 Josh Bersin 的混合式学习的四个基本环节的细化,重点关注的是对教学媒体和通道的选择,缺少对学习者的分析,支持策略的描述也不够详尽。

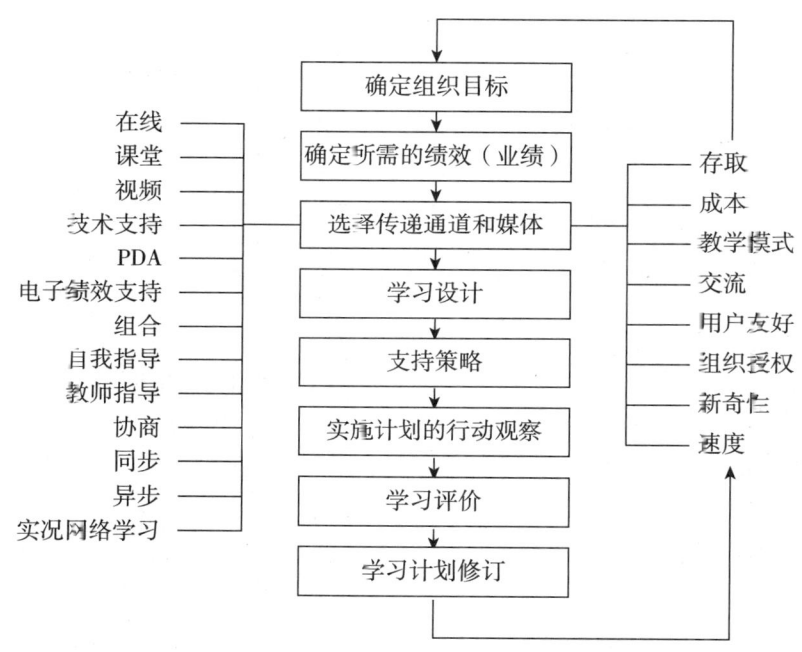

图 3-3　李克东提出的混合式学习设计步骤①

4 黄荣怀等提出的框架

黄荣怀教授等人将混合式学习课程设计分成了前端分析、活动与资源设计和教学评价设计三个阶段,如图 3-4 所示。"前端分析"阶段包含了学习者特征分析、基于知识内容的学习对象分析和混合式学习环境分析。"活动与资源设计"阶段按照混合式学习总体设计、单元(活动)设计和资源设计与开发三个环节来组织,其中总体设计注重以学习者为中心设计活动和资源,合理选择学习环境,创设学习情境。"教学评价"阶段提倡使用多种评价方式对教学效果进行评价。他还指出,学习活动目标和混合式学习环境是评价设计的重要

---

① 李克东,赵建华.混合学习的原理与应用模式[J].电化教育研究,2014(7):3-8.

依据。该框架重视前端分析，重视学习环境分析，将课程设计的中心放在了活动资源设计和混合式学习的总体把握上，注重及时的分析报告和评价反馈，对不断改进教学设计和实施策略，获得最优的设计和实施效果有重要的意义。可以说，该框架对开展混合式学习的课程设计者提供了清晰、规范的流程模式。

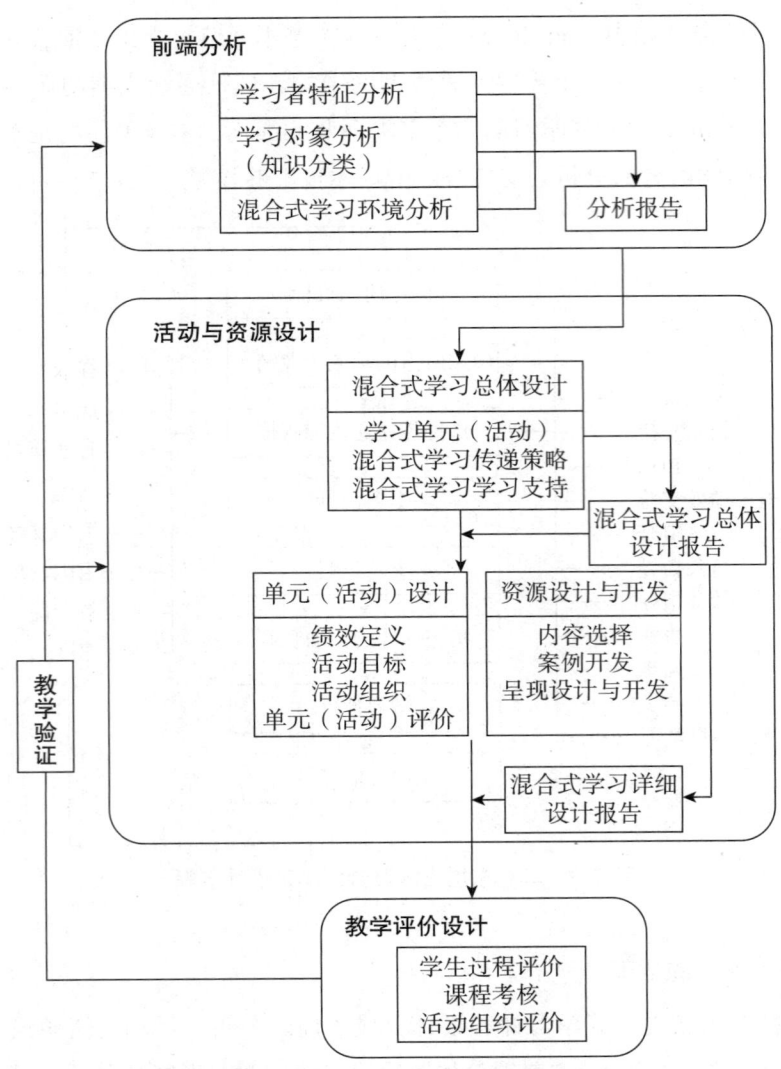

图 3-4　黄荣怀等提出的混合式学习课程设计框架[1]

---

[1] 黄荣怀，马丁，郑兰琴，张海森．基于混合式学习的课程设计理论[J]．电化教育研究，2009（1）：11-16．

3.2.3 混合式学习模式

1 技能驱动模式

技能驱动模式（Skill-Driven Model）是将自定步调的自主学习同教师的在线指导相结合。在这种模式中，教师主要通过电子邮件、论坛与自定步调的学习者进行交互。自定步调的自主学习同培训者的指导结合在一起，是一种有效的混合式学习模式，它有利于消除学习者的孤独感，促使学习者圆满完成自定步调的学习。

2 态度驱动模式

态度驱动模式（Attitude-Driven Model）是传统课堂学习和在线协作学习的结合。这种模式是通过面授方式先把协作学习中的内容、属性以及期望成果以及如何通过网络技术进行协作的有关事项向学习者说明。这种模式是要求学习者在无需冒险的环境中，利用在线协作的方式尝试某种新的行为学习。

3 能力驱动模式

能力驱动模式（Competency-Driven Model）就是学习者与专家共同活动并通过在线方式进行互动以获取隐性知识。这种隐性知识的获得，主要通过学习者在工作中对专家的观察和同专家的交流来实现。因此，这种模式包括学习者与专家实时共同活动，并通过在线交流工具进行交流互动，从中获取隐性知识。

4 Barnum 和 Paarmann 模式

将学习材料放到 Web 上，学习者根据他们的需要随时进入 Web 页浏览这些材料。页面上展示专家的联系信息，如果学习者遇到问题求教或者他们想深入探讨，可以随时联系相关专家，也可以采用面对面加工的方式。尽管 Web 在学习材料、内容的传递过程中起的作用非常大，然而人类之间的彼此交流仍然非常必要，它有利于加强彼此间的深入理解。并且学习者通过自己建构起来的知识，创造性地形成自己的知识内容并通过网络和其他人分享。

3.3 混合式学习典型案例评析

3.3.1 典型案例评析一 清华大学"数据科学与工程"专业硕士项目

2015 年 5 月 7 日，清华大学宣布正式启动国内首个基于混合式教育模式的学位项目——"数据科学与工程"专业硕士项目。该学位项目将依托"学堂在线"平台建设满足培养要求的完整成系列的数据科学与工程专业在线课程组,在不脱离实践的同时,提升知识、能力和素养,让线上与线下、学习与实践、在岗与在校更好地融合。该项目所有课程都将采用基于在线课程学习的翻转课堂,学生通过"学堂在线"平台学习理论知识,定期到校园在课堂里与老师、同学进行深度研讨,并针对实际问题开展系统性专业实践。清华大学这个专业硕士项目以混合式教育模式为突破口的创新,将更有针对性地服务实践人才培养的需求,更有效地选拔可造之才,让线上线下各扬其长,让学生以用促学且学用融合,真正提升专业硕士的培养质量。

3.3.2 典型案例评析二 混合式学习背景下初中整本书阅读案例 ——以《水浒传》为例○

从阅读课程的设置、阅读方法的指导来看,在《混合式学习背景下初中整本书阅读教学的实践探究》中,以《水浒传》为例,注重了整本书课程的系统性和书本内容的关联性;能够将阅读指导贯彻到阅读的过程中,引领大部分同学同读共赏,读中感悟,读中探究,读中生发。学生能够在阅读交流的过程中习得方法并自觉地应用到阅读的过程中,形成自己的阅读感悟。在最后的整合阅读中,学生也能自如地在文本中找到关键点从自己想要的角度切入分析,能够利用好网络资源和网络平台搜集自己想要的信息,通过小组合作完成最后的成果。

3.3.3 典型案例评析三 混合式教学模式在物理化学实验教学中的应用探索○

物理化学实验作为理工科专业的基础课程,在培养学生对科学的探索精神、实验操作技能、创新能力等方面起到了重要的作用。《混合式教学模式在物理化学实验教学中的应用探索》通过实施"基于微信公众号和超星泛雅平台的物理化学实验混合式教学模式",充分调动了学生的学习兴趣和积极主动性,达到了良好的实验教学效果。混合式教学模式在培养学生实验技能的同时,提高了学生的主动探索精神,为培养创新性人才进行了有益的教学实践。

3.3.4 典型案例评析四 混合式学习视角下初中数学课堂教学策略研究○

《混合式学习视角下初中数学课堂教学策略研究》既能够弥补网络教学的缺点,同时有

○ 王丽娟,王意如. 混合式学习背景下初中整本书阅读教学的实践探究 [D]. 上海,华东师范大学,2019.
○ 朱远征,曲松,马杰,程平,陈春光,张淑平. 混合式教学模式在物理化学实验教学中的应用探索 [J]. 广东化工,2020(21):173-174.
○ 励威. 混合式学习视角下初中数学课堂教学策略研究 [J]. 中学数学,2020(22):78-79.

效避免单纯课堂教学的弊端,在具体教学中,从课前、课中、课后三个方面优化教学过程,有效整合教学资源、正确定位师生关系、构建质量评价体系,有效拓展学生学习的资源和空间,提高学生的动手实践能力和综合素质,培养创新思维和创新能力,提升和发展数学学科核心素养。

总之,不要为了创新而创新,不要为了利用高科技而利用高科技。混合式学习是连接今天和明天的桥梁,将我们传统的课堂转变为以学生为中心的课堂,并实现学习个性化、资源公开与机会以及成本控制。面对大众对优质教育的期盼,发展更加公平更高质量的教育,混合式学习大有可为。教师、学校、社区、家长在帮助学生面对复杂的未来时,都可通过混合式学习扮演着各自的角色。

CHAPTER 04

第四章 深度学习——让学习由"浅表"走向"深度"

4.1 为什么要深度学习

"深度学习"原指机器学习中一种基于对数据表征学习的算法,一种涉及机器、计算机、人工智能的学习。但本章所强调的"深度学习"是指教育教学中的深度学习,不是一般学习者自学的深度学习,而是教学中学生的深度学习;在教师引导下,学生围绕着具有挑战性的学习内容,全身心积极参与、理解应用、体验成功、获得发展的有意义的学习。在这个过程中,学生掌握学科核心知识,理解学习过程,把握学科本质及思维方法,形成积极的内在学习动机、高级的社会性情感、积极的态度、正确的价值观,成为既具独立性、批判性、创造性又有合作精神的学习者。

4.1.1 深度学习回应时代挑战

当前国际教育变革面临的主要挑战是知识社会、信息时代、云计算、人工智能时代对人才生发出的问题解决能力、首创精神、团队合作等核心素养的更多更高的要求。而要让人的核心素养得到更有效提升,教育教学组织形式和学习方法必须做出重大变革。基于核心素养提升的学习方式的探索成为当前全球课程与教学改革的关键性命题。"核心素养"框架虽然回答了当今教育要培养什么人的问题,但怎样实施教育教学才能培养这样符合时代要求,能引导时代发展的人?这个问题亟需找到解答,深度学习因其自身的特质回应时代挑战,并逐渐成为国际上基于核心素养的教育教学变革的风向标。

4.1.2　深度学习更尊重教学规律

教育教学所论及的深度学习是与浅层学习相对的一个概念，强调理解应用、批判性接受学习内容而非孤立记忆、机械重复的一种学习方式。深度学习是以"促进有效学习"、践行"知行合一"为学习目的，是学习者在强烈的内在动机指引下的积极学习，是通过学习者、情境以及人工智能资源相互作用引发的，以理解整合、观念变化、创造性认知和重组为特征的"意义生成"性学习。

近年来，很多专家学者为进一步厘清深度学习的内涵，把传统学习方式中学生由于学习的低参与感、学习内容脱离现实生活而产生的虚假学习、浅表学习与深度学习做了比较。其中付亦宁博士在其文章《深度学习的教学范式》中对虚假学习、浅表学习与深度学习三种学习方式做了梳理，见表 4-1。

表 4-1　虚假学习、浅表学习与深度学习比较[1]

学习		虚假学习	浅表学习	深度学习
动机情感领域	动机与目标	避免被惩罚	外在学习动机，以完成短期学习任务为目标	内在动机，被学习、探究本身强烈吸引
	情感态度	负面情感逃避学习	缺乏兴趣，靠忍耐和毅力坚持	全身心投入，充实愉悦，高峰体验，自我控制
认知领域	思维认知	伪装学习，但学习没有发生	浅层次认知，难以在知识间建立深度联结	对问题或知识的深入理解、高阶思维、问题解决与创造取向
	过程方法	无法持续，过程短暂	机械记忆的方法完成学习任务	自主建构，灵活应用方法，适当运用元认知策略
人际领域	与他人关系	不愿与他人建立学业上的联系，避免被他人嘲笑或鄙视	以完成短期任务为目标，与他人进行短暂的合作	为了使研究更加深入，愿意与他人形成长期、密切的合作关系
	与自我关系	内心自卑、不愿敞开自我，不想学习	内心自卑，只能与他人建立表面联系，不会学习，自控力不足	内心自信，能够与他人建立深入合作的关系，乐于学习，愿意长期投入，终身学习

比较可见，深度学习是学习者通过对知识本质的理解和对学习内容的批判性运用，追求有效的学习迁移和真实问题的解决，并以高阶思维为主要认知活动的高投入性学习。深度学习更符合教学的规律，也更尊重教学规律。

4.1.3　深度学习破解教学悖论

在教育教学上"死记硬背，机械重复"被批判很久了，而指向现实问题解决，更有意义的学习也被强调和推崇了很长时间。但在实践中，被批判的常常是因袭使用且丢弃艰难的，被长

---

[1] 付亦宁. 深度（层）学习：内涵、流变与展望[J]. 南京师大学报（社会科学版），2021（2）：69-77.

时间反复强调的常常是难以做到的,这也几乎是教育教学改革过程中很难破解的悖论。40多年来教育教学改革并没有停步,如改变教学组织形式、尝试先学后教、翻转课堂等,但本质上都指向让学生学得更主动、积极,有更强的参与性,实践证明仅以此为目的多顾此失彼,如强调学生的兴趣易忽视系统学科知识的学习;强调学生的主动参与易忽视教师的指导作用;强调学生学习过程的愉悦易轻视严肃严格的学习历练的作用等。近些年学术界认为要突破教学过程中强弱互现的悖论,需要学校、师生在教育教学动机、学习动机领域,认知领域和人际关系领域有综合性的改变,而能促成这一综合性改变的关键就是深度学习。深度学习为理解教学活动提供了新视角,为消解教师引导与学生学习、系统学习与学生兴趣间的种种二元对立提供了理论支持。深度学习的方法能修正浅表学习在课程理念、教学目标、学习方式等方面存在的问题,促进学生学习的持续性、理解性、批判性、探究性、体验性和反思性。

4.1.4　深度学习颠覆教学观念

"浅表学习""虚假学习"的盛行跟传统的"教学即传递"的教学观念有很大关系。在社会发展相对缓慢,知识来源相对单一的时代,知识就是力量;然而,在信息需要索取而非选择的时代,当发布知识具有权威性而无须个人做评判只需接受的时代,教学就是"传递"知识;"灌输"或知识"平移",有教学实际需要的合理性。但社会发展到今天,知识爆炸,信息过载,迭代迅速的今天,必须颠覆陈旧的教育教学观念,深度学习就是颠覆旧教育教学观念,颠覆因袭的陈旧课程体系,形成新的教学观,生成新的课程体系,形成新的教育哲学观的根本动力。深度学习在课程目标上强调超越浅层信息,走向问题解决、素养提升;在学习任务上倡导超越简单知识问答,走向挑战、高投入性学习任务;在学习结果的追求上,关注知识结构,超越知识点,走向知识的逻辑形式和意义建构,走向认知与非认知的整合;在学生参与上,强调超越被动卷入,走向主动、积极探索;在知识应用上,重在构筑沟通知识学习和现实应用间的桥梁;在学习过程中,强调反思和元认知的参与。

4.2　怎样实现深度学习

4.2.1　明确深度学习总目标

深度学习总目标明确,就是理解掌握课业内容,灵活迁移运用所学知识技能,培养批判性思维、合作、沟通和解决复杂情境问题的能力。虽然,具体到不同学段不同学科具体目标有差异,但应该包含以下共性内容:

其一是理解并掌握核心课业内容。在阅读、写作、数学和科学等学科中建立学习基础。

其二是掌握批判性思维和解决问题能力。学会批判性、分析性和创造性地思考。知道如何寻找、评估和综合信息来构建论点，为复杂问题设计自己的解决方案。

其三是合作学习。能够合作完成工作，能够理解并整合多个观点，知道以实现共同目标作为合作依据。

其四是有效沟通。能够在写作和口头表达中进行有效沟通。以有意义的方式组织信息，能倾听并给出反馈，能为特定受众构建信息。

其五是自主学习。发展自主学习的能力。设定目标、监控进展，并对自己的优势和需要改进的地方进行反思。

其六是学术心态。拥有学术心态的人，对自己有很强的信心。相信自己的能力，相信努力会有回报，会坚持克服障碍。能够看到学业与现实世界的关联，以及自己未来的成功。

4.2.2 营造深度学习生态

学校可以通过推行以下六项措施来助力学生深度学习。

其一是赋权，通过各种教育策略使学生成为学习的主宰者。

其二是倡导各学科教学情境化。 将学习生活经验与学科内容联系起来。鼓励教师通过重要概念、主题、项目、任务等整合原本独立的课程内容，使其与学生的学习生活经验结合。学生们所做的课堂活动、课后作业都能有关联的情境背景，促使学生对所学内容有更深层次的理解和认知。

其三是力求真实，为学生的学习经验提供意义。 教师在设计课程时，将真实体验作为学习的自然组成部分。设计真实体验可以包括以下活动：创造条件让学生有机会与不同领域的专业人士和专家互动；承担专业人员在从事研究或开发创意、产品时的角色；将历史事件与当代问题和与学生生活相关的问题联系起来。

其四是积极拓展延伸，将学习扩展到学校之外。 学校创造条件尽可能为学生提供现实的学习经验，帮助学生建立起学习和支持的扩展网络。校长和教师能通过寻找当地资源，如博物馆、高等教育机构、以社区为基础的组织，以及与学校的学习理念、学生的兴趣和项目相匹配的公司，为学生寻找实践的机会。

其五是努力为学生提供定制化学习。 找到点燃学生热情的火花——科目、概念、主题或者项目，为每个学生定制学习。为了让定制化的学习经验满足每个学生的教育需求和志向，通过正式（成绩、观察）和非正式（闲谈、家长和其他老师的看法）的途径，在每个学生的特长、环境和兴趣之间找到平衡点。

其六是有意识地利用现代技术提升学生学习的效果。 鉴于现代技术的形式多种多样，利用电脑和手机等载体的应用程序来培养学生的研究和批判性思维能力、为设计项目提供数字化方法、在校内外进行合作和交流，以拓宽学生创意演示和增加校外专家联系的选择。

4.2.3 深耕课堂教学

深度学习的实现需要学校营造生态，但能否落地生根，关键在课堂，关键在教师。

1 课堂教学策略得当[一]

课堂教学的深度学习就是在课堂上，学生在教师的引导下通过对知识的理解与创造，实现认知结构完善、实践能力发展和复杂情感体验的过程。倪闽景引述现代脑科学、神经科学的一些研究成果，指出学习实际上是通过刺激各种神经器官来打开基因，让大脑神经发生连接。学习就是一个生命体和基因之间互动的关系。基于此，他认为在课堂教学中教师把握好这几种策略有利于促进学生深度学习。

其一是公平和信任。 上海市曾经做过这样的大范围的调查，"你喜欢这个老师主要的原因是什么？"调查结果显示，不是幽默、有趣，而是公正和信任。也就是说一个老师对待所有学生是不是公正，是不是信任是第一位的。如果对学生没有信任和公正，就不会有真正的教育，学习也就难以真正开启，更谈不上深度学习。

其二是专业规范。 教学是一种专业，一个学生所能达到的高度跟教师的专业规范有很大关系。韩国教育科学研究发现，大家熟知的李世石、李昌镐等韩国顶尖围棋国手的智商并不高，他们的围棋技能之所以达到这么高的水平，除个体自我控制能力、意志品质之外，教师的专业规范起了关键作用，教授他们棋艺的老师非常专业，课程设置科学、规范、严谨，每个层次每个阶段的学习，都严格遵循教育科学和脑科学。而教育科学研究也证明科学、有序、规范教学能使学习者的大脑神经链接更紧密。如果教师不专业不规范，急功近利、急于求成，教育很难走远。

其三是有趣多样。 教师在教学中要努力追求让每一节课都上得不一样，即便是同样的教学内容，在一班上课和二班上课要有变化。如果教师每天进课堂给学生都是一样的感觉，没有任何期待和挑战，学生的大脑神经连接就不容易产生，学生很难有高质量的学习。

其四是尊重和关切。 真正的教育力量都是来源于态度的改变，教师尊重学生、关切学生是学生静心学习、深度学习发生的启动器。

其五是发现和研讨真问题。 虽然多年教学改革不断批判"一言堂"，但现实教学"一言堂"仍然比较普遍，只是形式从"满堂灌"走向"满堂问""满堂展"等。课堂看似热热闹闹，但热闹的内容甚至与教学目标、教学重难点偏离。有些课堂看似有持续问答，但基本是老师问题一个接一个，学生被老师问题所迫，被动应答，课堂教学犹如学生在帮老师解答问题。长期如此，深度学习必然难以发生。促使深度学习的课堂应当是老师创设情境，激发引导学生去发现真问题，提出问题，研究问题，探讨问题。老师的重要价值就是研

[一] 倪闽景. 学习的本质与深度学习 [J]. 现代教学，2019（Z1）：8-9.

学生问题生发的原因，研究学生问题的价值和走向，耐心倾听，发现真问题，因势利导，让问题在课堂教学研讨中更有生长价值和发展价值。

其六是让学生有获得感和成就感。部分学生厌倦情绪产生的主要原因是学生没有学习的获得感和成就感。从课堂教学角度来看，获得感就是要有增值感，课前课后有量质变化，而且这种变化学生能体验出。成就感是让学生有交流展示的机会，交流展示他的思考与发现。诸多研究都证明，在学习过程中让学生做小老师的学习效率是最高的，而其中的学理就是让学生在学习过程中追求成就感、有成就感。获得感和成就感越明显，就越能形成深度学习的强劲动力。

2 精心设计教学①

要实现深度学习，教师不仅要准确理解深度学习的概念和价值指向，掌握引发深度学习的课堂教学策略，还要能基于学情分析，精心设计课堂的教学目标、内容、活动、评价等。

在教学目标上，教师要促进学生课堂深度学习，首先要明确课堂教学目标，而这是建立在对学生"纵横"分析基础之上。"纵向"分析以"过去—现在—未来"为线索："过去"指向学生已有的知识储备。因为已有知识直接影响着学生后续的学习，关注学生已经学习的知识内容、了解其认知结构，才能更好确定学生进行课堂深度学习的"起点"。"现在"指向学生当前的生活经验。只有了解学生的"现实生活"，教师才能在学生的生活经验与学习内容之间搭建一座"桥梁"，更好地帮助学生理解、分析、应用和迁移。"未来"是指学生通过一节课学习之后可能会获得的知识、能力和情感。教师对"未来"分析的关键在于把握学生"将有"与"已有"知识、经验和能力之间的内在关联。"横向"分析以"整体—部分—个体"为线索：从"整体"上，教师可以从区域特点、学校特色等把握本校学生的基本特点；从"部分"上，教师从发展和关联的视角，分析所教学段、特定年级学生的身心发展特点，以及特定班级学生在认知、实践和情感上的特点；从"个体"上，教师要基于对学生的充分了解，把握每个学生的个性差异。只有基于纵横全面的分析，教师才可能确定合理的课堂教学目标。需要特别注意的是，要促进学生在课堂上的深度学习，课堂教学目标的内涵应该是丰富多元而非贫乏单一。所以，教师不能以偏概全，只重视其中某一方面而忽视了另一方面；同时要关注教学目标各要素之间所具有的内在关联，不能将这些要素简单地罗列或者僵化地"堆积"。

在学习内容上，要实现课堂深度学习，教师需要充分解读学习内容，挖掘教学内容的多重价值。课堂深度学习是以特定的学习内容为载体而实现的，对于教师来说，要通过课堂学习促进学生的全面发展，就必须对教学内容进行深度挖掘和多维解读。一般而言可以从以下四个方面来解读教学内容。第一，解读"背景"。学生深度学习的内容并非绝对客观

---

① 杨清.走出"课堂深度学习"的认识误区.中国教育学刊[J] 2020（9）：78-83.

而抽象的，而是产生于特定的社会历史背景之中。教师对特定知识"背景"的解读有利于促进学生更好地理解。第二，解读"关系"。任何学科知识都不是孤立的、碎片化的，所以教师不仅要重视这些概念和原理的基本内涵，还要能够准确把握它们彼此之间的本质关联。第三，解读"方法"。教师只有对知识所承载的思维方法进行解读，才能帮助学生形成一定的学科思维方式和思维习惯，举一反三，真正实现对知识的创造和迁移。第四，解读"意义"。教师只有分析并向学生呈现知识对于拓宽学生与自我、与他人、与社会、与自然之间的意义，才能帮助学生通过课堂深度学习来获得积极的情感体验和精神力量，进而形成正确的人生观、世界观和价值观。

在教学实施过程中，不同环节有不同的实施重点。首先是创设情境。要激发学生内在学习动机，就要善于创设有意义的问题情境，这一情境既要与学生学习该内容的前概念、已有经验密切相关；又要明确指向特定学习目的，体现所学内容的学科本质；还要能够激发所有学生积极参与和持续思考的兴趣。其二是及时"搭桥"，帮助学生建立知识与生活经历、知识与知识之间的内在关联。教师既要善于发现新知识与学生生活经验之间的关联处与契合处，帮助学生用已有经验来支持新知识的学习；又要引导学生在"回忆"中提取与之相关的已有知识，形成关联。其三是设问"比较"，帮助学生形成相应知识结构。教师可以通过提出问题，帮助学生学会"比较"，引导学生对新旧知识、不同概念和原理进行判辨，对知识与经验之间的关系加以分析，以发现知识之间的区别与联系。其四是再设情境，帮助学生迁移所学知识。这一环节的情境创设不在于激发学生学习动机，而在于通过创设特定的学习情境，帮助学生运用所学知识，以批判的态度来思考、理解情境，以证据来推理、解决问题，在实现知识迁移和有效运用的同时，形成学生自己具有探索性的见解甚至质疑。

在教学评价上，用评价促进学生课堂深度学习的持续推进。评价对课堂深度学习的推进具有重要意义，教师可以通过评价来为学生"搭梯子"，引导学生深入分析、思考学习内容，及时调整学习方法与策略，促进学生课堂深度学习的持续推进。一方面，教师对学生课堂学习的评价要及时、全面和准确。首先，教师要关注学生课堂学习的整个过程，以便能够及时做出相应的分析和判断。其次，教师对学生课堂学习的评价要全面，不仅要关注学习的结果，更要重视学生对学习资源的选择、学习方法的运用、学习时间的安排、努力程度等。再次，教师对学生课堂学习评价要准确，不能仅凭刻板印象或者表面现象来评判，而要挖掘现象背后的根源，精准找到本质问题。另一方面，教师要采取恰当而有效的方式将评价结果反馈给学生。评价只有及时反馈给学生、被学生接受，评价才能发挥真正的引导和推动作用。教师要采取恰当的方式、简明清楚地将评价结果反馈给学生，让学生既愿意认同接受评价结果，又能明确改进方向，进而不断自我调整，真正实现课堂深度学习的持续推进。

4.2.4 避免陷入误区

课堂深度学习存在于课堂这一特定情境之中，尤其关注学生学习结果的丰富性、学习环节的完整性和学习过程的引导性，倘若对其把握不准，也很容易陷入误区，以致与深度学习南辕北辙。

1 易陷入的误区一：重"难"轻"得"，以单一的知识目标掩盖课堂深度学习的多维学习结果

有些教师认为，教学内容越难，就越能实现学生课堂深度学习，以"难"为"深"，这是错误的认知。事实上，片面加大难度，一方面极易违背学生的认知规律，影响学生对知识的深度理解；更为严重的是会影响学生的心理发展，学习内容过于艰涩，十分容易让学生产生"挫败感"，继而产生厌学心理。所以，当教师一味地追求知识难度，以知识的难度代替学生学习的深度时，学生在课堂中的实际收获是非常有限的，甚至可能因为"受挫"而对后续学习产生消极影响。而这种重"难"轻"得"的现象，归根结底源于教师只关注学生能否通过课堂学习掌握相应知识，比如教师认为学生学得"好"就是会做难题、能在相应的考试评价中获得好成绩，而忽视了这些知识对学生真正意义在哪儿，这样只会导致学生所学到的知识越来越粗浅和零碎。为了摒弃这种错误认知，教师必须明晰深度学习究竟要达成什么目标。事实上，课堂深度学习所强调的是多维度的学习结果，最终会让学生发生三方面改变：

第一，学生认知结构的完善。学生通过课堂深度学习，能超越个体经验的局限，获得对事物的基本认识与理解，了解其内在的规律和过程，形成具有清晰性、稳定性、概括性、包容性、连贯性和可辨别性的知识结构。

第二，学生实践能力的发展。课堂学习的最终目的是帮助学生走出学校、更好地走向实践。在课堂深度学习中，学生通过合作探究、操作体验等多种方式了解实践的方法和相应规范。课堂深度学习尤其强调学生基于对知识的理解、合理地进行迁移和应用，尤其是在特定的问题情景中，能够运用已有知识、技能去解决实际问题。究其实质，是一个学生实践能力发展的过程。

第三，学生复杂情感的体验。课堂深度学习必须关注学生情感的体验、价值的引导和意义的追寻，关切学生的精神世界、意义世界和生命成长。学生通过课堂中的学习来认识自己、理解他人和社会、理解生命的意义并形成了一定的价值观念。

2 易陷入的误区之二：重"高"轻"低"，以部分学习环节代替课堂深度学习的完整过程

深度学习是相对于只强调机械记忆、简单提取和浅层理解的浅层学习而提出的，关注学

○ 杨清. 走出"课堂深度学习"的认识误区 [J]. 中国教育学刊，2020（9）：78-83.

生"高阶思维能力"的发展。有的老师对课堂深度学习和高阶思维的理解过于片面，以致重"高阶思维"轻"低阶思维"：有的课堂只重知识的"拔高"而忽略了学生对基础概念和原理的学习；有的课堂过于强调"迁移"，而忽视了学生对文本本身的"理解"。例如一节历史课的教学中，学生对于刚刚学习的历史事件还没有完全掌握时，教师却已经延伸了许多宏大的纵深问题。这固然是想要锻炼学生的发散思维能力，但是由于学生基础知识不充分，课堂效果并不好。虽然深度学习是针对浅层学习提出的，但倘若教师将两者完全割裂，只是片面强调高阶思维而忽视学生对知识的基本记忆和理解，只会让学生没有完全理解所学内容。"地基"不稳，"高楼"岂能建成？即使建成，也是摇摇欲坠，禁不起风雨岁月。这种重"高"轻"低"的现象源于教师以课堂深度学习的部分环节代替了整个发生机制。虽然在研究早期，深度学习是基于浅层学习的弊端而提出的，但这并不意味着深度学习与浅层学习是完全"对立"和"割裂"的。在现实中，课堂深度学习不仅要重视学生对知识的理解和记忆，还要关注学生对知识的应用、分析、综合和评价等相对复杂的高阶思维活动，这意味着学生的低阶思维活动和高阶思维活动都应该被重视，因为"深度学习并不排斥浅层学习，而是与浅层学习是一个单独的连续统一体"，两者是相辅相成的关系。所以，课堂教学要确保学生能有完整的思维活动，绝不能以部分代替整体。如何确保？需在以下四个环节下功夫：

一是**激活**，即教师基于对"学情"的把握，找准触发学生学习积极性的"燃点"，激发学生的学习动机，进入"预热"状态。虽然这一阶段比较短暂，但它将发挥重要的控制执行作用，直接影响着学生后续的学习状态和持续关注度。

二是**联结**，即学生在深度的认知加工过程中、逐渐建立起已有知识经验与新知识之间的内在关联。一方面加强新旧知识之间的逻辑关联；学生要能厘清整个学科知识体系与新知识之间的整体与部分关系、新知识与旧知识之间的"前后顺序"和"左右平行"关系；另一方面促进新知识与学生已有经验之间的关联，用新知识来更好地"解释"已有的经验，有助于学生更好地理解。

三是**评价**，即学生在"联结"之后，对自己的知识结构及认知过程进行评判和分析。其中，对新旧知识关系的评价决定了新的知识结构形成的两种方式：当新旧知识具有一致性时，学生原有知识结构维持不变，知识总量得以扩充和丰富；当新旧知识存在一定冲突时，学生原有的知识结构将得到调整和重建。

四是**迁移**，即学生对所学知识进行准确提取与综合运用，具体可分为两种："纵向迁移"，即学生将所学新知识作为知识基础用以学习更复杂的知识，以实现原有知识结构的扩充与完善；"横向迁移"，即学生把所学新知识运用到类似的问题情境中去，在解决问题的过程中让所学知识外显化，并实现学生实践能力的发展。

3 易陷入的误区之三：重"学"轻"教"，以学生自己的学习遮蔽课堂中教师充分的引导

譬如在一节数学习题课上，老师设计完全由学生自己讨论并讲解所有习题，但部分题

目综合性强、难度较大,即使个别学生自己能完成,但因为对解题思路和方法讲解不够清晰,教师又缺乏相应点拨,所以多数学生对此类题仍然"茫然不知何解"。学生自主学习,不是学生自己学习。有些教师将课堂深度学习简单地等同于学生自己学习,教师几乎完全放手。但在实践中,学生在课堂上看起来在"深度参与",实际上因为缺乏教师的有效引导而陷入形式化、表面化和简单重复的学习中。重"学"轻"教",其实质是忽视了教师在课堂深度学习中的影响和作用。课堂深度学习反对的是教师支配、控制和决定学生的整个学习过程,但不反对教师合理的引导作用。教师的教是为了学生的学,而学生的学是在教师的引导下进行的。倘若为了凸显出学生学习的主体地位而忽略教师的教学主导作用,实际是将教与学粗暴地进行了割裂,将两者置于相互矛盾的地位。当然,课堂中教师对学生的任何引导,只有在触发或优化学生的学习活动时,才能真正发挥作用。所以,教师要准确把握在自己课堂中的地位与作用,切实促进学生的课堂深度学习。

4.3　深度学习典型案例评析

4.3.1　典型案例评析一　邹旭红老师的《深度学习:让学习真正发生——《三角形的三边关系》一课的教学实践与思考》中的教学片段[①]

1 "围"三角形,直观感受"边"的"长短"影响"三角形"的形成

师:老师准备了长度分别为2cm,6cm,9cm的三根小棒,谁能上来围一个三角形?展示台上演示,如图4-1所示。

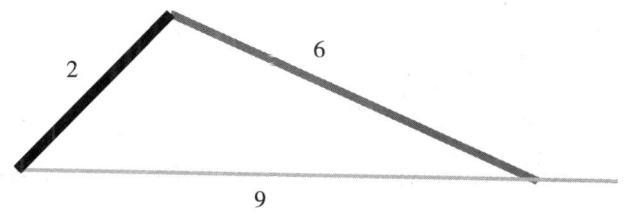

图4-1　用三根小棒围成一个三角形

生:围成了。

师:三角形是有了,围成这样,可以吗?

生:不行。

师:是的,围三角形是有要求的。要象这样,三根小棒要首尾相连才行。这样,三角

---

① 邹旭红.深度学习:让学习真正发生——《三角形的三边关系》一课的教学实践与思考[J] 小学教学研究.2018(34):23-26.

形三条边的长度才刚好是三根小棒的长度。

（边说边用手指黑板）

2 提出问题，操作探究，感知三角形第三边取值范围

师：那刚刚的三根小棒能不能按这样的要求围成三角形呢？

生：不能。

师：想要把这三根小棒围成三角形，要怎么办？

生：把最粗的小棒变长。

师：那固定了 6cm 和 9cm，第三条线段在什么范围内就能围成三角形呢？要来研究这个问题，你们有什么好办法吗？

生：找其他小棒试一试。

师：这个主意好！可是老师没有准备那么多粗小棒，只带了这个。（出示直尺）认识吗？

生：直尺。

师：没错，谁能带上数学的眼光再看看。

生：上面有线段。

师：你在上面找到了哪些长度的线段？

生1：7cm，8cm……

生2：0~20cm。

师：不同长度的线段找到了，把尺子上跟两根小棒相接的那一段作为第三条线段的长度，（手拿尺子演示）你能想象出围成的三角形吗？真能？那我们来试一个。

展示台上演示，如图 4-2 所示。

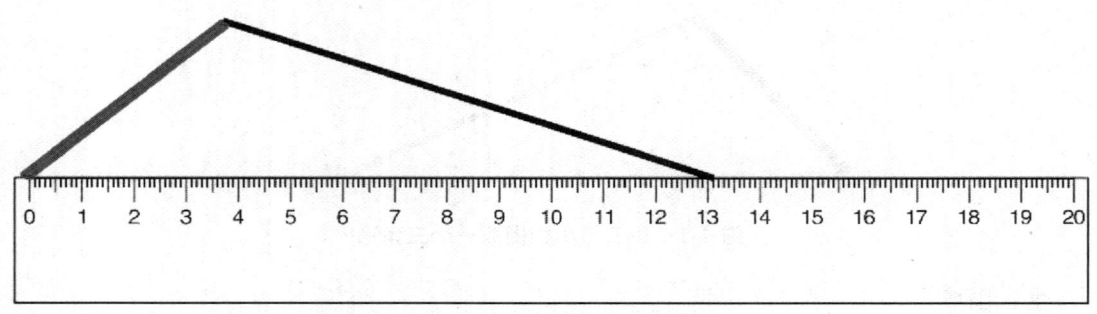

图 4-2 用手拿尺子演示

师：谁上来指指第三条边在哪？围成的三角形又在哪？现在第三条边是几厘米？

生：13cm。

师：再想象下，将两条边张开得越大，粗小棒就——越长，两边张开得越小，粗小棒就——越短。

师：看样子都明白了。那咱们试试吧，可问题是，我们得试哪些长度呢？

生：3cm，9cm……

师：说了这么多长度，怎么没人想试 1cm 呢？

生：因为 2cm 都围不成，1cm 更围不成。

师：你特别会学习，能从刚刚的学习中寻找经验，了不起！也就是说只要试比——

生：比 2cm 大的长度。

师：为了方便研究，那我们就先从 2cm 以上整厘米的长度开始研究。

……

3 flash 动画演示，合情推理，突破难点

师：为了帮助大家理解，老师带来了一个神奇的三角形。这是第三边为 12cm 时围成的三角形，如果我拉动这条边，它是会变的哦，想看吗？

生：想。

动画演示，如图 4-3 所示。

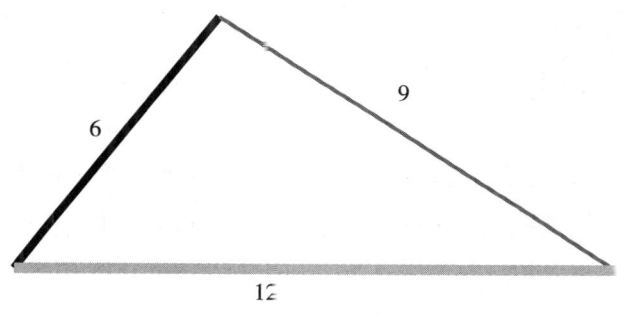

图 4-3　动画演示（1）

师：见证奇迹的时刻到了。

（教师操作课件，拖动最粗的线段）

师：长了吗？13cm 是可以的，继续拉长，这个三角形的样子好像在变哦。

动画演示，如图 4-4 所示。

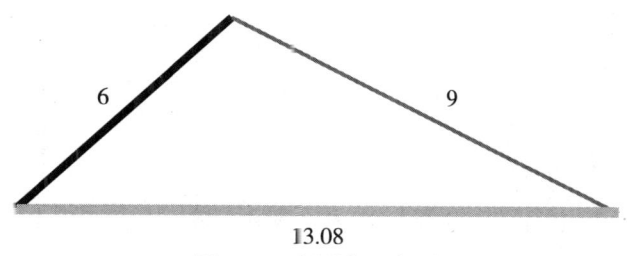

图 4-4　动画演示（2）

师：14cm 也是可以的，这个三角形变得越来越——

动画演示，如图 4-5 所示。

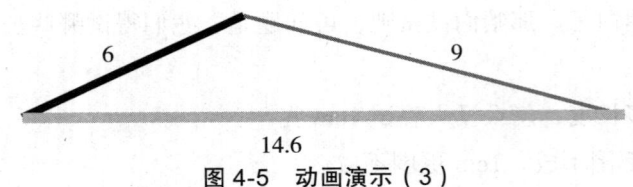

图 4-5 动画演示（3）

生： 越来越扁了。

师： 继续拉长到 14.95 cm，14.97 cm，14.98 cm，14.99 cm 呢？

（学生想象、交流）

刚刚有人说 15 cm 可以，想象下，如果拉长到 15 cm，会是什么样？

（学生思考、交流）

动画演示验证，如图 4-6 和图 4-7 所示。

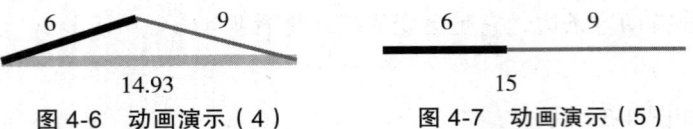

图 4-6 动画演示（4）　　　图 4-7 动画演示（5）

生： 平了（成一条线）。

师： 15 cm 可以围成三角形吗？

生： 不可以。

师： 果然跟你们想的一样，看来我们要把这个问号擦掉了，可以肯定 15 cm 是不行的。（教师更改板书）你们真厉害，如果再长一点点呢？会是什么样？

生 1： 会连不上。

生 2： 会回去。

师： 是不是跟你们想的一样呢？

动画演示，如图 4-8 所示。

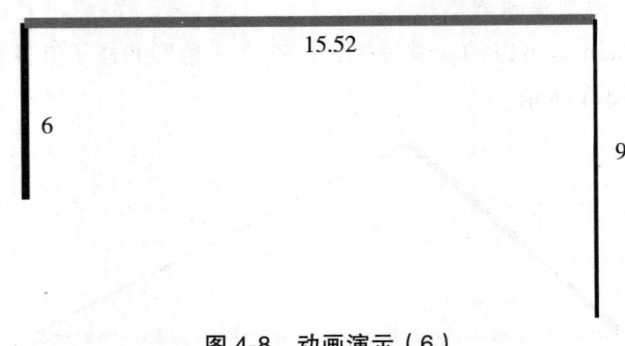

图 4-8 动画演示（6）

师： 它怎么了？

生： 断掉了。

师： 为什么会这样呢？

生： 最粗的太长了，那两条线段连不上了。

师： 想要拉上怎么办？

生： 往回拉。

师： 好，那我们往回拉试试看。

（教师操作课件：开始回拉）什么时候又会出现三角形呢？

生1： 14.9cm。

生2： 14.99cm也行。

师： 你们想得越来越精准了，也就是说——

生： 只要比15cm小就行了。

师： 概括得真好（掌声）。

师： 三角形又出现了，继续变短，11cm，10cm，9cm……都是可以的，再看看这个三角形的形状会有什么变化？

动画演示，如图4-9所示。

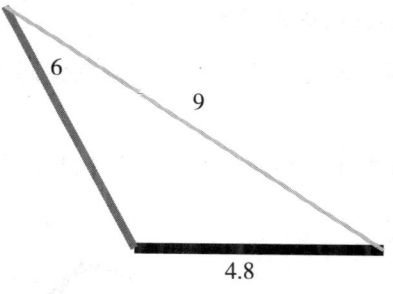

图4-9　动画演示（7）

师： 刚刚3cm我们是存在争议的，认为3cm不能围成的请坐好，认为3cm能够围成的请起立。

动画演示，如图4-10所示。

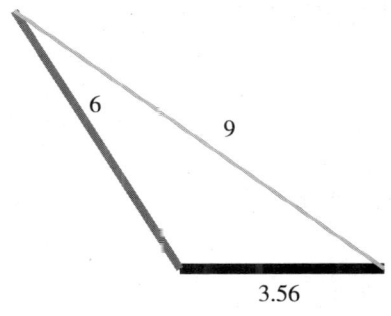

图4-10　动画演示（8）

师： 我们继续看，三角形的样子又变了！它好像又要怎么样？

生： 倒了。

师：3cm 到底能不能围成？

（学生思考、交流）

生1：我觉得到了 3cm 就又成为一条线段，围不成了。

生2：我觉得到了 3cm 就又平了。

动画演示，如图 4-11 所示。

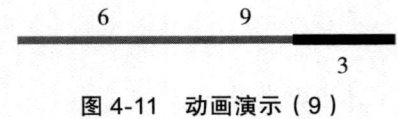

图 4-11　动画演示（9）

师：能围成吗？

生：不能。

师：3cm 的时候啊，也是围不成三角形的。如果继续变短呢？

生：更不能围成。

4 归纳推理，建立三角形三边关系模型

师：除了把粗的小棒适当延长能围成三角形，刚刚你们还想了什么办法？

生：换另一条边。

师：那就固定 2cm，6cm 两根小棒，那第三条边的长度范围是多少呢？

课件演示，如图 4-12 所示。

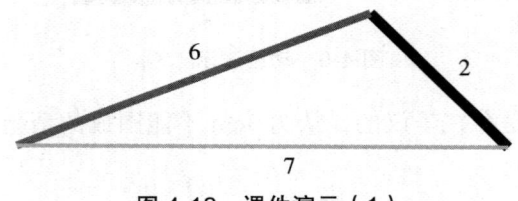

图 4-12　课件演示（1）

生：比 4 大，比 8 小（教师板书：4< □ <8）

师：为什么？

生：6 加 2 等于 8。

（教师板书：6+2）

师：8 也就是这两条边的和。那 4 呢？

生：6−2。

师：其实也就是这两条边的差。

（教师板书：6−2）

师：那我们就带着这种感觉继续来看，如果固定 2cm、9cm 这两根小棒，你能很快想出第三边的长度范围吗？

课件演示,如图 4-13 所示。

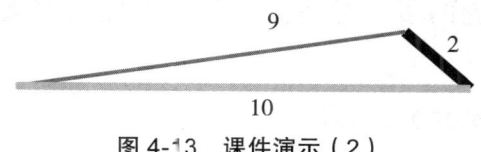

图 4-13　课件演示（2）

生：大于 7，小于 11。

师：7 怎么来的，11 呢？

生：9 减 2 等于 7，9 加 2 等于 11。

师：孩子们，探究到这儿，能说说你有什么发现吗？

小结：看来啊，要围成三角形，第三条边最长要比另外两边之和小，最短要比他俩的差要大。

📖 评析

　　三角形两边之和大于第三边，这一结论对于对小学四年级的孩子来说浅显而直白，但学生对于这样的事实理解是很有难度的。其难点就在于：讨论三角形边的关系是从一个新的视角思考问题，即为什么要把两条边加起来与第三边作比较？如果直接给定一个三角形讲解结论，学生只用 5 分钟就能理解并能运用结论进行判定，但这样的教学仅仅是浅层次的"知道"而已，并没有深层次的"思维"的价值，如何才能真正驱动学生深入思考、实现深度学习？从这个教学片断来看邹旭红老师做了很多努力。首先创设情境，引发学生认知冲突。老师准备长度分别为 2cm，6cm，9cm 的三根小棒，让学生做实验，试着围成三角形，学生操作体验，发现围不了。继而引发思考追问：如果固定了 6cm 和 9cm 两根小棒后，第三条在什么范围内就能围成三角形呢？基于问题，老师及时"搭梯"，加入直尺，帮助学生建立知识与生活经历、知识与知识之间的内在关联。通过两个小棒在直尺上的移动，并设问"比较"，帮助学生形成相应的知识结构。引导学生对三角形第三条边取值范围的思考，促成对原理的自然理解，并形成相应的判断。动画演示环节是再设情境，进一步助力学生深刻理解。在这个环节，教师不急于给出方向的引导，而是"慢"下来，让学生的思维在此处滞留了一会儿。用动画演示：当粗线段依次为 12cm，13cm，14cm 长度时，观察三角形有什么变化，并及时追问：想想继续拉长到 14.5cm，14.9cm 时，三角形又会怎么变？继续拉长到 14.95 cm，14.97 cm，14.98 cm，14.99cm 呢？如果不拉你能想象到三角形的变化吗？等学生头脑中逐步有了图像，再用动画演示验证。这样通过不断调整、修正，使得学生思维发展从混沌到清晰。在这个基础上还追问："如果拉长到 15cm 会怎么样？"通过一系列的问题引发学生的思考和想象，再用动画验证，层层递进，突破难点，把三角形三边知识一步步引向深入。在学生思维困顿之处，留时间，给空间，搭支架，让学生自己去发现规律、纠正和补充错误或片面的认识，加深对所学内容的理解。

4.3.2　典型案例评析二　魏本亚老师的《语文深度学习的实现路径》[①]中节选的多个经典语文学科深度学习案例

1　钱梦龙老师执教《故乡》的片段

生1：杨二嫂说："你现在有三房姨太太……"鲁迅先生不是只有一个叫许广平的夫人吗？

师：谁能回答？

生2：迅哥儿是书中的人物，不是鲁迅。

生3：迅哥儿是作者所塑造的艺术形象。

师：这话说得多好啊！语言多丰富啊！

生4：这是杨二嫂胡说八道。

师：那么"我"究竟是不是鲁迅呢？

生1：《故乡》中的"我"，《社戏》中的"我"，还有一些鲁迅作品中的"我"是不是就是鲁迅？如果不是，为什么都很相似？

师：这问题提得很好。这位同学把许多课文联系起来了，想得很广。那么，你认为怎样？我想先听听你的意见。

生5：不是。

师：什么理由？（生不能答。）你们知道鲁迅写的《孔乙己》吗？

生（齐）：知道！

师：那里面的"我"是个酒店的小伙计。鲁迅卖过酒吗？生（齐）：没有！

师：所以这个"我"是作者在小说中所塑造的——

生5：艺术形象！

> **评析**
>
> 在这个教学片段中，每一个人都是对话的主体，每一个人都是积极表现的自我。一个"迅哥儿是谁"的疑问，引发了大家的思考。5位学生的回答都结合自己的认知表达了自己的观点，又在教师、同伴的启迪下不断修正完善自己的观点。生1是依据杨二嫂的话做出的判断，生2是依据小说常识得出的结论，但是并没有给生1以解释；生3只是简单地回应生2，没有证据；生4也是简单地回应；生1再次拿出证据提出自己的疑问，这些证据具有关联性。学生一时难以回答，老师两次启发，生5终于指出"作品中的'我'是作者在小说中塑造的艺术形象"。这样师生（5位）就形成了一个互相影响的对话场域，在这个场域之中学生思维互相碰撞、互相启发，多元互动也就形成了，学生的认知也由

[①]　魏本亚. 语文深度学习的实现路径[J]. 中学语文教学，2021（1）：18-23.

第四章 深度学习——让学习由"浅表"走向"深度"

浅层走向了深层。由此,我们可以发现语文阅读教学的对话形态应该是多元的、指向解决问题的,而不是简单地指向知识点的教学。只有师生之间这种多元互动形成之后,思维不停地碰撞,深度学习才有可能发生。

2 黄厚江老师执教《黔之驴》的片段

师:这则寓言表达了什么哲理呢?

生:这则寓言讲述了驴子没有真才实学、最终被老虎吃掉的故事。它告诉我们做人要有真才实学,不然就会像驴子那样被老虎吃掉。

师:你讲得很好。教参上也是这么讲的。但是我多年有一个疑问,想请你们帮我解答一下。这个疑问就是"驴子是谁"?

(生茫然、摇头、无语……)

师:请大家想一想,如果把驴子送到徐州,你们会把它扔掉不要吗?

生:不会,驴子在徐州有用。

生:可以让它拉车。

生:可以让它拉磨。

生:可以让它驮人、驮东西。

生:老了,不能用了,就把它卖给山东人做阿胶。

师:驴子在徐州有用,为什么在贵州就没有用呢?是驴子自身没有用吗?

生:驴子是有本领的,只不过在徐州有人用它,它就有用了,在贵州没人用它,它就没有用了。

师:你们分析得很好。那驴子是谁呢?(生摇头)

师:我们大家来看一个材料——柳宗元被贬的原因资料。

生:老师,我知道了,柳宗元一身的才能与抱负,因为被朝廷贬了,贵州人不敢用他,他就成了一个没用的人。那驴子就是柳宗元。

📖 评析

这个片段从寓言的寓意开始,经历了四个阶段。第一阶段是关于寓意的问题,学生可以触摸寓言的基本寓意,但缺乏深度。第二阶段是关于驴子有没有用的问题,学生结合自身的生活经验,发现驴子是有本领的。第三阶段是关于驴子在哪儿有用在哪儿没用的问题,学生发现驴子有用无用是由使用者决定的。第四阶段是回应驴子是谁的难题,学生借助教学支架(拓展资料)发现,驴子就是作者本人。这样的分析就具有了思维的层次性,层层推进,引发学生的深度学习。

3 宁鸿彬老师的《皇帝的新装》的教学片段

师：谁能用一个字概括这篇童话的故事情节？或者说这个故事是围绕哪一个字展开的？给大家一分钟准备时间。（生翻书、思考）

生：我认为用"蠢"字来概括。因为皇帝和那些大臣的言谈举止都特别蠢。

生：我认为用"骗"字概括。就是骗子的骗，因为开始是骗子骗皇帝，后来发展到皇帝、大臣、老百姓自己骗自己。

生：我认为用"伪"字，就是虚伪的伪。因为皇帝、大臣和老百姓谁也不愿让别人知道自己什么也看不见。

生：我认为用"假"字。因为根本没有什么美丽的布料、美丽的花纹，而且骗子、皇帝、大臣、骑士和老百姓对这件衣服全说了假话，所以我用"假"字概括。

生：我认为用"傻"字。那两个骗子的骗术很容易识破，而皇帝等人却信以为真。

生：我认为应该用"装"字来概括。这个故事从始至终是围绕着那一套新装展开的，如果没有了新装，就没有了这个故事。

生：我认为不应该是"新装"的"装"，而应该是"新装"的"新"。

生：我也用一个"心"字来概括，不过不是新装的"新"，而是心脏的"心"。

师：大家发表了不同的见解。你们分别用蠢、骗、伪、假、傻、装、新、心八个字概括这篇课文。那么，这八个字哪个是正确的呢？

评析

上面这个环节是学生阅读课文进行抽象思维的过程，每一位学生的观察角度不一样、思维方式不一样，思维的结果也有差异。但这个过程是学生思维异常兴奋活跃的过程，每一位学生都希望在这个情境之中展示自己。接下来老师引导学生借助几种方法进行概括。

师：很好！大家的积极性很高。不过，如果请你们现在就发表意见，恐怕还是各抒己见，一时很难统一。那么，怎样才能比较迅速地把正确答案筛选出来呢？下面我就教给你们几种办法。

师：首先，大家使用"排除法"，把不切题的答案排除掉。我们先回忆一下，刚才我是怎么提出问题的。刚才我说的是谁能用一个字概括这篇童话的故事情节。

生：既然题目的要求是用一个字概括故事情节，那么"蠢、伪、假、傻"这四个字是不对的，因为这四个字说的是皇帝这个人物，是不切题的。

（学生们纷纷点头，表示赞同。）

师：完全正确。咱们就把这四个字排除掉。现在还剩下"骗、装、新、心"四个字，咱们使用"检验法"进一步解决。什么是"检验法"呢？就是把这四个字，一个一个地试用，进行检验，能够适合于文中所有人物的就留下，不能适合于文中所有人物的就去掉。

第四章 深度学习——让学习由"浅表"走向"深度"

生:"新、装"这两个字都不能单独地用在课文中所有人物身上,因为一单独用就说不清是什么意思啦。所以,这两个字是经不住检验的,应该去掉。

生:"骗"和"心"这两个字都可以。我试了一下,这两个字用在哪个人物身上都说得通。

师:现在还剩下两个字了,咱们使用"比较法"来解决,做最后的筛选。怎样比较呢?就是把这两个字分别用于每个人物,比比看,看哪个字更准确,哪个字更能表现出这个故事的特点。

生:我认为"心"字不如"骗"字好。在这个故事中,所有的人物都和"骗"字有关系,有骗人的,有被骗的,还有不被骗的。总之,一个"骗"字说出了这篇课文的特色。

师:大家的看法是对的,本文是围绕一个"骗"字展开的。(板书:骗)请同学们说说,文中的各种人物是怎样围绕这个"骗"字进行活动的呢?

> **📖 评析**
>
> 在这个片段中,宁老师引导学生使用了排除法、检验法、比较法三种方法进行筛选,最终选择了"骗"字。显然,这是一个高度概括的过程。学生在这个过程中不断地把自己的思维引向深入,由抽象走向了概括。宁老师在思维训练的过程中,一直不断引导学生加深对课文理解的深度。综上可见学生的深度学习、深度理解需要伴以思维训练,只有学生掌握了思维方法,才有可能真正学会思维,也才能够深刻地创造性地理解课文。

CHAPTER 05

第五章　合作学习——让学习在交往互动中发生与发展

学会合作、学会与人交流、学会共享，已经成为现代人不可或缺的基本素质。学生到学校学习，不仅仅是学习知识和技能，更要通过社会交往发展积极互赖的关系，从而形成正确的自我概念——既能善待自己，又能欣赏他人，知己之明和知人之智相得益彰。在这样一个合作共同体和社会关系网络中，学生能够得到三大收获：增强学习动机，提高学习成绩；建立积极关系，彼此关爱互信；促进心理健康，改善自我认知。

5.1　为什么要进行合作学习

在基础教育课程改革不断深入的今天，越来越多的人认识到，合作学习是我国新一轮基础教育课程改革所倡导的一种重要的学习方式，更是一种现代社会所需要的基本素质。

5.1.1　学会合作是新时代对人才的基本要求[一]

现代社会的发展是机遇与挑战并存，对每个社会个体的适应能力和多方面素质及才能提出了更高的要求，而且社会个体的全面和谐发展既是社会发展进步的前提条件，又是社会发展进步的重要标志。1992年APEC教育部长会议在《迈向21世纪的教育标准》的宣言中指出，所有学生都需要学习与他人合作进行学习。国际21世纪教育委员会向联合国教科文组织提交的报告《教育——财富蕴藏其中》指出，学会认知、学会做事、学会共同生活和学会生存是每个人一生中的四大生存和发展支柱。在第46届国际教育大会上比利时人菲利浦·勒纳尔（Philippe Lerner）强调的"基本能力"和"关键能力"中，包含了共存的

[一] 张玉彬，刘昕昱. 中小学生如何学会合作：师轩版 [M]. 南京：江苏凤凰教育出版社，2017.

能力。时代飞速变化，我们每一个人都生活在关系密切的共同体中，人与人之间相互依赖，密不可分，必须通过在一个共同体的学习中获得成长和进步。合作已经越来越成为个人发展、事业成功的一大前提，也日益成为社会对人才素质的一项基本要求。

5.1.2 合作学习理论和策略为学会合作提供有效教学条件

合作学习的倡导者对于合作学习的有效教学条件进行了大量的理论研究和实证研究，并提出了各自的策略，大致可以体现两种倾向：一种以斯莱文（Slavin）为代表，**从强化互助学习动机出发，强调集体奖励的作用**；另一种以约翰逊兄弟（D. W. Johnson & R. T. Johnson）为代表，**从指导学生互助学习过程出发，强调发展学生的合作技能**。

斯莱文领导的霍普金斯大学"学校社会组织中心"对此做了一系列研究。从斯莱文给出的定义中可以看到，在合作性奖赏结构中，学生是否得到奖励不仅取决于个体成绩，而且取决于所在小组的共同成绩，这种奖赏结构有助于学生的学习任务由个体化向集体合作化转变，其实就是在奖赏结构中由竞争性向合作性的转变。约翰逊兄弟领导的明尼苏达大学"合作学习中心"具体分析了各种合作技能，强调交流技能、建立和维持信任感的技能、争论技能及领导技能的重要性，并探讨了教给学生合作技能涉及的步骤。

5.1.3 基础教育课程改革倡导合作学习

合作学习（Cooperative Learning）最初兴起于20世纪70年代初的美国，并在70年代中期至80年代中期取得实质性的进展，成为一种富有创意和实效的教学理论与策略。由于它在改善课堂内的社会心理气氛、大面积提高学生的学业成绩、促进学生形成良好的非认知品质等方面实效显著，因此很快引起了世界各国的关注，并成为当代主流教学理论与策略之一，甚至被人们誉为"近十几年来最重要和最成功的教学改革"。自20世纪80年代末90年代初开始，我国也出现了合作学习的研究与实验，并取得了较好的效果。

直至21世纪初，经过前面十多年理论实验的经验积累，合作学习在国内的发展走到了开花结果的关键阶段。2001年《国务院关于基础教育改革与发展的决定》指出："鼓励合作学习，促进学生之间相互交流、共同发展，促进师生教学相长。"2001年6月8日下发的教育部教育司（2001）17号文件《基础教育课程改革纲要（试行）》指出："改变课程实施过于强调接受学习、死记硬背、机械训练的现状，倡导学生主动参与、乐于探究、勤于动

---

① 许序修. 让教育走进学生的生命世界 [J]. 人民教育，2004（21）：8-10.

② 张玉彬. 合作学习的理论与实践 [M]. 北京：光明日报出版社，2017.

③ 陈琦，刘儒德. 当代教育心理学 [M]. 2版. 北京：北京师范大学出版社，2007.

手，培养学生搜集和处理信息的能力、获取新知识的能力、分析和解决问题的能力，以及交流与合作的能力。"在新课程改革的大力推动之下，关于合作学习的研究在国外合作学习理论与模式的基础上，以我国课堂教学实际情况为蓝本，展开了"本土化"的实践探索与理论反思；合作学习在我国进入了系统化、规范化发展的轨道。目前，我国的教育理论研究者和教学实践工作者从理论和实践中创造了许多合作学习的策略，有些具有普遍的指导意义，有些是结合具体的某一学科的特点开发的，无论哪一种类型的合作学习都能对教师开展合作学习教学具有一定的指导意义。

5.2　怎样组织有效的合作学习

北京师范大学教授顾明远在《中小学教师教学策略书系》总序中指出："在国外，关于教学策略的研究始于 20 世纪 70 年代。在我国，'教学策略'一词是 20 世纪 90 年代随着现代教育技术的发展而产生的概念。主要与'教学模式'和'教学设计'并提，有时作为学习策略来解释。我认为教学策略更应该是上位的，策略是指对教学模式和教学方法的谋划、选择和设计。它既不是教学模式和方法本身，也不是一种指导原则，而是有思想观念统帅的教学模式和方法。它要为实现教学目标，根据学生的学习状态和环境条件，按照一定的教学原则制订完整的实施方案，它指导着教师的教学行为和学生的学习行为。根据这样的理解，对教学策略的研究应该从理论和实践两个层面同时展开。在理论层面，要探讨教学策略的性质、功能和结构，厘清教学策略与教学模式、教学原则、教学方法的关系；在实践层面，既要关注教学设计中的教学策略的设定，也要关心教学实施中教学策略所发挥的作用，并处理好教学策略的预设和生成的关系。"○

基于此，通过研究最具影响力的合作学习专家关于合作学习基本要素的不同阐述，笔者对三位代表人物斯莱文、库埃豪、约翰逊兄弟提出的合作学习三因素、四因素、五因素理论进行比较和分析，提出我们对合作学习基本要素的理解，以求更好地把握合作学习的本质特征，为我国中小学教师提高教学质量提供科学、实用的教学策略支持。

具体的教学策略是：**第一，目标的积极互赖**，即每个个体都意识到自己所承担的是团体总目标的一部分任务，要达成总目标必须依赖于每一个成员的努力；**第二，资源的积极互赖**，即每个个体都拥有资源，但只是全部资源的一部分，他们必须为小组的成功而相互分享资源；**第三，角色的积极互赖**，即为了完成某一任务，每个个体都承担着互补且有内部联系的角色分工，以使小组责任具体化；**第四，奖励的积极互赖**，即个人所获得的名次、表扬不是个人成功的象征，而是基于小组的出色表现。

○ 刘玉静，高艳，吴仁英. 合作学习教学策略与理论 [M]. 北京：北京师范大学出版社，2015.

5.2.1 目标互赖——明确小组目标，建立积极互赖[一]

明确小组目标，建立积极互赖的社会交往关系，是合作学习基本要素中位居首位的核心要素。以目标为导向，进行科学的合作学习设计，以合作学习准备、实施和评估为主线，以贯穿合作学习的各要素为重点，对整个合作学习进行系统、全面的建构，是成功实施合作学习的关键。

约翰逊兄弟在《共同学习》(Cooperative Learning: Increasing College Faculty Instructional Productivity)[二]一书中提出了依据结构设计教学的主张，他们认为合作学习的成功主要取决于：合作目标要具体、明确、有可操作性、挑战性；选择适合合作学习的任务、创设合作学习条件、做好合作学习资料准备；选择合适的师生互动、生生互动的合作方法、合作策略；对合作成果及时做出评价和分析等。

盛群力《合作学习设计》一书中通过对合作学习内涵的剖析，运用系统思维方法初步构建了合作学习系统设计的模型，如图5-1所示。该模型包括三个阶段设计：准备阶段设计（目标设计、任务设计、方法设计、策略设计），实施阶段设计（结构设计、管理设计），评价阶段设计（评估设计、情境技能设计）[三]，为我们进行合作学习设计提供了参考依据和实践操作的帮助。

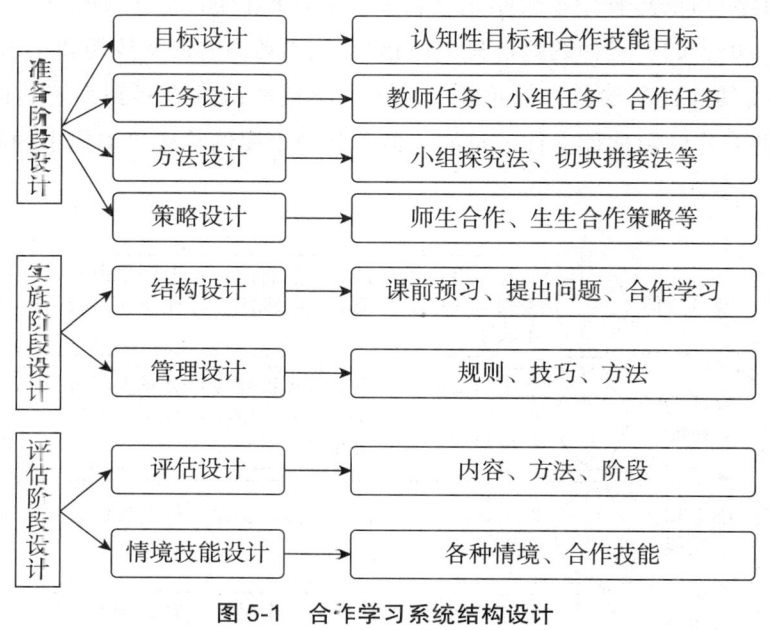

图 5-1 合作学习系统结构设计

[一] 张玉彬. 合作学习的理论与实践 [M]. 北京：光明日报出版社，2017.

[二] JOHNSON D W, JOHNSON R T, SMITH K A. Cooperative learning: Increasing college faculty instructional productivity[R] Ashe-eric reports on higher education, NO, 4 1991.

[三] 盛群力，郑淑贞. 合作学习设计 [M]. 杭州：浙江教育出版社，2006.

1 合作学习目标设计

合作学习目标既是合作学习的出发点，又是合作学习最终所要到达的终点，对教师和学生都有着非常重要的意义。

（1）小组合作学习目标设计

斯莱文的三因素理论中提出：小组目标是合作学习的内在动机，它有助于形成一种合作精神并鼓励学生彼此帮助，个人的努力可以促进目标的形成，但衡量标准是全队的表现。在达成共同目标中，人人都有责任，都要尽力。

小组合作目标设计首先让学生参与目标制定。小组的目标要尽可能使全体成员有出色表现或学业进步，小组是一个学习共同体或利益共同体，同伴之间荣辱与共，休戚相关。只有学生认识到学习主体、学习内容和学习过程中自己的行为对自身有意义，学习才会富有成效。

其次，小组合作目标要具体化、可操作性强、有合作需求、具有一定的挑战性。对于合作小组来说，需要实现一个共同的目标，首先要明确这个目标是什么，才能确定共同努力的方向和采取相应的协作方法。

（2）伙伴交往技能目标设计

在开展合作学习的过程中需要学生掌握多种合作的技能，同时确定伙伴交往技能的培养目标也是必不可少的。正如约翰逊兄弟所指出的："必要的人际技能和小组技能应该像数学、社会常识或其他任何学科一样重要，应该在学校的课堂里得到系统地传授。"首先教师要知道有哪些合作学习伙伴交往的技能，最著名的当属约翰逊兄弟提出的四项技能理论，如图5-2所示。

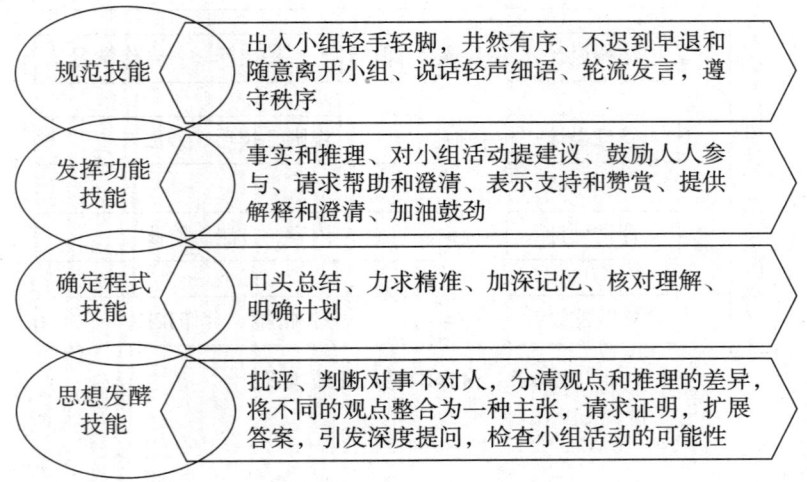

图 5-2　合作学习交往技能

2 合作学习任务设计

在合作学习中，任务的设计是要支持教学中学术性目标和合作性目标的均衡达成，同时它也是下一个阶段——合作学习方法和策略具体展开的载体。㊀教学任务体现了达成教学目标的各种具体要求，也是合作学习系统设计的重要组成部分。要想设计出高质量的合作学习任务，首先要清楚各种不同的、相互依存的认知层面以及与之相关的活动，参看图 5-3 所示认知层面的等级制度，我们在设置合作任务时要尝试设置相关等级的具体任务。

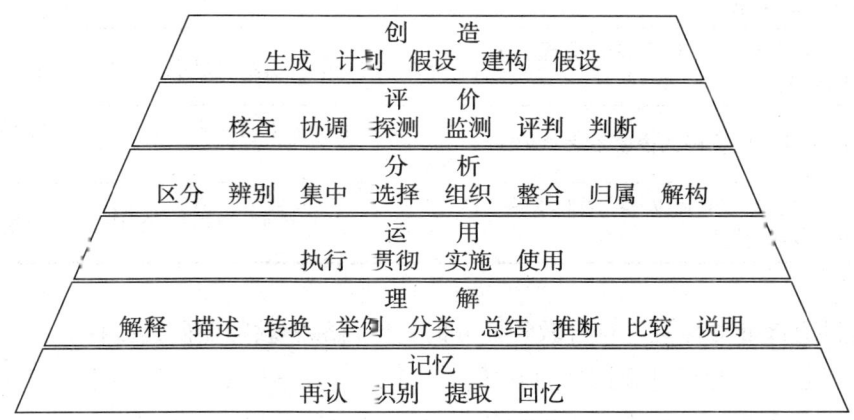

图 5-3　认知层面的等级制度

在教学实践中，教师选取适合合作学习的内容时应该注意有没有以下的一些特征：互动性、互助性、交流性、协作性、探索性、整合性、表达性的学习内容。具有这些特征中的一项或几项都可以依据教学任务来配置相应的合作学习方式。

◉（1）选择适合的学习材料是合作学习任务设计的基础

教学任务的设定影响着采取什么样的学习方式，反过来学习方式的选择也影响教学任务能否顺利完成。并不是所有的学习内容都适合运用小组合作学习的方式，应在对教学任务的性质进行透彻分析的基础上，科学地选择课堂教学中的学习方式。例如，易混淆概念的辨析、规律性知识的探讨、计算公式的推导、解答策略的选择、实际问题的教学建模等内容，适合采取合作学习方式。

◉（2）问题或专题讨论是合作学习任务呈现的主要形式

教师选好了合作学习材料后，可以根据这些材料，设置一定的问题情境来呈现合作学习的任务。学生对这样的任务会比较感兴趣，也能较为主动地开展完成任务的活动。在教材的处理上可以选择对教材进行转换，可以用各种问题的呈现形式来灵活处理，使转换后的形式更新颖、更易于让学生接受、更利于开展合作学习的探究，教学材料的转换方式可以参考表 5-1。㊁

㊀ 盛群力，郑淑贞. 合作学习设计 [M]. 杭州：浙江教育出版社，2006.

㊁ 吴盘生. 小组教学的研究 [J]. 外国教育资料，1989（1）：73-83.

表 5-1　不同教学材料的转换方式

序号	情境特色	方式要点	情境
1	训练（提高技能水平）	观察、朗读或快速阅读、听写、速算	略
2	理解（弄懂教材中的概念、难点和知识点之间的关系）	分解定义要点、按逻辑顺序整理、对照、归纳、演绎	
3	探索（发现原先不了解的道理、规则、原理）	填空、预测、假设、反驳、求证、发现	
4	评论（针对已明确的内容发表见解）	草拟文件、表述、反思、述评、在争论的基础上选择	
5	操作（实地动手完成某一具体任务，并形成一定的技能）	实验、给诗文作画、设计、制作、小发明	

讨论题目应该针对性强，符合教学任务的具体目标。教师要研读教材、深入分析学生、设计开放性问题；问题设计要围绕教材重点、难点、数量适度、不易过散；要有一定的难度梯度和层次；题目之间要有内在的联系、有逻辑性、完整性、系统性；要结合社会现实设计；设计问题要有的放矢，不要为了设计而设计，为了合作而合作；充分发挥现代教育技术手段。○

3 合作学习问题设计

美国心理学家杰罗姆·布鲁纳（Jerome Seymour Bruner）曾经提出："教学过程是一种提出问题与解决问题交替不断的活动。"在合作学习的课堂中，教师应鼓励学生通过独立思考，从不同角度去探索提出问题，或者由教师设计、归纳学生关心的问题从而提出探究的课题。

◉（1）教师设计合作学习问题要有思维含量

在当今的课堂上，很多教师由于缺乏整体的架构与布局，呈现的问题是"花费较短时间的即时思考型问题"，即便是在倡导"以学定教""先学后教"的教学理念引领下的课堂，问题繁、杂、小、碎的现象依然存在。这就要求教师不管是针对一节课还是一个单元的问题设计，都要仔细地研读文本，认真了解学生的基础，科学分析合作学习的需要，巧妙地设计出具有思维含量的合作学习问题，这也是合作学习能进入正常探究的前提和保障。

◉（2）教师设计合作学习问题要创设问题情境

贵州师范大学汪秉彝教授提出："问题情境是一种以激发学生问题意识为价值取向的刺激性的数据材料和背景信息。它是从事教学活动的环境，产生教学行为的条件。创设问

○ 庞国斌，王冬凌.合作学习的理论与实践[M].北京：开明出版社，2003.

题情境更主要的是让学生从情境中发现问题,能生成对所发现的问题自主进行探究。"对于教学问题情境创设应该遵循三个原则:首先是合理性,即情境创设中的背景信息应符合现实生活场景和事物运动的客观规律,其材料信息应符合学生的认知发展规律;其次是问题导向性,即教学情境的创设应以激发学生问题意识为价值取向;最后是有效性,即教学情境的创设应以教学目标的有效实现为着力点,问题情境设计是合作学习问题提出的重要条件。

(3)设计合作学习问题要引导学生参与问题设计

发现问题和提出问题的过程是极具创造性的过程,要想从已经习惯的事件中发现不平常的因素,这是很不容易的事,它比在现成的问题下寻求解决问题的方法更需要创造性思维。科学探究的最终目标之一就是发展学生的创造力,能够发现并提出问题对实现这一目标起着重要的作用。只有发现并提出问题,再经过不断探究,学生才会体验整个学习的过程。

4 合作学习结构设计

在我们完成了合作学习目标、合作学习任务设计之后,还必须要进行合作学习结构的设计,教学方法和教学策略蕴涵于学习结构之中。课堂教学结构集中折射出教学理念与教学设计的思路,是对课程流程的一个整体规划。

课堂到底应该按照什么样的步骤来进行,长期以来人们一直寻找这个问题在心理学上的依据。德国教育家赫尔巴特提出经典教学五步,即"准备——呈现——联想——概括——应用",这是以当时的统觉心理学或联想心理学为依据的。而美国教育家杜威提出新的教学五步,即"困惑——问题——假设——论证——检验",则是力图与思维心理学保持一致。合作学习领域经过几十年的发展,国内外专家在教学结构设计方面提出了不同教学步骤(环节)设计理念和方法,见表5-2。[一]

表5-2 教学步骤(环节)设计理念和方法

代表性人物	教学步骤(环节)设计理念和方法
加涅	引起注意;告知目标;回忆相关旧知识;呈现新内容;提供学习指导;引发行为表现;提供信息反馈;评估行为表现;强化保持与迁移
巴特勒	动机;组织;应用;评价;重复;概括
罗米索斯基	引起注意与激发动机;说明教学具体目标;回忆与补救相关的旧知识;展开教学活动;展开学习活动;反馈活动;学习迁移;课的评价;总结与加深学习
亨特	目标;定向;呈现;示范 导练;检查;自练
乔纳森	示范;指导;支架作用

[一] 盛群力,郑淑贞.合作学习设计[M].杭州:浙江教育出版社,2006.

(续)

代表性人物	教学步骤（环节）设计理念和方法
皮连生	引起注意与告之教学目标；提示回忆原有有关知识；呈现经过组织的新信息；阐明新旧知识的各种关系，促进理解；指导学生复习并提供学习与记忆方法，以指导或引出学生的反应；提供反馈与纠正，提供知识提取的线索或技能应用的情境
盛群力	指引注意，明确意向；刺激回忆，合理提取；优化呈现，指导编码；尝试练习，体验结果；评价反馈，调整补救；强化保持，迁移扩展

以上国内外对课程结构的重要研究结论中，可以看到教学流程都涉及了各种合作方法和策略。这些理论框架也为我们进行教学结构设计提供了宝贵的理论经验和参考资料。我们结合课程研究理论，尝试将合作学习课堂结构分为五个环节：整合资源、温故问新；激发动机、引发思考；目标引导、明确方向；大、小课堂合作学习；检测指导、总结评估。努力实现将教师的"教"看成激发、支持和推动学生投入合作学习的外部条件，其落脚点是使合作学习的过程能有效发生，学习结果能顺利达成。

5.2.2　资源互赖——掌握社交技能，积极参与互动

教育结果真正发生变化，是在积极互赖激发学生间的积极互动之后才实现的。所以教师最好在传授知识的同时教学生掌握必要的社交技能。美国青年研究中心对这些必要的社交技能进行了总结，将其归纳为三种类型：第一类是组成小组的技能；第二类是小组活动的基本技能；第三类是交流思想的技能。

1 合作学习小组建立

合作学习是以教学目标为导向，以异质小组为基本组织形式，以教学各动态因素的互动合作为动力资源，以团体成绩为奖励依据的一种教学活动和策略体系。[1]合作学习是在反思我国传统教学的基础上，参照国外先进教学经验提出的，是对我国传统学习和教学方法的提炼与再发展。[2]这种以小组合作为基本组织形式的学习法，已成为近年来我国大中小学的各个学科教学中被广泛提倡和推行的教学方法之一。

（1）合作学习小组的建立原则

小组建立需要考虑：性别搭配，男女生比例合理；成绩搭配，每个小组要有成绩优秀、成绩一般、学习困难的学生；能力搭配，每组既要有动手能力强的学生，也要有表达能力强的学生，还要有组织协调能力强的学生；个性搭配，既有内向的学生又有活泼的学生；

---

[1] 张玉彬. 合作学习的理论与实践 [M]. 北京：光明日报出版社，2017.

[2] 张金. 合作学习发展前景展望 [J]. 教育革新，2006（3）：63.

[3] 马阗. 小组合作学习法在高等教育理论课堂教学中的应用 [J]. 沈阳教育学院学报，2009（1）：56-58.

交往搭配，尽量安排交往默契、关系良好的学生。各小组总体水平基本相近，达到组内异质和组间同质的要求，为每个成员创造平等参与的机会，营造一种轻松愉悦的学习氛围。

◎（2）合作学习小组的建设策略

1）**确定小组规模**。合作学习小组的规模并没有固定的标准，但一般为 5 人左右。分组时应综合考虑以下因素：学员的交往技能，小组学习的时间，学习任务的难易程度，学员的年龄，合作学习的类型，学员的参与程度等。

2）**异质分组**。组内异质将含有更多的合作性思维、更多的信息输入和输出，便于学员全方位、多角度地看问题，能提高学员知识理解的深度和推理的质量，从而为合作学习奠定坚实的基础。而借助组内异质连带产生的组间同质，则为全班各小组之间展开公平竞争创造了条件，使所有学员都能在竞争中最大限度地发挥出潜力。必须注意，小组有效性的一个潜在障碍就是小组异质的不充分性。异质分组需综合考虑以下学员的因素：学习成绩，性别，能力，气质和性格，家庭背景等。

2 开展小组活动

◎（1）合作学习座位的编排

"有形"的小组座位要定时轮换，不能一坐到底。教师要根据班级学生的多少，对于小组与小组之间的方位、坐法都要精心策划，做到既合情，又不失科学性。小组座位的形式有很多种，我们根据未来教室的可能，设计了以下几种：临时会晤式，固定式，影院式，影院式+协作式（图5-4），4人协作式（图5-5），5人协作式（图5-6），6人协作式（图5-7~图5-9），8人协作式（图5-10），扇形协作式（图5-11），马蹄形协作式（图5-12）等。

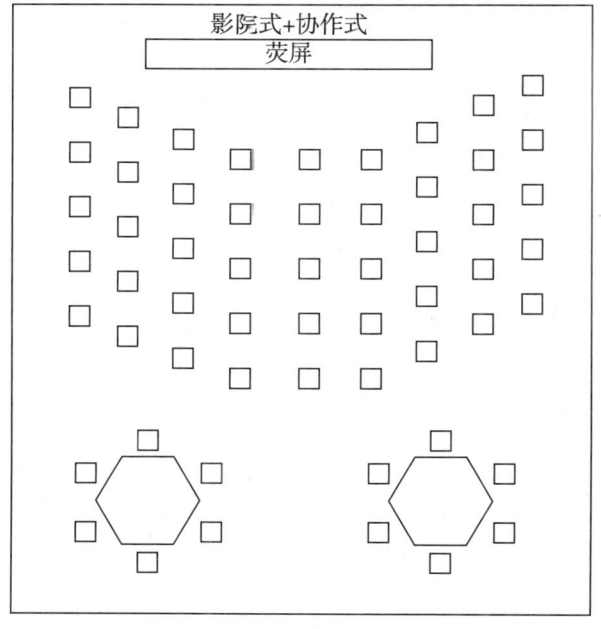

图 5-4　影院式 + 协作式

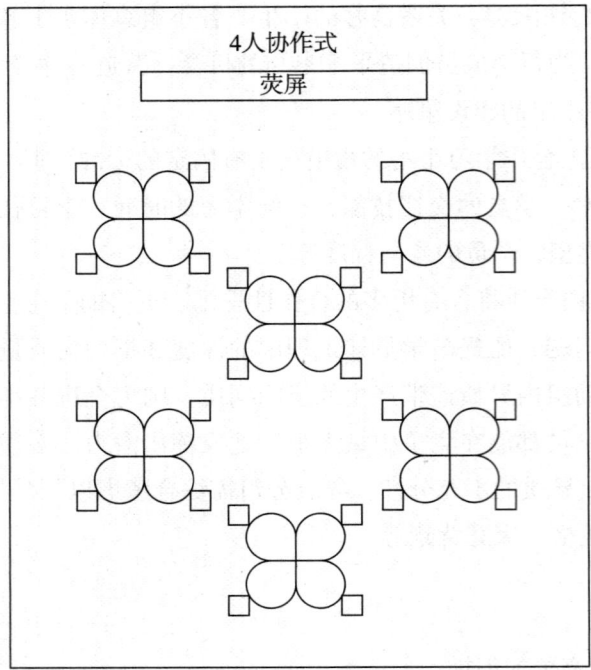

图 5-5　4 人协作式

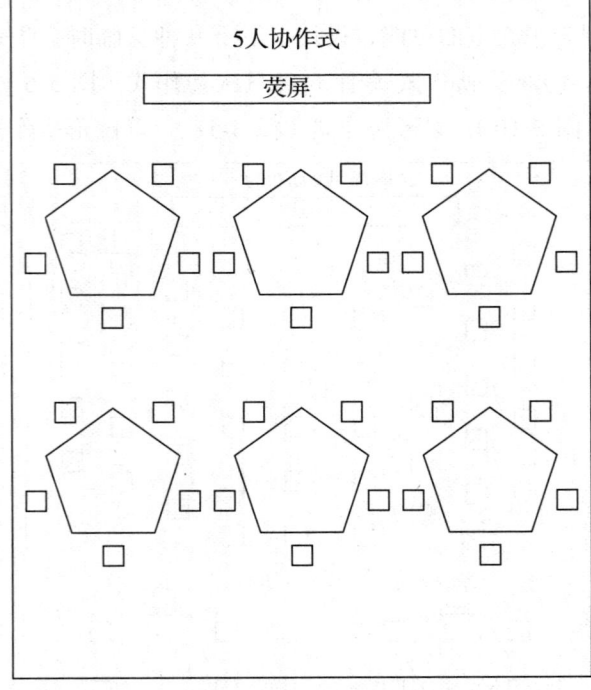

图 5-6　5 人协作式

第五章 合作学习——让学习在交往互动中发生与发展

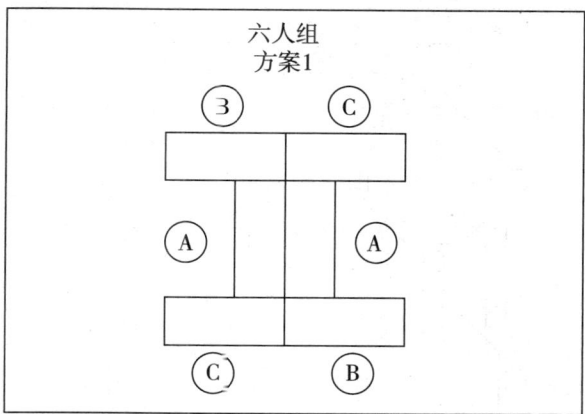

图 5-7　6 人协作式 1

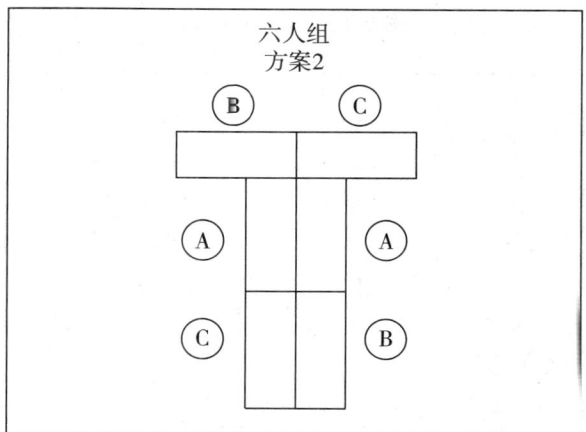

图 5-8　6 人协作式 2

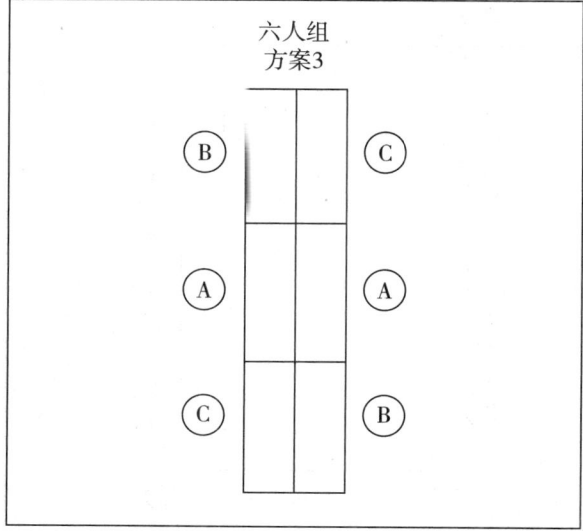

图 5-9　6 人协作式 3

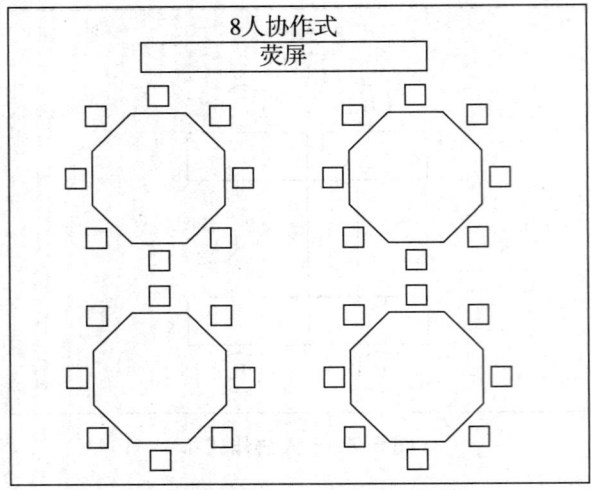

图 5-10　8 人协作式

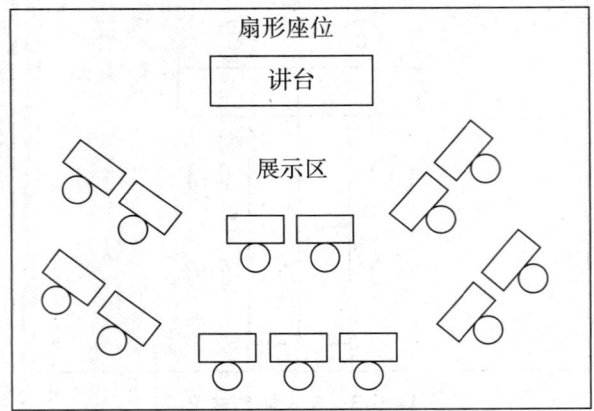

图 5-11　扇形协作式

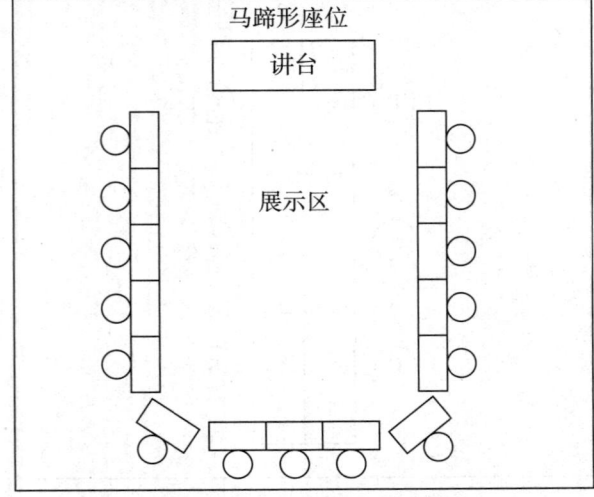

图 5-12　马蹄形协作式

（2）创建小组形象

小组形象的创建能增强小组成员的凝聚力和归属感，并能指明小组的努力方向。小组形象主要包括取好组名、创建组训、设计组标和确立奋斗目标。

学生对合作小组名称、口号、目标的设计过程本身就是团队合作意识的萌芽。在制定的过程中，他们各自发表意见，相互辩论，最后求得整个小组的一致，并为之共同奋斗。

3 制定合作学习规则

成功开展合作学习需要具备三个基本条件：安静的学习环境，遵守纪律且专心学习，团队精神。通常，这些条件都不会自动生成，合作学习规则的制定就成了重要的基础和保证。

（1）合作学习规则的有效性

在制定合作学习规则的前期，教师有必要鼓励学生一起参与讨论，在广泛探讨的基础上师生一起参与制定的过程。学生对自身参与制定的规则会更加重视，这些规则对学生也自然更有约束力。

有效的合作学习规则大致要做到以下四点：简洁明了，易于操作；一目了然，视觉化；由制定者签名确认；告知家长。

（2）合作学习规则在课堂中的实施

合作学习规则应在遵循三大基本条件的前提下尽力解决三大方面的问题，以保证合作学习在课堂上的顺利开展。

1）保证小组安静或较安静地进行学习交流

师生可共同制作全方位的合作学习观察表，让师生人人都有站在"观察者"位置上的机会。观察他人学习的同时，也是反观自身的过程。如何落实合作学习观察表的效用呢？结合教学实际，有下面两点建议：①借助简洁明了的观察表让师生双向反思活动的过程；②教师在合作学习规则被忽视时可适当干预。

2）注重培养和锻炼学生的社会能力

比如把合作学习必备的三项基本合作技能，即积极倾听、相互尊重和鼓励、质疑和提问作为"每周训练的一项社会能力"。师生可一起制作观察表，设计好针对该项社会能力的询问内容，一周结束前在班级范围或小组范围内反馈观察结果，建议学生把该表粘贴在学习日志中，这有利于学生长期反思自己的学习。

3）有序地组织学习成果交流和展示

教师在组织该项活动时，可参考三条小规则：①为合作小组的每个成员编号，拒绝个别组员"打酱油"（游离于合作学习之外）；②切片式分散处理信息，让每个组员只掌握完整信息中的一部分，"逼迫"组员间不得不互相协作，才能完成任务；③教师还可以同时使用上述两点，让相同编号的组员形成临时的同质小组集中在一起讨论，等探讨清楚之后，再回到自己原先的小组进行异质合作学习和分享。

5.2.3　角色互赖——明确个体责任，实现机会均等

责任到人，人人尽责，是合作学习区别于传统教学的根本标志。只有在活动中体会到自己的独特作用，并看到同伴的才能时，合作的局面才会出现，合作的意识才能形成。

在建立责任机制的同时，又要特别注意为每一个合作个体创设公平参与的条件。除了通过设定目标保证合作团队的凝聚力，建立责任机制保证个体参与度，还需要成功机会均等来保证激发学生的学习动机。我们可以通过任务分工和轮流表现来确立一种规则，形成一种规范，让任何一个学生不仅有机会从他人处获得帮助，同时也必须有助于他人。

1　合作意识的培养

教育的根本目的不是为了选拔人，而是服务于或促进人的发展。合作学习的使命也在于推动合作小组成员中每个人的进步与发展。如何使每个学生在合作小组中获得归属感，感受到每个人不可替代的存在价值与个性尊严？对学生合作意识的培养至关重要，当每个学生都有了与人合作的意识，所有的学生才能都参与到活动中去，也才能实现发展。

◉（1）明确的责任是合作意识产生的前提

首先每个人都要对自己的学习负责，学习成效如何同个人是否尽责直接联系在一起。其次，通过把小组任务分解到个人，或者将全班任务先分解到小组，小组再分解到个人等办法，使每个人都承担小组任务中的特定任务。让小组成员明白：一个人完不成自己承担的任务，背弃了承诺，不仅会影响他自己的成功，同时也给整个小组或全班任务的完成带来不利的影响。

◉（2）义务感的培养是合作意识产生的要素

义务感是指在一个目标相互依赖、利益一致的学习小组中，每一个人不仅把帮助、鼓励小组同伴看成是不可推卸的责任，同时也是一种道义上的承诺，大家有义务相互帮助，因为这不是单方面的受惠，而是互惠互利的"投资"。

◉（3）组间竞争是培养责任感和义务感的很好途径

竞争最大的好处就在于激发学生的内需，让学习的过程变得愉悦而有成就感。教师要善于发起小组与小组间的竞争，比纪律，比学习，比团结，比成绩，组间竞争有利于培养学生在小组内的责任感和义务感，从而强化小组合作意识。

2　角色分工与角色互换

责任到人，机会均等，问题的本质是如何面对班级教学中的个别差异问题。合作学习要将班级内的差异看成一种资源，从机制上保证学生成功机会的均等，确保每一个个体有积极参与的欲望和动力。

(1) 角色分工

根据角色互换原理，需要对小组成员进行角色分工。在合作学习小组中，所有成员均需承担一定的角色，并履行相应的职责。就6人组而言，除小组长外，还可设协调员、监督员、记录员、统计员、检查员和观察员等角色。如果小组人数不满6人，则可以将角色整合，如果超过6人，则可将角色细化。

(2) 角色互换

在学生能熟悉原有角色，并能熟练履行相应职责的情况下，为了使学生能有机会扮演更多角色，丰富角色体验，不断强化他们的交往意识和角色规范，为了增强学生沟通、理解和合作等社交技能，培养其良好的价值观、情感体验和社会态度，形成作为社会成员的责任感和义务感，需要定期对小组成员进行角色互换。随着合作学习的深入，小组长可以由所有成员轮流担当，以充分调动更多学生的积极性，锻炼组织领导能力。

(3) 小组定期重组

小组成员应该有足够长的时间在一起学习，以便小组完全成熟。但在经过一段时间的合作学习后，小组成员在学习成绩和综合能力方面的同质性会增加，而异质性相应减少。为了保证小组之间竞争的公平性，防止因组间差距拉大而使落后小组失去进取的信心和勇气，也为了避免产生小团体而影响班集体的团结，教师需要定期重新组建合作学习小组。小组重组能使学生与更多的拥有不同特质的人进行合作学习，从而学会与更多人相处和交往。小组重组能使学生意识到他不仅是在与小组同伴进行合作，也在与全班所有同学进行合作。一般情况下，合作学习小组每6~10周可重新组建一次。

3 动态管理与科学优化

(1) 了解学员，熟悉情况

优化合作学习小组前要做好一系列准备工作，教师必须熟悉教学环境，了解学情。首先是了解学生各科的学习情况，努力将不同学科优势的学生组合在一起，取长补短，强强联合。其次是研究学生的专项长处、特点喜好等方面，兴趣统一是互助合作的基础。根据学生的个性特点、气质能力、兴趣爱好、心理素质等进行优化组合，然后将这些学生平均分配。最后是了解学生的家庭背景。家庭氛围各异的学生在合作小组活动中的表现也不尽相同，应当充分考虑。

(2) 均衡搭配，动态管理

具体做法是：合理分组，选好组长；分工协作，责任到人；小组的人数尽量做到偶数。因时制宜，因地制宜，适当调整，以小组合作学习的效果及效率为标准。此外，教师在小组活动过程中也要经常审查合作效果并做好实录，充分了解各组开展交流讨论的情况，课下还要多多听取组长、组员的意见和建议，充分发挥学生的优势，提升小组的合作力。此外，还有必要了解其他科任教师的想法，全盘考虑合作学习小组的情况，及时解决学生学习过程中的问题。一旦小组成员的合作不太顺利，就需要及时做出调整。

◉ （3）协调冲突，营造氛围

我们要建设合作学习小组的团队文化，实现学生的身份认同，建立相应的集体制度，进行学习小组的协调组织与管理。当小组成员与小组团队文化产生矛盾时，需适时调整，依据制度规则，制订计划，安排小组协调员化解冲突。同时，鼓励小组成员发表见解、热心参与，增强成员的集体责任感，努力创设推动小组合作互助的心理环境，使得小组具有一个所有成员认可且共同追求的远景目标，在此目标下形成强大的感召力。

5.2.4 奖励互赖——建立评价机制，激发学习动力[一]

合理的评价机制是提高合作学习效果，激发个体学习动力的重要环节。研究性学习的合作学习评价突破了传统学科教学中对学习的单一评价，呈现出多维、有机的评价方式和特点。依据发展性评价的意旨和核心素养的理念，我们主要从合作学习评价方式及策略方面做初步探索。

1 利用终结性评价结果，开展形成性评价

终结性评价可检验教学效果，改进教学。之所以受诟病，关键在于教师未将终结性测验作为学生下一步学习的有效资源，教师限于课时，面向全体学生进行评讲，优生尚能自觉反思过往的学习，找寻下一步改进学习的策略；而学困生则因为缺乏一对一的辅导，无法找到改进学习的有效策略，屡屡受测验排名打击，逐渐对成绩变得漠视，失去学习动力。因此，我们应将终结性评价作为合作学习过程中积极的一部分，开展形成性评价，看到学生的进步，有针对性地辅导学生改进学习，一以贯之地促进学生的发展。

两者结合起来的有效策略有：①利用同伴评价和自我评价来帮助学生查漏补缺。测验后同伴或学生自己检索测验所涉及的错漏问题，针对薄弱环节互帮互助，再次监测，集体达标。②将终结性测验的结果作为形成性评价的一个契机。同伴互改试卷，在充分理解测验标准的基础上，帮助同伴了解自己答案与标准的差距，有针对性地解决难题。③训练学生自己创设考题。激发他们全面掌握一个课题的知识，并理清命题思路，从而训练学生的元认知能力，更好地备考。

2 以质性评价统整量化评价，发挥评价的激励作用

量化评价纸笔测验能很好地测出学生对基础知识的掌握情况，但无法测出学生渗透在学习过程中的非智力因素的学习成果。质性评价作为一种新的评价范式，具有全面、深入、真实再现评价对象的特点，可弥补量化评价的不足，通过对量化评价进行补充和革新，把

[一] 段昆伦，杨春生. 合作学习评价实施策略初探 [J]. 基础教育参考，2017（18）：62-63.

量化评价统整于自身，更逼真地进行教育评价。

日常行为观察法是美国尼亚加拉大学教授保罗·J.弗梅蒂（Paul J. Vermette）在合作学习实践中开发出来的一种合作学习质性评估方法。教师通过对学生每天的观察和记录，及时了解学生的实际情况，从而为学生的发展提供有针对性的指导，使教学真正面向全体。[1]在历史学科的备考中，我们探索出"建构知识体系、审阅材料中提示语和关键信息、审视问题的方向和深度、精心组织答案"的四步复习策略，合作学习小组专注于学习过程、呈现解题思路、展示小组的合作学习成果，教师赞赏小组及成员历史思维的顺畅性和答题的精准度，较之单纯的分数，评价更丰富、深入、具体，激发了学生的学习兴趣，成绩提升成为副产品。

3 学生自评、互评与教师评价相结合，重视学生的主动参与

评价主体由单一走向多元，学生有意识地反思个体和小组的合作学习表现，从而学会学习，学会合作。学生自评、学生互评、教师综合评价、小组或成员反思改进的"四步评价法"，引导学生重过程、重态度、重进步，每位学生都有成功的体验，能较好地体现评价的公正性和客观性。

学生主动参与合作学习的实施策略是：以自评促反思，以互评找差距。①个人自评。小组成员填写自评表，对自己在小组合作过程中的表现打一个自评分数。小组长和全组成员共同为每个成员打出一个组内评分，两相比对，让每个成员了解自我认知与师生共同评价的差距，正确地认识自己。②小组自评。小组长在每个成员自评的基础上，对本小组进行整体评价，打出一个自评分数，并和小组成员一起进行反思，找出存在的问题，研究制定解决办法。③小组成员之间的互评。小组成员互相指出其他伙伴的闪光点、需改进之处，并由监督员进行点评，找出本组的典型范例在全班进行交流。④小组间的互评。各小组长在广泛征求小组成员的意见后，代表小组给其他小组打一个分数，然后汇总评价结果，评出优秀学习小组。

4 团队评价与个体评价相结合，侧重小组合作表现

小组合作学习评价对象分为小组和个人，但都必须把"小组合作表现"列为评价的主要指标之一，形成"组内异质合作、组间同质竞争"的格局，使评价的重心由鼓励个人竞争转向小组合作进步，让每一个小组成员同合作学习小组荣辱与共，从而相互充分合作、实现共同进步。

团体评价的策略有：①设置小组奖励分的个别化测试。小组进行互助合作复习后，学生单独参加测试。如果小组的全体成员都达到或超过教师预先设定的标准，那么每个成员

---

[1] 杨波，王维臣. 新课程背景下形成性评价的研究[D]. 上海：上海师范大学，2007.

还能获得一个奖励分。②小组成果共享法。随机抽取一个组员的试卷评分，全组成员得到与这份试卷相同的分数。或者以共同的合作学习成果给全组评分，可以是一份调研报告、一篇作文或一个展示课件，这个成果由教师或全班来评估，小组全体成员都获得同一个分数。③"一拖二"评价办法。所谓"一拖二"，就是组内某一个同学如回答问题准确或做对了题目，便可给予加分，同桌得到相应的加分，本组同样也加上相应分数。团体评价要求责任到人、积极互赖、学会交流思想、解决冲突，有利于发展学生的核心素养。[一]

5 过程性评价与结果性评价相结合，强调过程性评价

小组合作学习是一个渐进的过程，学生的认知、态度和行为都在发生着量或质的变化。我们对小组合作学习评价时，应注意从过程评价和结果评价这两个角度进行，由注重结果评价指向过程评价，既注重合作学习的结论是否恰当、表达是否准确精练、有无创新性和独特性等结果，更关注自主探究、合作学习、整合答案、汇报交流、小组评议等阶段的过程管理。

在小组合作学习的过程中，下列两种策略值得推荐：①小组成绩共享。其核心是用小组成员的提高分而不是测验分来计算小组分数，所有学生特别是学困生都有平等地为小组贡献力量的机会，不同学力的学生都能学有所获。②构建学习共同体。各组成员均按成绩编号，分高者号小，分低者号大。基础性的问题大号学生回答，有难度的问题首推小号学生回答，答对问题按号加分，避免合作学习成为优生的一言堂，既照顾到了待优生，又给优生提出了挑战，从而实现共赢。

总之，破解评价瓶颈，不断完善小组合作学习评价体系和实施策略，实现学习方式和教学模式的转型，可培养学生自主、合作与探究精神，促进学生核心素养的发展。

5.3 合作学习典型案例评析

自新课程实施以来，我国教师的教育教学理念正在发生根本性的变化。合作学习在课堂中的运用越来越广泛，逐步成为课堂教学的新常态。广大一线教师创造性地将合作学习方法运用于课堂教学实践，虽然有些课堂还有待完善，但总体上取得了良好的教学效果。现选取合作学习方法运用的典型案例进行展示和分析，期待更进一步提升对合作学习方法的有效运用。[二]

[一] 丁家富.小组合作学习评价的偏位与匡正[J].教育科学论坛，2011（7）：23-25.

[二] 张玉彬.合作学习的理论与实践[M].北京：光明日报出版社，2017.

5.3.1 典型案例评析一　学习小组成就分工法教学实例及分析

以小学信息技术《图文混排》教学为例①。

1 设计思路

《图文混排》是小学信息技术课程中的重要内容，本节课采用 STAD（Student Teams-Achievement Divisions）学生小组成就分工法教学策略的原因有三：第一，《图文混排》的教学目标灵活，可以设置多样化的任务形式，有利于学生在小组活动中完成不同的目标。第二，学生已经学习了如何在 Word 中输入文字，具有一定的文字排版能力。第三，通过"插入图片"及图片版式设计的教学，学生可以通过协商合作将学到的技能迁移到艺术字的插入、文本框的插入等内容的学习中去。

2 教学准备

依据 STAD 教学策略的要求，教师需要准备两份材料供学生使用：一份 KWL 表格用于学习者特征分析（见表 5-3），帮助学生了解自己目前的知识状态、学习预期以及对学习过程检查的预期；一份用于评价学生成就的量表。

表 5-3　学生 KWL 表

K (What I know) （我们已经知道了什么？）	W (What I want to know) （我们希望做什么？）	L (What I learned) （我们已经学会了什么？）

在信息技术课程中，学生成就的评判建立在作品评价、同伴评价以及个人评价的基础之上。在应用 STAD 教学策略过程中，教师需事先提供用于最后评价的量表。同时，教师告知学生 STAD 教学策略的评价方式，使学生明确在 STAD 中每个人应承担的责任与义务，在活动过程中应该互帮互助，共同完成学习任务，获得高水平的小组认可。

3 学生准备

在应用 STAD 教学策略时，我们采用了学生能力分组的方式，即以多次成绩为依据进行分组。在《图文混排》的教学实践中，我们以每组 4~5 人进行分组，依据学生过去成绩、测验分数等方面的测量从高到低将学生排序分组，并将该分组排列分成 4 等份，分别从每个等份中选一名学生组成学习过程中的合作小组。在形成学习小组后，要求学生用 3~5 分钟为自己的小组取名并确定小组的负责人。在这一过程中，我们要求小组为成员明确小组

---

① 李远航，秦丹　利用 STAD 策略优化教学——以《图文混排》为例 [J]，中小学信息技术教育，2009（3）31-32.

学习中个人的责任和义务，如当小组内有同伴在解决问题的过程中遇到困难，小组其他成员有责任向其提供帮助。只有保证小组内所有的成员都顺利掌握教学内容，才算小组合作学习结束。

4 学习过程

基于对《图文混排》教学内容的分析，我们设计了"主讲+合作+迁移"的学习过程。"主讲"部分针对的是学生从来没有接触过的内容。在本课中，我们选择"插入图片"和图片版式中的"嵌入"版式设置作为主要讲授内容，由教师通过大屏幕演示的方法进行操作步骤的分解讲授。在这一过程中，学生主要通过观察和跟随操作，掌握如何在文档中插入图片并将其设置为"嵌入"版式的方法。"合作"部分是 STAD 教学策略的核心部分，要求学生在小组中探究与讲授内容相关，却在难度上高于讲授内容的技能操作，如在掌握了插入"剪贴画"的技能后，自主探究"从文件夹中插入图片"的方法，合作探究"如何在 Word 中修改图片的大小"；在掌握了对"嵌入"版式的设置后，练习其他几种常用的图片与文字环绕方式等。为保证学生在"合作"部分学习的有效性，我们将学习任务以文件的形式发送给各小组，并将可能用到的图片、文件存放在指定文件夹中，以方便学生随时选用。教师在整个合作学习过程中应关注每个小组的进展，对完成任务较好的小组给予表扬，对那些存在问题的小组给予帮助和问题解答。"迁移部分"可以作为小组合作的课外延续，在本课中学生熟练掌握了插入图片和图片版式的操作之后，我们将"艺术字"与"文本框"的操作作为学生技能迁移的内容，留在课后供学习小组探索。

5 评价过程

STAD 教学策略中的评价关注小组的"成长变化"，而非静止的测验分数，是一种更有效的关注学生发展和绩效的评价方式。在评价过程中，教师首先应收集各小组的基础分数（如原始测验分数、平均分数等），通过"对比分数"描述学生的成绩发展。在 STAD 教学策略中应注意，评价的对象是小组成就而非学生个体成就。因此，在课程准备中介绍 STAD 教学策略时，教师应有意识地告诉学生评价的方法，激发学生合作完成任务的积极性，认识自己在小组成就中的作用。在本课的设计中，我们分别从学生个体评价和小组成绩评价两个方面展开工作。对学生个体成就的评价由三部分组成：个人分数＝小组作品评价×50%＋同伴评价×30%＋个人自我评价×20%。根据该分数与学生前面学习分数的对比，得到改善分数，从而判断学生在学习过程中取得的成就。对小组成绩的评价是根据小组成员的进步程度来确定的，具体方法为：将小组中每个成员的改善分数相加，用这个总分数除以参加任务的小组成员人数，得到的分数记为小组的成绩。通过个体评价和小组成绩评价的方式，可以使学生不仅能看到自己的学习状况，还能清楚地认识到自己对小组成绩所做出的贡献。

> **📖 评析**
>
> STAD 教学策略在教学中的应用要建立在对教学内容的理性分析之上，并不是任何教学内容都适合使用该策略。同时，在进行《图文混排》的课程设计中，我们认为应加强教师角色的讨论。在 STAD 教学策略中，教师的作用从课程讲授过渡为学习活动的组织者。教师应做到在课程开始前准备好所需要的材料；在合作探究过程中，关注每个学习者的学习进度，有的放矢地给予帮助。信息技术课强调学生的实际操作能力，教师教得好并不能代表学生学得好；而使用 STAD 教学策略，让学生成为学习的主体，学生通过小组合作学习，在已掌握知识的基础上，通过讨论推导，建立新的知识；教师设计的独到之处不止于此，教师还设计了"知识迁移"环节。这是对 STAD 在学科内的灵活使用，科学而富有新意。

5.3.2 典型案例评析二 切块拼接法教学实例及分析

以小学数学北师大版五年级《分数的基本性质》教学为例（授课教师：深圳市福田区福民小学 杨淑艳）。

1 提出、验证猜想（自主学习部分）

提出猜想：根据分数与除法的关系和除法中商不变的性质，分数中会不会也有什么不变的性质呢？你的猜想是什么？

验证猜想：我的验证过程是……（建议小组内进行分工分别从画图、折纸、计算、推理四个方面呈现）

2 切块式合作学习教学过程

师：旧知识是学习新知识的桥梁。根据除法中商不变的性质，分数与除法的关系，你们提出了哪些猜想呢？

生 1：分数中的不变性质，分数的分子与分母同时乘或除以同一个数（0 除外），分数的大小不变。

生 2：我补充一下，前面同学说这个性质叫分数不变的性质。

师：怎么开始验证的？

1）**专题组合作**：验证方法相同的同学组成 4~5 人专题组；每个成员把自己的实验报告在组内说一说；互相评价、补充、提问。

> **📖 设计意图**
>
> 在学生独立思考预习的基础之上，学生对猜想验证采用了画图、折纸、推理、计算四类方法。其中有的学生只用了一种方法，有的学生用了几种方法，每种方法的运用都是学生独立思考的结果，同时也充分体现了给学生们个性发展的空间。他们运用的方法

是否达到了验证的效果，方法的运用是否恰当，验证结果有没有问题，都需要交流，需要把自己的想法说给同学们听，互相判断、补充、质疑。专题组是根据学生自己的研究取向而自愿选择喜欢的研究方式，进行研究、探讨，可以达到积极参与学习活动的作用，也能在相同的探究方法中吸取别人的经验和做法，使自己的研究方法和结论得到补充和完善。

2）**合作组学习**：每位成员把自己的实验报告结合专题组的学习收获，在组内说一说；互相评价、补充、提问；总结全组发现。探索提出还想了解的问题，全班交流。

📖 **设计意图**

同学们在专题组中已经补充、完善了自己的验证，得到了一组相等的分数。合作组中同学们交流的侧重点已经不再是研究方法，而是每个人得到的这组相等分数的分子和分母变化特点，每个人的发现在全组中交流，在交流时大家会发现各自的共同点，那就是分数的分子和分母同时乘以或除以相同的数，分数的大小不变。当然，还可以提出自己不明白、不理解的问题在合作组里交流、讨论，也可以把好的问题，有共同探讨价值的问题提出来，在全班共同交流。

3）**全班交流**：全班以小组方式提出问题，解决问题；总结分数的基本性质。

如图 5-13 所示，通过专题组和合作组的合作学习，学生的探究热情和学习积极性空前的高涨，又经历了一个提出问题和解决问题的头脑风暴的过程。

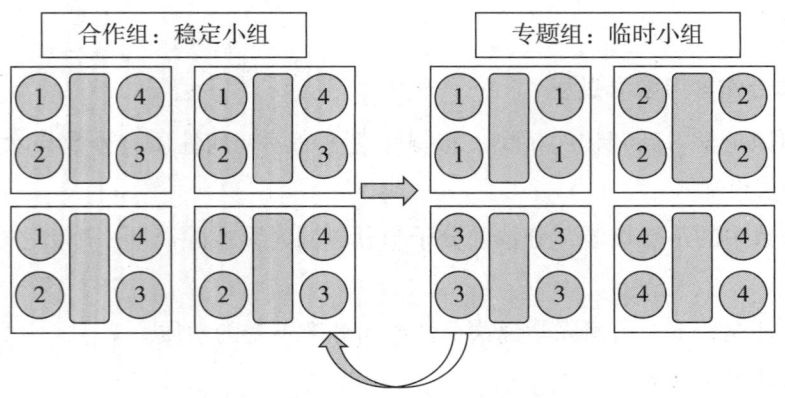

图 5-13　杨淑艳老师合作学习课堂演示图

📖 **评析**

杨淑艳老师将切块拼接法融入小学数学的教学中，运用四种学习方法帮助学生理解抽象难懂的分数的基本性质，让学生自主进行探究、讨论和归纳，是一堂非常成功的合作学习教学示范课。在杨老师的课堂上，学生在"学"与"教"之间来回转换角色，有利于他们最大程度地加工和输出知识，学生对知识的掌握更加牢固。需要特别指出的是，老师非常重视学生在课堂上回答问题的表现，对于回答错误的学生，教师进行一步步引导，使学生自己发现、自己推导出正确答案，这对于学生的学习自信心是一种非常大的鼓励。

5.3.3 典型案例评析三 小组调研法教学实例及分析

以高中英语"零课时阅读"校本课教学为例（授课教师：深圳市福田中学 吴欣）。

主题:《傲慢与偏见》阅读鉴赏

1 选择子论题并进行分组

因校本课的特殊性，教师提前一个月告知学生本月的阅读书目为《傲慢与偏见》。学生在阅读完小说后，可根据兴趣分组，选择以下子论题进行资料查找，月底前完成阅读笔记、小组讨论笔记、调查报告、课堂展示 PPT、随堂测验。

子论题有：

（1）Analyze the five marriages in the novel.

（2）What are the author's major methods in the characterization of Elizabeth and Darcy?

（3）Feminism in Pride and Prejudice

（4）Make a research on the author, Jane Austin.

（5）Which part is your favorite one, why?

（6）Which is your favorite character, why?

2 制订小组调查计划

小组选择子论题，填写任务单，内容包括：完成时间、分工（facilitator, reporter, members）、小组讨论时间等。

3 小组开展调研

小组在一个月的前三次校本课上，可自由前往校图书馆或电子阅览室进行小说阅读、资料查找或者小组讨论。

4 准备总结报告

本月最后一节校本课前，各小组 facilitator 需收齐组员的阅读笔记、小组讨论笔记、调查报告初稿、课堂展示 PPT 给教师检查、修改。

5 呈现最终报告

本月最后一节校本课上，邀请全校感兴趣的师生前往 En-world 教室观摩阅读班的阅读报告会。会上，各小组依次发言，时间控制在10分钟内，需有PPT。

6 考核与奖励

报告结束后，教师对学生的阅读情况进行测试，最终成绩 = 阅读笔记（20%）+ 小组讨论笔记（10%）+ 小组展示（20%）+ 测验成绩（50%）。

> **评析**
>
> 鉴于高中校本课的教学安排每周只有一节课，加之高中生的认知水平和能力已足够胜任小范围的子课题调查研究，故教师因时因地制宜，选择小组调研法。一方面，合作小组间定期的交流、讨论、共同阅读弥补了师生课堂授课时间的不足，巧妙地打破了教学时间的限制；另一方面，学生可以自由前往图书馆、电子阅览室甚至在操场草地上席地而坐，进行讨论，这样进一步打破了教学空间的限制，彻底颠覆了传统课堂，使学生能够更加自由自主地进行阅读，这是教与学方式转变的具体体现。
>
> 教师在这一过程中，要注意对学生学习情况的及时跟进和了解，通过阅读笔记、小组讨论笔记以及生生互评，必要时可通过网络媒体等资源，确保每一个学生都真正深入地进行了阅读和讨论，而不是由小组内个别学生担负起整个子课题任务。

5.3.4 典型案例评析四 结构法教学实例及分析

以高三政治复习课《唯物主义和唯心主义》教学为例（授课教师：深圳市福田中学 胡军）。

1 导入

教师通过红楼梦宝黛的爱情故事，引出本课的主题。

2 课堂探究（见表5-4）

第一环节：探讨激趣（"思考-配对-分享"结构）。教师提出"唯物主义和唯心主义的根本分歧和根本观点是什么？"学生独立思考该问题，然后组内两两配对讨论，再与组内其他成员讨论，最后教师发起全班大讨论，总结出结论。

第二环节：角色扮演（"照我做"结构）。区分不同的哲学派别：水生万物，万物复归于水（泰勒斯）；世界是理念的影子（柏拉图）；原子是世界的本源（霍布斯）；存在即被感知（贝克莱）；物质是客观实在性（马克思）。一个学生口头说明哲学观点，另外一个学生按照说明，努力扮演六位哲学家。

第三环节：分组评价（"共享黑板"结构）。学会评价不同的哲学派别。每组派一个代表在黑板上填写本组的答案，各组都必须完全作答。

表 5-4 《唯物主义和唯心主义》课堂学案

派别	基本观点——本原	评价	
		合理性	局限性
古代朴素唯物主义			
近代形而上学唯物主义			
辩证唯物主义和历史唯物主义			
客观唯心主义			
主观唯心主义			

3 课堂运用("圆桌"结构)

体验践行用哲学。教师展示判断题+多项选择题。在一张纸上，组内每个同学用笔轮流写出判断题和多项选择题的所有答案，之后在小组内讨论。

📖 评析

本课使用了结构法中的四种简单结构。首先，"思考-配对-分享"这一结构用在第一环节"探讨激趣"中，有助于学生提出观点，学生在互助中通过不断表达，修正自己的观点，最后小组形成较为统一的答案。第二，"照我做"结构是本堂课的高潮，学生只有准确地描述哲学家的观点，搭档才能做出正确的判断，对该哲学家进行角色扮演。这一结构的使用，不但使得原本晦涩难懂的政治课堂变得生动有趣，而且在运用过程中，帮助学生更好地理解哲学概念。第三，"共享黑板"结构能够帮助学生分享信息，比较不同的观点。这也是教师设计的一处点睛之笔：同样一个表格，如果让每组学生分别完成其中的一部分，再写到黑板的话，不利于全班同学对问题全局的理解。而使用"共享黑板"结构，让每一组学生都把自己的信息写到黑板上，大家在写自己信息的同时，也自然会关注、比较、分析其他组的信息，这样做能达到信息交流的最大化，有利于问题的最终解决。最后，"圆桌"结构的使用，也是运用于高三复习课的一次创新，每个同学轮流在一张纸上写出自己的答案，这其实是"共享黑板"的缩小版，将共享范围缩小到组内，使小组成员能够及时交流、修正信息，而且也促进每一个同学都参与到其中。

5.3.5 典型案例评析五 综合教学法教学实例及分析

以初中物理《光的折射》教学为例○（授课教师：深圳市福田区上步中学 李谷彬）。

○ 李谷彬. 初中物理自主合作探究课堂的构建——以《光的折射》为例[J]. 新课程研究（上旬刊），2015（11）：124-127.

1 新课导入，目标解读

（1）教师示范实验：每个小组都有一个纸杯，在纸杯中倒满水，将铅笔放入其中，观察有什么现象？

（2）学生分组实验、讨论（分组时主要参考学生的实验动手能力、概括推导能力、语言表达能力，进行搭配分组，而不是简单地按照学生成绩分组）。

（3）学生动手实验。

（4）教师播放视频：小男孩叉鱼几次都叉不中，老爷爷叉鱼一次命中。小男孩向老爷爷问原因。老爷爷说："鱼在你看到的位置偏上，不能叉看到的鱼的位置"。

（5）教师明确本课的学习目标。

2 自主合作，展示交流

（1）教师用激光仪发出一束光线，请学生描述讨论所观察到的现象。

（2）参考之前学习的光的反射内容，要求学生给出光的折射的定义，画出光的折射的光路图并找出其中的相关概念（分小组讨论完成）。

（3）学生汇报结果。

（4）学生利用激光笔和水槽完成导学案"自主合作，展示交流"第三部分的小组合作探究实验。

（5）教师随机抽取一组学生上台展示该小组的实验结果。

（6）教师总结光的折射规律。

（7）学生在教师的启发下，对光的折射进行进一步发散性讨论。

3 释疑解惑，归纳总结

学生提出在本节课学习过程中存在的疑惑，请其他同学自由回答。学生小组讨论总结本节课所学习的内容，并进行展示。

4 当堂检测，现场评优

学生自主完成"当堂检测，现场评优"的内容。请同学进行展示，其他同学进行补充。

> 📖 **评析**
>
> 综合教学法的四大步骤：异质分组、分配任务、开展活动、汇报成果。这一过程与小组调研非常相似，但是它并没有将总课题分解成子课题，而是把教师和小组的工作和谐地结合起来。其次，综合教学法在分组时，也与STAD不一样，并不是按照学生成绩进行异质分组，而是按照学生的多重能力对待，如：教师关注班级的每一个学生，鼓励小组中动手能力强的学生操作实验，让推理概括能力强的学生进行概念推导，让表达能力强的同学进行课题展示，兼顾学生在不同领域的才能，这也是综合教学法最大的特色。

CHAPTER 06

第六章 游戏化学习——让学习与兴趣、快乐、成长共舞

回忆童年，相信在你脑海中第一时间浮现最多的就是童年的游戏。是的！玩游戏是童年特色的一部分，我们每个人都曾体验过童年期沉浸在游戏中不可自拔的瞬间。每一个儿童都喜欢做游戏。这是他们的天性，儿童从来都是游戏的儿童，而游戏的状态就是儿童的状态。因为，游戏不仅仅是本能，其本身就具有教化的功能，它在儿童的认知发展中还起着表现、加强、教化和激励等作用。"基于游戏的学习"是符合儿童天性的学习方式，也是近几年来教育界的热点话题。

"游戏化"这个概念最早是2003年提出来的，所谓游戏化就是在非游戏情景中使用游戏思维、游戏机制和游戏元素。其实，"游戏化"并不是什么新事物或新概念，它在我们的身边，已经存在很久了。例如，很多人小时候迷恋的集邮、勋章，现在大人们使用的会员卡、积分奖励等，都属于游戏化的范畴。如今，游戏化思维已经渗透在我们生活中的方方面面，就目前来说的典型是"微信运动引发的运动潮""微信公众号引发的新型阅读方式"以及"各平台中的红包"。

游戏化学习的目的是发挥游戏的特点来促进学习，将游戏中那些有趣、吸引人的元素巧妙地运用于教学中。游戏化不一定就是玩游戏，而是可以让学习变得更"好玩"。从某种意义上来说，谁都可以（而且应该）尝试游戏化学习，将枯燥的教学内容转化成魅力十足的课堂活动。

对于游戏化学习，人们一般存在这样两种误解：第一种误解是认为游戏只能用来娱乐，不能用来学习。其实，游戏既可以用来娱乐，也可以用来辅助学习。教育游戏都属于严肃游戏的范畴，在设计之初就以教育为主线，虽然也存在一定的娱乐成分，但都是为了提高学生的学习兴趣和学习效果才加入的。第二种误解是认为教育游戏必须要应用于全部课程的教学中才叫真正的游戏化学习。显然，这种误解夸大了游戏化学习的作用，任何一种学习模式都不可能面面俱到，也不可能适合所有人，游戏化学习也是一样！这正是卡尔教授在《游戏让学习成瘾》一书中所说："绝大多数研究都表明，游戏化可以促进学习和教育活

动的效果"[1]。

当物质变得富饶，人类不再为生存发愁时，兴趣成为支撑个人学习、生活、工作的原动力。游戏化学习正好以切实可行的方法提供了一把打开人类兴趣暗码、激活个人学习潜能的钥匙。通过将游戏的元素和机制融入学习设计之中，提高学习的乐趣和学习者的参与感，让游戏在教育教学中展现魅力，也让我们的教育回归本真。科学的游戏化教学让孩子在游戏中学习，在游戏中成长，在游戏中构建自己的价值观。这已成为一个自然的选择，也是大势所趋，相信这样的模式也必将进一步激发学习领域的变革。

6.1 为什么要进行游戏化学习

6.1.1 时代对游戏化学习的呼唤

游戏，有着比人类发展史更悠久的历史，关于游戏的研究也由来已久。

如图 6-1 所示，席勒提出"只有当人充分是人的时候，他才游戏；只有当人游戏的时候，他才完全是人"[2]。在他看来，游戏状态是一种资源与解放的真实体现，感性与理性的和谐统一的状态。著名教育家、哲学家杜威提出，对儿童而言，"生活即游戏，游戏即生活"。鲁迅说："游戏是儿童最正当的行为，玩具是儿童的天使。"儿童即"游戏者"。那教育教学是不是就应该以儿童"游戏"的方式来展开呢？

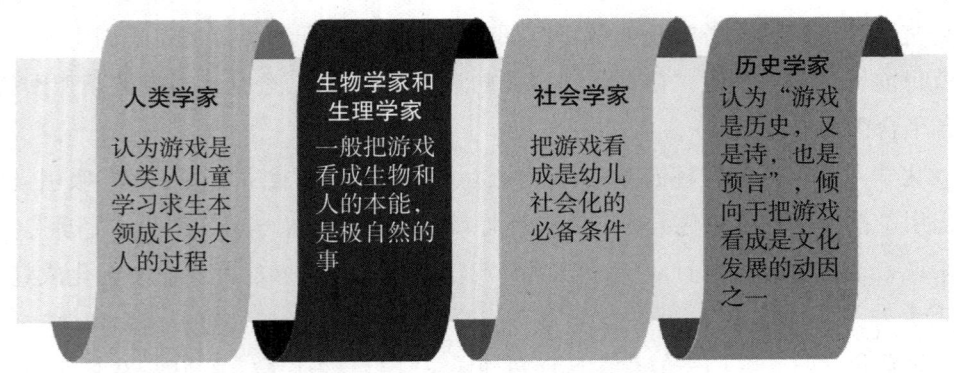

图 6-1　科学家对于游戏的看法

其实在古代，游戏在教育教学中已得以运用，如图 6-2 所示。

---

[1] 卡普. 游戏，让学习成瘾 [M]. 陈阵，译. 北京：机械工业出版社，2015.

[2] 席勒. 美育书简 [M]. 徐恒醇，译. 北京：中国文联出版公司，1984.

图 6-2 古代教育中关于游戏的理念

可以说，在古代，教育、生活和游戏的关系密不可分。但是，随着夸美纽斯提出的班级授课制的推行，世人逐渐把学业和游戏对立起来。游戏精神的上游慢慢枯竭了，少了传承与发展，更没有形成系统的游戏精神理论。游戏不是洪水猛兽，它是媒介的延伸，一种全新互动的新媒介。它不仅让我们感受到这个世界的美，也正在改变我们的世界。并且，我们可以从国外的很多作品中鲜明地感受到游戏精神的无处不在，如图 6-3 所示。从游戏到学习，原本不应该人为地划出鸿沟，时代正在召唤游戏与学习融合的回归。

《美丽人生》

主题是"游戏灾难"。男主人公和妻子以及年幼的儿子被抓进纳粹集中营，在这场持久的灾难面前，面对天真无邪的孩子，父亲告诉他这是一场总分为1000分的游戏，遵守游戏规则便可得到一辆真的坦克——面对敌人的残暴与杀戮，他用游戏精神，更用生命呵护儿子纯真的童年，令人动容。

《窗边的小豆豆》

同样让我们体会到日本的小林校长游戏教育的办学理念——学校是孩子游戏成长的家园。

《安德的游戏》

主题是"游戏战争"，虽然是科幻电影，但是把一群孩子以模拟实境的游戏方式训练成能匹敌外星虫族的战士，也在游戏中不知不觉赢得了星际之战——"以游戏的方式"战争，这种举重若轻的洒脱让人拍案。

图 6-3 国外作品中的游戏精神

6.1.2 游戏化学习具有优势价值

已有许多研究证明了游戏的教育价值,其中以美国著名的游戏设计师、教育专家马克·平恩斯卡(Marc Prensky)的研究最为突出,他指出未来的学习革命不是课程的数字化,而是"学习不再伴有痛苦",实现"在娱乐中学习、在学习中娱乐"的理性状态。那么游戏化学习到底具有哪些优势呢?目前很多研究都认为游戏化学习最大的优势在于:激发学习动机、提高学习兴趣、培养自主学习能力和提高综合素养,如图6-4所示。

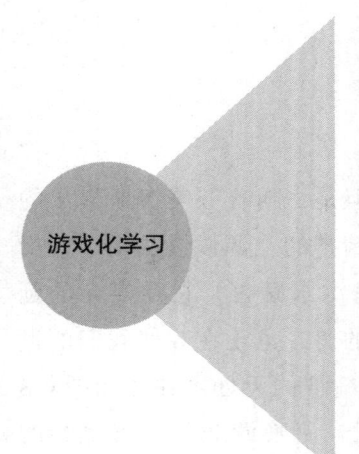

激发学生的学习动机
研究表明,利用游戏给学生创造"心流体验",学生学习更容易沉浸,从而激发学生的学习动机,达到深层参与的效果。

提高学生的学习兴趣
我们通过问卷调查发现,超过80%的小学生认为游戏化学习使自己对于学习的兴趣有了提高。游戏化学习的方式能够让学生始终保持较高的学习兴趣,这对于学习过程的持续进行非常重要。

培养学生的自主学习能力
游戏化学习将学习者置于主体的位置上,通过教育游戏促进他们进行自主探索,让他们能够自己操作和实践,达到教师预设的知识技能目标。这种学习模式使学生个性化地开展学习活动,从而提高学生的自主学习能力。

提高学生的综合素养
游戏化学习能够让学生通过自己的思考获得知识,可以使学生获得多种多样的能力和素质,比如操作能力、竞争意识、合作能力等。

图6-4 游戏化学习的优势价值

《现代远程杂志》主编陶侃从三个方面总结了游戏化学习的意蕴:"①提供动态化、可交互、反复探究的拟真情境,有利于学习者从不同角度反复观察、感知与探究,带来别样的学习体验。②基于问题情境构建起即学即用的实用知识,促使自我探究基础上的人际协作与当下问题的解决。③促进游戏者个体与社群的频繁交流,酝酿、形成非正式学习场域"⊖。

游戏化学习意在将游戏元素融入学习过程中,充分发挥游戏在创设学习情境、激发学习兴趣、维持学习动机、增加学习交互和培养学习者高阶思维能力等方面的作用,旨在优化学习过程和提升学习效果。

6.1.3 游戏化学习对教育的变革潜能

随着新课改的提出,传统的学习方法正在失去魅力,这也对课堂教学模式提出了更高

⊖ 陶侃. 从游戏感到学习感:泛在游戏视域中的游戏化学习[J]. 电化教育研究,2013(9):36-41.

的要求。新生代在视频游戏中长大,显然传统的教学模式已经不能满足他们的学习需求;游戏化教学走进课堂,改变传统的接受式课堂模式,变为以学生为主体,教师借用多媒体等教学工具,引导学生去自主学习,使学生主动探求知识,在感受快乐的过程中学到知识,成为教师对课堂结构的需求。在时间和注意力都有限的情况下,教师应该更专心地提供吸引学生和目标导向的学习方案来化解困境,在游戏化上下功夫可以提高学习项目的吸引力和学习者的投入程度,最终有助于实现学以致用。

自2012年起,美国新媒体联盟发布的《地平线报告》连续三年将"游戏化和基于游戏的学习"列为未来在教育领域得到广泛应用的新技术之一。已举办13届的美国GLS(Games+Learning+Society,游戏+学习+社会)会议,每年都关注游戏化学习研究的最新进展。美国AERA、AECT年会,也把游戏化学习研究作为研究热点之一。中国教育技术协会教育游戏专业委员会自成立以来,每年都将游戏化学习确立为研究的主题,并对游戏化学习的理论与实践进行了深入讨论。游戏化的趋势正浓,发展脚步很快。游戏化正在以各种方式如虚拟化身、广泛使用的基于问题的学习和互动学习体验,进入学校,游戏和游戏元素的影响正在与日俱增。

从古至今,游戏和学习就有着密不可分的联系。已有许多研究证明,游戏化学习通过将游戏元素融入学习过程中,具有激发学生的学习动机、提高学习兴趣、培养自主学习能力和提高学生的综合素质和能力等优势价值,能够优化学习过程,提升学习效果。并且随着新课改的提出和游戏化学习的发展,游戏化学习对教育的变革潜能逐渐得到越来越多的认可。生命如此短暂,游戏提供给我们的价值远不止消磨时间。让我们拥抱游戏化学习,利用游戏的价值,发挥它最大的作用。

6.2 怎样进行游戏化学习

6.2.1 电子游戏怎样吸引玩家

随着信息时代的到来,电子游戏日渐兴盛,很多学子沉溺于此。每一个孩子玩电子游戏的过程,似乎是一个比我们的课堂教学条件差了许多的学习过程:没有系统的教材,没有教辅材料,也没有系统的教学活动,甚至没有评估和考核,所有的学习都是依靠玩家的尝试与同伴的交流来完成的。然而,就是这样恶劣的学习环境,游戏迷们依然以废寝忘食的精神与态度执着于这样一种学习行为。反观我们有计划、有组织的课堂教学,却常常让学生厌倦、恐惧。那么,我们不禁要问:为何电子游戏有如此魅力?教育能从电子游戏那里获得怎样的启示呢?不妨来看一看游戏设计的一些原则。

1 沉浸式体验

电子游戏中的"沉浸"是人们被置入精心模拟的空间时即可产生的愉悦体验,"沉浸"和爱情、审美、艺术体验一样,都属于人的"高峰体验",都是人的精神家园。为什么有人一遍一遍玩"实况足球",永不厌倦?因为在这样的游戏中,游戏者不断体会着盘带、过人、配合和射门的乐趣。电子游戏不仅让玩家体验成功,获得快乐,同时游戏的虚拟性,给玩家提供了逃避痛苦现实的空间。电子游戏像是另一个世界,玩家进入这个世界,可以自主决定自己的外貌、能力、行为等个人属性。

2 激励机制

只要玩家在电子游戏里有一点"进步",电子游戏就会以经验、金币、过关、虚拟物品等形式给予奖励。如果电子游戏失去了激励机制,那么电子游戏就会失去活力。有历史教师从电子游戏的激励机制得到启发,开发出了一套历史课版的游戏规则。他对学生回答问题、参与辩论都记录相应分值,学生满5分可以升一级。在这个成长系统中,学生可以自由选择五种职业中的一种进行成长,比如、魔法师、企业员工、军人等。除了个人有成长激励头衔外,小组也有相应的成长头衔。这样的激励机制贯彻整个历史学科的学习,最后这个系统的应用效果,甚至超出了这位历史教师自己的预期。

3 进阶设计

游戏从题材上可以分成许多种,但是本质上大多还是用"闯关"作为基本设计的。关卡设计,其实就是构成一个"挑战—反馈"机制。这种任务导引是激发游戏者不断参与游戏的动力。在游戏设计中,还有一个环节也很重要,那就是游戏难度的进阶设计。除了关卡这一维度外,还有难度这一维度,它使得游戏的进阶设计呈现出多维提升的格局,使得游戏一旦玩起来就意趣无穷。

4 过程性示范

游戏设计者在真实游戏之前,会设计一个示范性情境,在每一个需要学习者了解的地方都会有提示性标志,游戏者跟随这种示范完成游戏规定的情境,也就基本熟悉了游戏的操作要求。

游戏,曾经令许多父母谈之色变,深恶痛绝。游戏,是许多人眼中孩子学习的天敌,必绝之而后快。但是,游戏开发者对于用户感受的关注,对于用户学习心理的把握,都是我们教育者应该学习的。

6.2.2 游戏玩家怎样开展学习

我们还可以深入探讨的问题是,游戏者究竟是怎样学习的。在佩服游戏玩家学习效率的同时，我们更应该思考这样高效学习的发生机制是怎样形成的。

1 钩住学员的心

孔子说过"不愤不启，不悱不发"，这是对于学习初始状态的最好描述。玩家想玩的欲望和激情是和他们的兴趣动机紧密结合的。如果学习体验精雕细刻，学员的兴趣就会持续提升。角色的吸引力、关卡的诱惑力以及争胜的欲望，都使他们处于这样一种激情之中。同时，我们也注意到，周围人群的追捧、同伴的交流，也是他们涉足某个游戏的关键。

2 有对抗，有合作

网络 3D 游戏 CS 有很多人玩，经久不衰。这个电子游戏是由游戏玩家分别选择警察或者匪徒的对抗性电子游戏。它把电子游戏既有对抗又有合作的特点发挥到了一定高度。在这款电子游戏中，对战一方的团队里大家互相配合，每个人都发挥自己的优势，有时甚至也要充当一下"炮灰"，用来吸引一下对方的注意力，才能赢得胜利。这就需要参与者要有合作精神，对战双方是一种竞争状态，而且这一局游戏中的同伴也可能在下一局变成对手，这种或对抗或合作的过程，带给了玩家轻松愉悦的体验。

3 鼓励尝试，允许失败

电子游戏玩不下去，游戏结束后，可以从头再来。电子游戏永远给玩家赢的希望，这是电子游戏最吸引人的地方。谁不希望自己成功呢？心理学研究表明，曾经成功过的事情和自己有可能成功的事情是最能引起兴趣的。在游戏任务里，尝试和犯错是成功的重要组成部分，失败不是绊脚石，而仅仅是一个工具，用来发现信息、接近目标或帮助破解难题，即常言道"失败是成功之母"。这是很多玩家最主要的学习方法。游戏里的失败可以说是吃一堑长一智，实际上，玩家可以期待着从失败中学到经验教训。

4 攻略

游戏进程详细的解释和步骤以及技巧，是玩家最关注的。当游戏进退维谷的时候，玩家们会到"论坛"里找相应的攻略，指导自己准确过关。这类似于学习心得体会，但又不同于我们寻常看到的空洞的、"八股"的心得体会，而是对于很多细节和具体内容的切实指导，是玩家用自己的心血，有时候还要贴上金钱换来的。分享，在这里变得生动而具体。

现在，可以总结一下。玩游戏的过程，实际上就是玩家学习游戏的过程。玩好游戏，首先要求游戏本身有一个洞察人心的设计，有一个非常人性化的设计；其次需要营造一个由积极的人际关系构成的心理场，氛围与情境是游戏入门与提高不可或缺的外部条件，同时也是游戏玩家能够不断试错的心理支持；第三则是游戏晋级支持系统，包括一个可以互相交流的平台和充分的支持性资源。

6.2.3　课堂教学可以向游戏设计学什么

在游戏的设计中，我们能不能看到自己的课堂教学离好的学习设计有多远？如果要根据电子游戏设计的思想给我们的课堂教学一点建议的话，应该有这么四点：

1 让学习者能够在情境中学习

这恐怕是电子游戏给予我们最关键的启示了。课堂教学的情境设计应该体现对于学生心理的洞察，要能够"钩住"学生，对学生提出适切的思维挑战，而且应该在整个教学过程中"一以贯之"，让学生始终保持对于情境的热情。

当然，这样的情境不应该是外在于教学内容和教学目标的，甚至它完全应该成为教学目标的情景化再现。一个教学的过程，完全应该是一个"问题解决"的过程，就好比是游戏中最终战胜大 BOSS 一样。

2 善用奖励

游戏中的奖励一定是"在游戏中的"的奖励。比如在打胜一定量的小怪兽之后，玩家会获得某种超能力，而这种"超能力"往往会在接下来打大怪兽的情节中用得着。这样的奖励是真正具有"教学意义"的奖励。同样，我们的课堂应该让学生意识到某个教学环节得到的结论、方法或者思想一定是和即将展开的新的教学环节有关系的。什么是奖励？就是要让学习者意识到，习得的经验是能够帮助他解决接下来的问题的，这样一种环环相扣的成就感就是教学中最好的奖励。

3 发挥"示范"在教学中的作用

在游戏中，对于初学者的示范和提示一般出现在初级难度中，场景中的标志识别、装备使用都是提示点。而我们的课堂太注重结论的获得，几乎不关注获得结论的过程示范和指导。老师总希望通过反复练习让学生自己去"悟"，结果学习过程不可控，学习成效不可控，学习效率大大降低。尤其是现在教学强调"探究"，似乎所有的问题都应该由学生自己获得答案，教师不敢提示和引领，这是从一个极端走向了另一个极端。

4 注重"经验分享"

几乎所有的游戏玩家都是通过"经验分享"的方式完成从初级玩家到骨灰级玩家的转变的。在进入游戏情景之后，玩家首先采取"试错"的策略，在多次尝试未果的情况下，他们往往会通过QQ群、微博、BBS等渠道寻求帮助。有些玩家会在自己形成经验之后到相应的平台上分享自己的经验。相互交流，共同提高，用来形容游戏人群一点都不过分。

同样的道理，在课堂教学中，如果我们更关注"经验分享"，或许能够更有效提升学生的学习质量，同时也更能激发其中优秀分子的学习热情，从而进一步提升他们的学习水平。

严格地说，以上四点中，第一点牵涉到课堂教学的情节、环节（关卡）设计，是整个学习的动力系统；其余三点则牵涉到课堂教学中学生学习情绪的激发、维持以及学习支持系统的建立。这两大系统一旦建立起来，形成良性互动，我们的课堂就会活起来，学生的学习热情也会高涨起来。

电子游戏精心设计，对玩家心理充分考虑，是值得教育游戏设计者学习的。但是电子游戏毕竟是商业性的，是以盈利为目的的，所以教育游戏一定不能完全按照电子游戏的方式来做。教育游戏对电子游戏必须取其精华，弃其糟粕，才能不断提升自身的魅力，更好地为学生的成长服务。作为学习行为，电子游戏设计和课堂教学设计有着许多可资类比的方面，我们教育工作者要放下身段，向电子游戏界虚心学习，真正了解电子游戏设计背后的"学习理论"，将我们的课堂教学变得更加生动活泼，牢牢抓住学生的心理，从而重塑学习方式，让学生学得更快乐、更科学、更高效。也许游戏离学习并不远！

6.2.4 游戏化学习的实现方式有哪些

游戏化教学就是教师结合学生的特点和教学内容在课堂中实施的一种以学生为主，利用游戏来丰富课堂的新型教学模式，使得学生在感受快乐的同时轻松获取知识。游戏化学习因为其独树一帜的学习思想以及激发学生自主探索的特点，具有传统学习理念所无法比拟的优点。也正是这些优点激发了人们对游戏化学习理念的探索和实践，将游戏与学习这两个看起来无法相容的事物结合在一起。

游戏化的做法主要有两种方式，如图 6-5 所示。第一种方式叫作结构游戏化，第二种叫作内容游戏化。

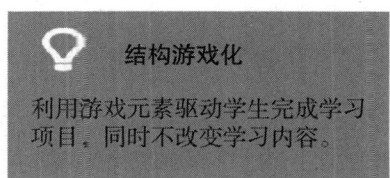
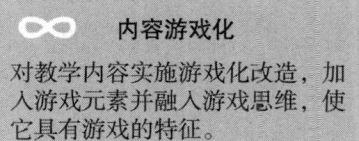

图 6-5　两种游戏化的定义

注意，两者之间不存在互斥的问题，经常同时出现在同一个课程里，实际上他们珠联璧合，更能相得益彰。○结构游戏化的学习内容没有游戏感，但学习的流程带有明显的游戏特征。这种游戏化思路着眼于激励学生完成学习内容，吸引学生将更多的时间花在学习上。例如，学生通过观看一段视频和完成一项作业而获得积分，除了积分外，视频和作业

○ 卡普　游戏，让学习成瘾 [M].陈阵，译.北京：机械工业出版社，2015.

本身没有任何游戏特征。对于内容游戏化，则是在课程中加入故事情节，或用一个挑战和任务启动教学课程，而不是罗列教学目标。在游戏化的应用中，游戏中的元素，诸如积分、证章、安全试错、挑战等经常被使用，但目的不是去创建一个完备的系统——去生成一款游戏，而是借用游戏元素鼓励学生学习教学内容，完成学习任务。通过游戏化，我们可以从游戏的维度思考问题，将不同的游戏机制和游戏技巧组合起来，为学生带来学习的快乐体验。

游戏塑造体验的方式在本质上有一些独到的地方，想尝试游戏化教学，就必须要了解"游戏设计中令人着迷的核心因素"，好的游戏设计自有其"道"，这就是我们常说的游戏元素和游戏机制，通常来讲它们包括目标、规则、竞争或合作、进度条、奖励、反馈、故事、结果的不确定性等。当你想尝试进行游戏化教学，就必须要了解游戏元素和游戏机制，学会像游戏设计师一样思考，在教学中设计游戏或增加游戏元素，它们对教学过程的趣味性贡献良多。

1 目标

目标是游戏的决定性特征之一。所谓目标，就是玩家在这个游戏里的追求，是玩家努力达成的具体结果。在很多人看来游戏和玩耍的区别是有没有目标。目标的引入为活动注入了意志、专注和可度量的结果。

在游戏化教学设计中，对目标的设定尤为重视，一款用于教学的教育游戏，至少要承载两方面的目标。其一是游戏目标，即游戏结束学生达成的具体结果，比如《抓间谍》游戏，游戏结束，谁是间谍一目了然。其二是教学目标，即游戏结束学生到底学到了什么，还以《抓间谍》游戏为例，这款游戏的教学目标为"在游戏中提升学生进行以元为单位的小数与元角分为单位的数互化的能力"。教学目标隐藏在游戏目标当中，学生完成游戏目标的过程即是完成教学目标的过程，这是游戏化教学追求的境界。

游戏的目标既可以是贯穿始终的大目标，也可以是若干个小目标。比如，在《暗黑破坏神》游戏中，打穿整个游戏，干翻最终的暗黑破坏神，这是大目标。但在这之前还有很多章节，有很多小 boss，这些是小目标。小目标也好，大目标也罢，游戏始终要让玩家处于努力去达到某个目标的状态下。

游戏目标可以是单线目标也可以是多线目标。单线目标，模型简单，容易让玩家迅速地看明白，如《疯狂的小鸟》就是要一关一关的通过，打过了第一关再打第二关。但是单线目标容易同质化，在游戏的中后期，如果不能很好地解决目标的同质化，就不那么吸引人了。多线目标是多线索的，有多重指标，奖杯数、等级、金币、魔法、黑魔法……一种玩法对应一连串儿目标，玩家可以多攒金币加固防御，也可以多攒魔法提高进攻实力；玩家可以有联想"终于升级好了 2 级的大炮，真拽！那 3 级大炮肯定更拽啊~"，还可以有嵌套"想要升级 3 级大炮，得先升级主基地"，变化多样。现实生活比任何一个多线目标游戏都更要多线索，更多线索的游戏也是在朝着现实生活这个模型靠近，让更多的人更长久地在这个游戏中能找到自己认为有价值的目标。多线目标游戏在设计上难于单线目标游戏，可应用在单元游戏设计或学期游戏设计中。

这里还有几件我们在设计教学游戏目标时应该考虑的事，如图6-6所示。

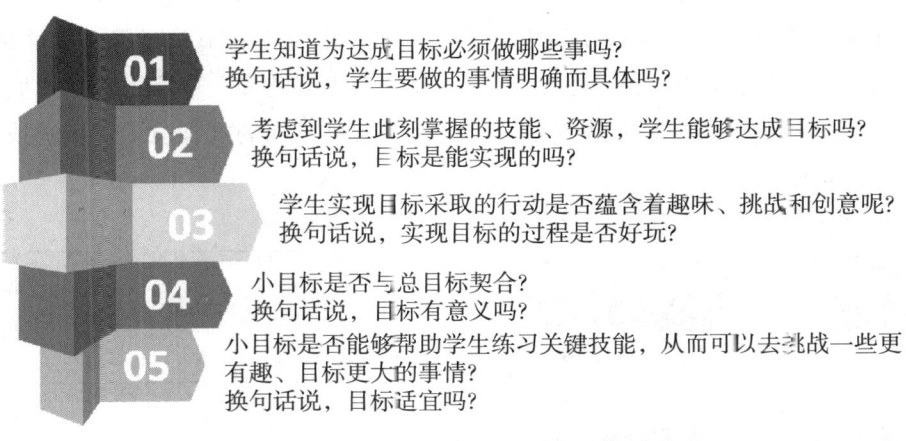

图6-6　设计教学游戏目标时应该考虑的事

2 规则

规则之不存，游戏将焉附？规则是游戏的另一个决定性特征，任何一款游戏都是有规则的，规则的制定用来规范玩家的行为，为玩家如何实现目标做出限制，使游戏可控。以风靡全球的《大富翁》游戏为例，玩家必须轮流掷骰，这是保证游戏有序进行的规则，如果玩家不按规则行事，蜂拥而上，游戏便无法进行。"玩家到达无人拥有的地皮时，可选择要不要购买；到达有人拥有的地皮或物业时，需要付费通过"，这是保证游戏有效进行的规则，也是游戏的趣味之一；玩家在行进过程中有得到也有付出，这些随机事件让玩家每次掷骰时紧张刺激又充满期待。去掉这个规则，玩家掷骰移动变得毫无意义可言，游戏也失去了价值。"如在卖出或抵押所有资产后仍无足够的现金以支付债务，则玩家宣告破产。"这是保证游戏公平结束的规则，它帮助玩家实现游戏目标：赢得游戏胜利。试想一下，如果没有这条游戏规则的大富翁游戏会怎样？事实上，大富翁游戏之所以能风靡全球，正是因为它包罗万象的游戏规则为游戏增添了无穷乐趣，玩家全面了解游戏规则，遵守并利用一切游戏规则取得自己想要的结果甚至获得胜利，玩得不亦乐乎，开心不已。毫不夸张地说，所有的游戏都是有了规则才有了意义，也才更加有趣。规则是玩家通往目标的道路，你能想出一个没有规则的游戏吗？

游戏规则改变，游戏也相应地发生改变。以卡牌游戏《对对碰》为例，其游戏规则为：四人游戏，每人分得相同的牌数，游戏开始时，先将玩家自己手里的牌配对，余下的牌和其余玩家配对，余牌数量多的先出牌，其余玩家用手里的牌与此牌配对，配对成功获得这两张牌。最后，牌多者赢。改变规则，《对对碰》游戏变身为《记忆大师》，如图 6-7 所示，将牌背面朝上摆好，玩家轮流翻牌，每次两张，翻出大小相等的牌则玩家得分。得分最高者获胜。再度改变游戏规则，游戏还可以变为《抓间谍》，抽走其中一张可配对的牌，余牌两人分，分牌结束玩家先将自己手里的牌配对，然后余牌数量多的玩家去对方手里抽牌，并与自己手里的牌配对，配对成功后放回桌面。最后谁手里剩下一张牌，谁就是间谍啦。瞧，不同的游戏规则，玩法大不相同，游戏的趣味性也有差异。事实上，当我们进行游戏化教学时，不必拘泥于某一种游戏规则，脑洞大开尝试不同的规则设置，让游戏形式更多样，游戏的趣味性更强。

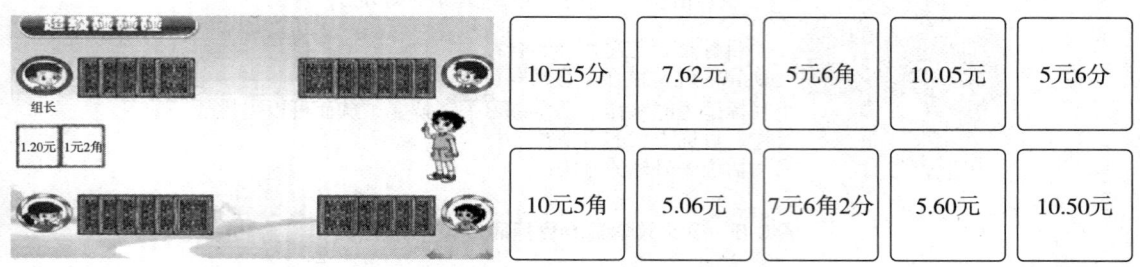

图 6-7　卡牌游戏《对对碰》与《记忆大师》

但需要提醒的是，游戏规则一旦制定就具有绝对权威性。以中国的麻将为例，不同地区玩麻将的规则是不一样的，广东麻将、四川麻将、长沙麻将……不同地区不同玩法，玩哪种麻将就得按相应的规则来，广东人玩长沙麻将也得按规则行事，否则不能胡牌。游戏目标无法达成，这就是规则的力量。但不管哪一个地区的麻将规则，都是玩家一致认可的、有意思的、公平的，玩家才会去玩，才会愿意去达成游戏设定的目标：胡牌，赢了对手。

另外，对于小学生来讲，所有的游戏规则都要便于理解，简单易行，否则学生很难真正地操作。比如上文提到的《对对碰》游戏，对小学生而言，用文字表达游戏规则会晦涩难懂，在学生不好理解规则的情况下，就使用微课或动画来进行演示，帮助学生理解规则，扫清游戏前的障碍，从而使学生顺利投入紧张刺激的游戏学习活动中。

3 冲突

冲突是个体或群体发觉其他人已经或即将做出与他们自己利益不相符的行动的过程。为了让游戏有趣，必须有一些冲突，要赢得挑战，必须积极地打败对手，看游戏结束时谁是胜者。冲突可以有多种形式，但总体表现为玩家必须克服的挑战。

冲突可能发生的场景、作用的对象会有明显的不同。比如网络游戏里，冲突一般会发生在人与人之间；在单机游戏里，则是玩家和游戏系统或内容产生冲突，比如《数独》游戏，冲突就是系统制造的玩家必须解决的谜题。冲突实际上是玩家的基本游戏体验之一、也是对玩家游戏行为的引导。好比在游戏魔兽争霸3（war3）里面，玩家就是为了对战而对战，而要在这场冲突里面获胜，玩家则需要去经营基地、微操、练级等。

冲突会带来思考和选择，同时也是最能影响玩家心流体验的因素之一。当教师的学习类游戏设计具有冲突作为元素时，应该思考如图6-8所示的问题。

- 根据教师希望让学生学习的东西，什么冲突最合适？冲突应该产生于与其他人的竞争还是所有参与者合作克服的挑战？或者，冲突是否可以是对抗游戏本身的某种挑战？例如：益智游戏中的冲突其实就是解决益智题的挑战。
- 如何表现教师想让学生处理的现实世界的冲突？
- 为了模拟与现实世界的冲突，教师需要什么样的游戏机制？

图6-8　如何设计具有冲突元素的学习类游戏

4　合作与竞争

合作是指不同个体为了共同的目标而协同活动，促使某种既有利于自己，又有利于他人的结果得以实现的行为或意向。竞争则是与合作相对立的概念，指不同个体为同一个目标展开争夺，促使某种只有利于自己的结果得以实现的行为或意向。

合作是和他人一起努力的行为，以达成彼此心仪和利益均沾的结果，比如某背单词APP，运用游戏化思维设置了"组队背单词"玩法，聚集具有相同目标的用户，为完成任务，他们会自发地互相鼓励，互相监督，一起努力背单词。

竞争给予人们一个机会证明自己。它可以是赢得奖励的一种方式，也可以是新的友谊和关系诞生的地方。竞争机制非常重要，它可以有力地推动并保持游戏长期受欢迎。如果一款游戏能够让2名以上的玩家相互竞争，那么这款游戏有可能会比它的平台或者是硬盘驱动器还长寿，《魂斗罗》《超级玛丽》等都是风靡全球的双人游戏。在我们进行游戏化教学时，双人PK也是一种简单易行的游戏形式，尤其是当我们运用技术将双人PK游戏电子化后，效果更佳。例如，在复习"三角形按角分类"这一知识点时，教师利用某白板，设计双人PK游戏，如图6-9所示：找出所有直角三角形。当学生走上讲台，轻触屏幕开始游戏时，竞争开始，两名玩家全情投入游戏中，手舞足蹈，大脑快速运转调取所有学习经验应对游戏中的挑战，这时学生处在最佳学习力、最强专注力的状态，知识内化更迅速，学习情绪被充分调动起来，最后实现"胜利"的状态更让学生获得自我满足感。

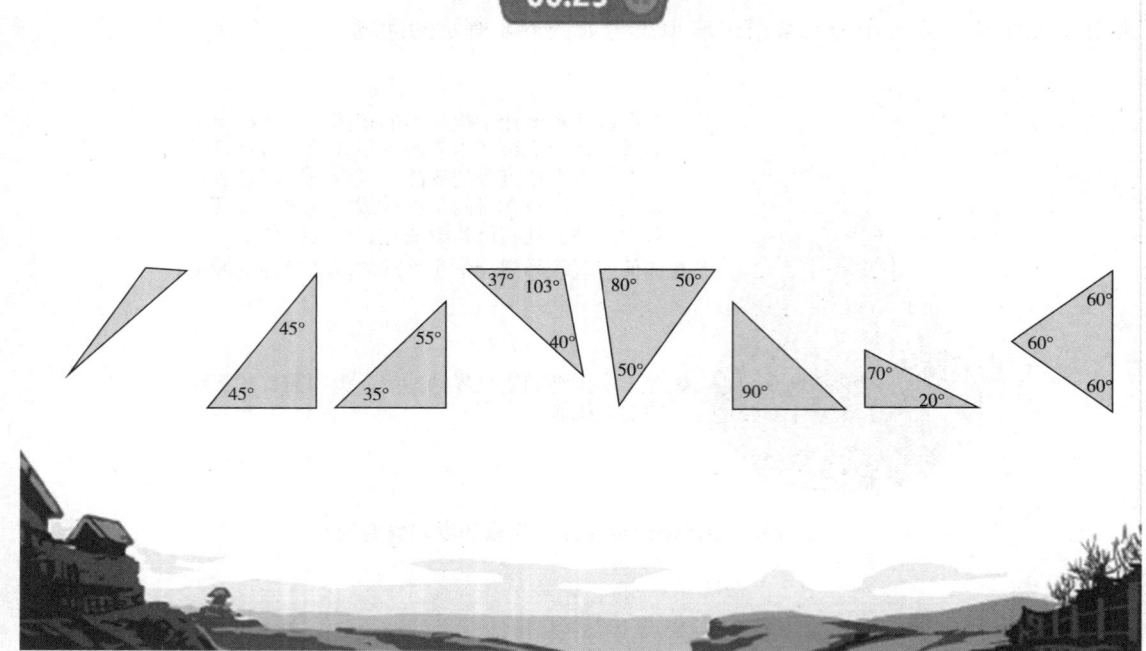

图 6-9 双人 PK 游戏《找出所有直角三角形》

需要提醒的是，对于学习类游戏，以合作为元素通常比纯竞争更好。与其他玩家的直接竞争可能导致玩家失去动力或产生消极反应。相反地，玩家合作克服游戏挑战往往能激励玩家和培养团队精神。在教学游戏中通常是既有小组合作又有组间的竞争。我们可以分别考虑冲突、竞争和合作这三个元素，好的游戏通常是把三者都派上用场。游戏能交叉使用这三种元素，一定能营造出令人恋恋不舍的游戏情境。

当教师设计学习类游戏时，要如图 6-10 所示自我提问。

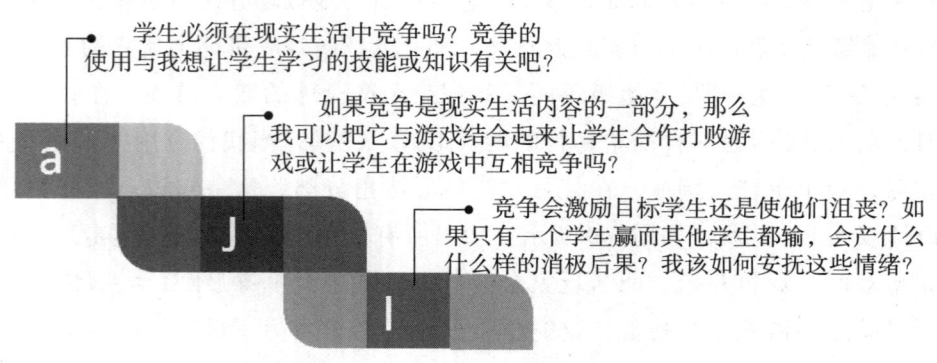

图 6-10 如何设计具有竞争元素的学习类游戏

5 奖励

奖励是一切游戏的重要特征，因此是可见于所有游戏类型的元素，比如证章、积分等。奖励可以让玩家去做一些他们原本并不想做，或者不喜欢做的事情。许多玩家仍然会为了奖励而做一些无趣枯燥的事情，这种让玩家去做违背自己意愿的事情足以证明奖励的威力。奖励是我们进行游戏化教学设计时的重要工具，理解奖励结构如何发挥作用及如何融入游戏是很重要的。

奖励不应该只是心血来潮的产物，而应该富有结构和计划。奖励的形式多种多样，常见的有如图6-11所示的六种奖励设计形式。

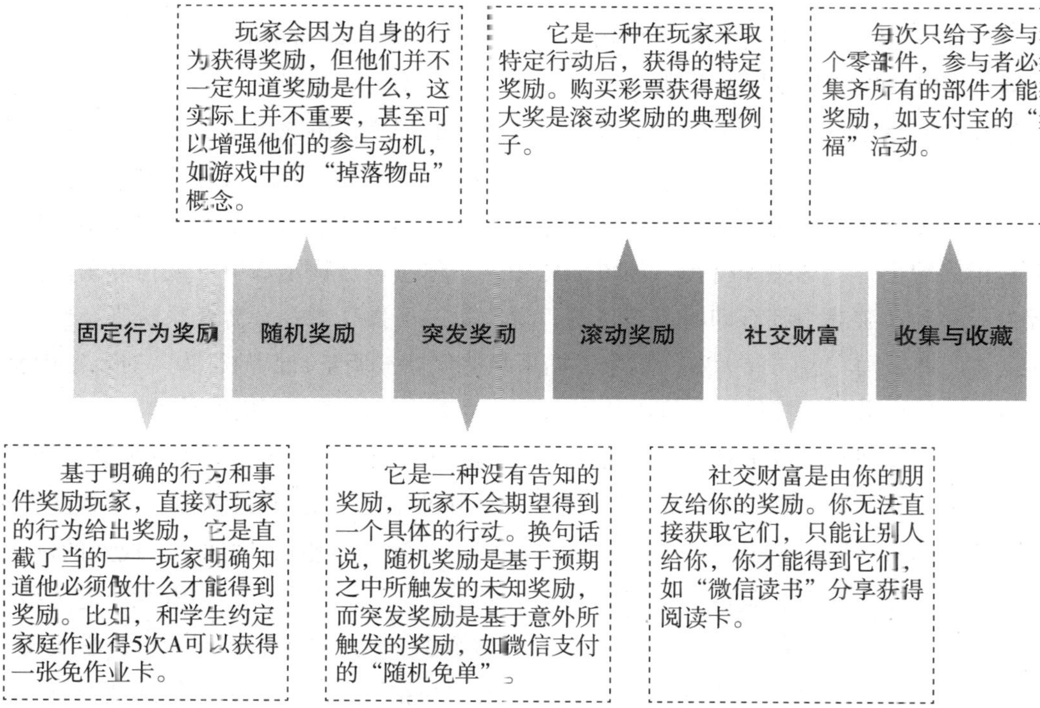

固定行为奖励	随机奖励	突发奖励	滚动奖励	社交财富	收集与收藏
基于明确的行为和事件奖励玩家，直接对玩家的行为给出奖励，它是直截了当的——玩家明确知道他必须做什么才能得到奖励。比如，和学生约定家庭作业得5次A可以获得一张免作业卡。	它是一种没有告知的奖励，玩家不会期望得到一个具体的行动。换句话说，随机奖励是基于预期之中所触发的未知奖励，而突发奖励是基于意外所触发的奖励，如微信支付的"随机免单"。	玩家会因为自身的行为获得奖励，但他们并不一定知道奖励是什么，这实际上并不重要，甚至可以增强他们的参与动机，如游戏中的"掉落物品"概念。	它是一种在玩家采取特定行动后，获得的特定奖励。购买彩票获得超级大奖是滚动奖励的典型例子。	社交财富是由你的朋友给你的奖励。你无法直接获取它们，只能让别人给你，你才能得到它们，如"微信读书"分享获得阅读卡。	每次只给予参与者一个零部件，参与者必须收集齐所有的部件才能获得奖励，如支付宝的"集五福"活动。

图 6-11　六种奖励设计形式

"固定行为奖励"通过建立忠诚和奖励频繁的行动来吸引玩家，这是利用了三个左脑核心驱动——进步与成就感，所有权与拥有感，以及稀缺性与渴望感。除了在"固定行为奖励"中提到的核心驱动力之外，"随机奖励"增加了"未知性与好奇心"，这是一种让玩家感到惊喜和愉悦的好方法。而"突发奖励"不仅利用未知性与好奇心，还利用史诗意义与使命感、所有权与拥有感和创意授权与反馈以及社交影响与关联性。"滚动奖励"也利用了核心驱动力、未知性和好奇心、史诗意义与使命感以及社交影响力与关联性。"社交财富"利用了社交影响与关联性、所有权与拥有感、稀缺性与渴望感，以及一些创意授权与反馈。"收集与收藏"大量利用了所有权与拥有感、稀缺性与渴望感、进步与成就感、损失和避免心理、未知性和好奇心，同时当人们开始进行交易时也激发社交影响力与关联性。

奖赏的时机也很重要，在游戏最初阶段应该尽可能容易地获取它们，这样玩家被吸引且愿意坚持游戏。但不能把积分、排行榜等奖励机制当成游戏本身，过分地关注奖励机制，而不注重游戏真正的核心。比如，想让一个人在阅读方面表现更好，可以设置一些奖励，给钱、积分和勋章等，这样一开始他们进步很快；但是学生如果只关注外在奖励，而不是阅读本身带给他们的乐趣和意义，这个进步很快就会停滞，因为被奖励，阅读就从一个本身就很有趣的事变成了一件为了获得回报的任务，乐趣就大大降低了。

6 反馈

视频游戏、桌面游戏或其他游戏类型相对于传统学习环境的优势就是反馈。游戏中的反馈几乎随处可见。视频游戏中的"可用的命、能量、位置、剩余的时间、库存水平……"都是反馈，实时地反馈与目标的差距。"点数、级别、得分、进度条……"是信息反馈，用来标示游戏中的玩家反应、行为或活动的正确或错误的程度，游戏提供信息，玩家据此采取后续行动。"荣誉证书、奖杯、排行榜……"这些也都是非常不错的反馈机制，玩家希望知道自己的表现如何，更想知道和其他玩家比起来自己的表现如何。学习和游戏中的反馈用来唤起正确的行为、思想和行动。如果你做错了，你应该被提示、引导或指点采取更恰当的行为或举动。游戏中都有即时反馈系统，玩家每一个操作指令，游戏系统都会给一个明确的反馈，如鼓励、惩罚或无效，玩家根据系统的反馈去调整自己的行为。对玩家而言，实时反馈是一种承诺：目标绝对是可以达到的，它给了人们继续玩下去的动力。

但并非所有反馈都可以带来乐趣，它还需要满足一些要素：首先，给予的反馈需即时。每逢反馈时机，设计者力求"多汁效应"（游戏设计师的术语中用来描述有效、令人激动和令人着迷的反馈的词汇是"多汁"。有人曾这样描述"多汁"的感觉，"像一个成熟的桃子，只要与它有过一点点接触，就能产生持续自然的美味享受"）。在我设计的游戏《谜之藏宝图》（图 6-12）中，第一关规定只有按提示找到正确的三把钥匙才能来到古堡，学生每一次选择系统立刻给出反馈："找对了，得到钥匙"或"找错了，之前找到的钥匙便会收回"。这样的游戏反馈能带给学生更高的参与度和紧张感，生怕自己观察不仔细导致先前找到的钥匙被收走。

图 6-12 《谜之藏宝图》第一关"快手夺钥匙"的反馈

其次，给予的反馈要真的能给人带来感觉、体验，而非不痛不痒，即带感。并且给予的反馈"带感程度"得匹配人们的期望。若是低于预期会失落，觉得付出没有回报；若是远远超出预期，会觉得"虚假"，与自身行为并无关系。只有符合或者略微超过大家期望的反馈，才能真的带来"反馈的快乐"。在游戏中，如果玩家因一次极难的挑战而获得了丰厚奖励，要比系统直接送给丰厚奖励能令他快乐得多。

7 故事

故事是游戏的重要元素，对培养学生的高阶能力举足轻重，尽管不是所有的游戏都有背后的叙事情节。讲故事确是教学游戏的精华所在。但是学习行为的发生并不在故事的结果，而在故事展开的过程之中。在游戏中引入故事后，游戏立马变得更有趣和更富有魅力。游戏和叙事的结合能催生出扣人心弦的故事，吸引玩家并助推成长，教育游戏要结合任务导向的故事和游戏的互动元素，来帮助学生思考和参与。在《谜之藏宝图》的游戏中，我们讲述了一个勇士寻宝的故事，让学生专注当前的学习任务。在《博物馆失窃案》中，我们用"千里追凶、真假罪犯、密码之谜"串起了整堂课，学生破案的过程就是学习推理的过程。《捕数警探》通过创设一个好的故事情境：帮助警官抓捕逃脱的数字逃犯，让学生进入到反复枯燥的计算练习中去，学生虽然不断地进行计算练习却依然兴趣盎然，因为学生的行为是他们抓捕逃犯过程中的一部分任务，是一个大型故事的一部分。

总之，"故事"元素赋予游戏关联性和意义，为学生的学习营造了环境。"故事"元素的应用并不复杂，对于具备丰富想象力的小学生而言，有趣的名字配有一些粗简的图形就足以在他们的脑海里构造出扣人心弦的故事。如果在"故事"营造过程中叠加视频游戏，就能催生出互动的故事，吸引学生并助推他们的成长。

8 反复游戏

在游戏中，失败是一种选项，这很有意义。允许失败是以最小的代价来鼓励探索、好奇心和探索导向的学习。在教学游戏中反复游戏更注重的是能满足不同学生的需求，每个学生的学习能力和接受能力是不一样的，有的学生接受知识比较快，有些学生则相对来说比较慢一些，游戏化教学倡导将学习的节奏掌控在学生手中，兼顾每一个学生的学习需求，游戏设计中将反复游戏元素融入，学生可以不断玩、反复玩，直到对所玩内容完全掌握为止，全体学生不是齐步走，成绩不好的同学可以多玩几次，以便他们掌握技能和方法。如图 6-13 所示，《谜之藏宝图》游戏中的最后一关"宝藏密码"就设置了"重来"按钮，用此按钮赋予学生失败的权限，知道总是可以重启游戏，学生就有了自由的感觉，他们可以利用这种自由，反复尝试以探究竟。允许学生反复试错，他们就有机会去探索系列规则、测试假设和记忆哪些方法可行和哪些不行，并在不断的失败中总结经验教训，提升游戏策略。

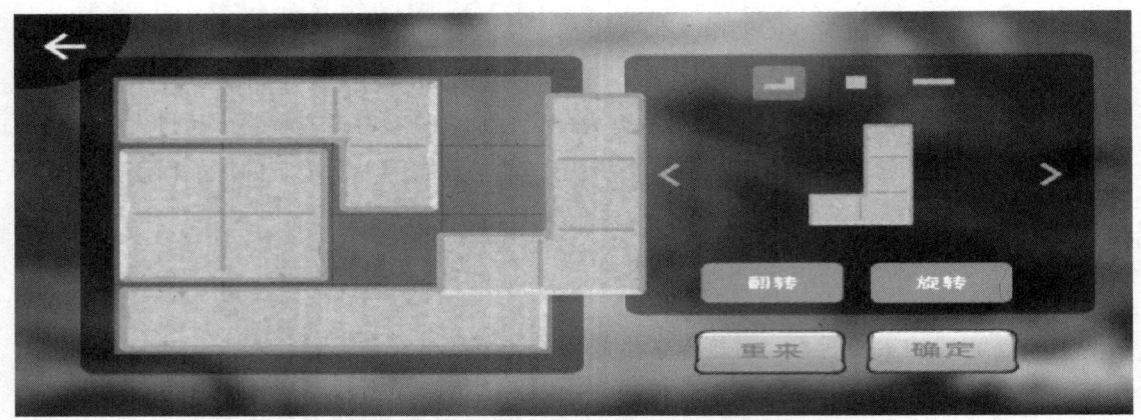

图 6-13 《谜之藏宝图》"重来"按钮

9 计时和音效

　　游戏化并不一定是视频游戏或传统游戏，简单元素的添加一样可以增加基于游戏思维的学习。如计时，当计时条出现在屏幕上方并开始倒计时，学生顿时就感受到了压力，不由自主地加快行动开始通关，这时，简易游戏雏形就出现了。为了让游戏氛围更浓厚，我们还可以在游戏开始时设置"Let's go！"音效，在游戏结束之前增加"滴滴滴"倒计时音效，不要小看这简单的变化，它让学生仿佛置身于游戏场景中，促使学生积极参与游戏过程。最后，在游戏结束后，别忘了来一次"成功的欢呼"音效，就好比《消消乐》游戏中的"amazing"让玩家沉醉其中感觉倍爽一样，"成功"的欢呼也满足了学生对成就感的需求。每个人都是为了证明自己很聪明来到课堂，学生因为完成某项任务得到激励会激发孩子继续挑战闯关的自信心。

　　小游戏大学问，在几年的研究过程中，我们对游戏机制和游戏元素的理解和运用渐入佳境：植入目标，指向数学核心问题，让游戏具有数学味；制定规则，规范课堂管理，让游戏可控；营造冲突，鼓励学生斗志，提高学生能力；倡导合作，通过和伙伴一起努力达成彼此心仪和利益均沾的结果；把控时间，制定合理的奖赏结构，激发学生不断学习的动力；及时反馈，创设适合学生心理特点的情境；反复游戏，允许学生在游戏化学习的过程中犯错……但我们深知这远远不够，要想打造更有效有趣的游戏化学习体验，我们对游戏机制和游戏元素的理解还要加强，将各种游戏元素有机地结合，让它们相互作用，实现最佳的游戏化效果。为了获得教学游戏的设计灵感你可以去尝试玩一些游戏，所玩的游戏可以包括桌面游戏、视频游戏等。在玩游戏的过程中了解游戏教给了自己什么？使用了哪些元素？当我们了解并掌握了所有的游戏元素，我们便可以借助这些元素，启用游戏的思维和方式来展开游戏化教学，相信你再也不会苦恼。

6.3　游戏化学习典型案例评析——空间与图形内容的单元游戏课

游戏,曾经令许多父母谈之色变,深恶痛绝。游戏,是许多人眼中孩子学习的天敌,必绝之而后快。而在游戏化课例《谜之藏宝图》中,学生们竟然都表达出"不愿下课"的心声,听课教师也不愿散会,大家不禁感慨"数学课原来可以这么上!"

这堂别开生面的游戏课,到底隐藏了什么样的奥秘?在《图形的运动》这一单元学习结束后,我们设计了一节空间与图形内容的单元游戏课,一方面教材上关于图形运动的过程是"刻板"的,局限于书中已有的图案,学生无法更好体会图形运动过程中的变化。另一方面,如何运用图形的运动来解释(解决)生活中实际问题是本单元知识点一个重要的综合提升。设计之前首先要确定好目标,目标既要保证数学性又要保证游戏精神,我们希望通过游戏化学习让学生通过观察图形的特征及图形的运动,培养空间想象能力和创新意识。在操作中提高学生观察、分析、比较、推理等能力,锻炼学生的数学思维能力。让学生在技术加持的游戏中感受不一样的数学,培养学生数学学习的兴趣。

接下来我们需要思考一个问题——闯关游戏到底需要啥?它必须考虑关卡之间的联系和指引,必须要有一个重点关,这一关必须是多个路径多个通道通关,还有考虑新元素的加入,最难得是要在教育和有趣之间学会取舍。我想能让人觉得惊艳的游戏,都是细节上的突破。最后要考虑一个大的故事背景,基于以上考虑,一个闯关游戏诞生了。我带来了一场让学生"流连忘返"的数学课。

★ 情境创设

本课虚拟 4 位勇士在古堡历险寻宝,以勇士们运用数学智慧破解机关、战胜神兽、寻得宝箱的探险故事为情境。

第一关:快手夺钥匙。这一关主要是激发学生兴趣,考查学生观察和记忆几何图形的能力。

第二关:炸毁神秘墙。此关卡主要复习平移的知识。

第三关:召唤神兽。此关卡主要考查学生对轴对称图形的理解。

第四关:动物战争。此关卡通过学生的动手操作、进一步理解图形的旋转,培养学生的观察及空间想象能力。

★ 设计说明

(1)本课虚拟 4 位勇士在古堡历险寻宝,以勇士们运用数学智慧破解机关、战胜神兽、寻得宝箱的探险故事为情境。

(2)4 位勇士天赋各异,有擅长推理的,有擅长观察的,也有擅长表达的。

（3）每位勇士手上只拥有1张宝图碎片，只有携手合作，才能开启探险之旅。

（4）只要通关都会获得相应的勇士勋章，凭借最后的勋章才能成功获得宝藏。

★ 教学过程

（1）Let's go!（行动）

情境渲染，如图6-14所示。

图6-14 情境渲染界面

传说在源码大陆的一座古堡里，藏着上万年的远古宝藏，而能够打开宝藏的4块神秘碎片，分别散落在4位勇士手中，他们是编程猫、火焰熊、雷电猴和大黄鸡，只有4人一起合作，才能进入古堡藏宝区。在古堡里有很多机关，用你的智慧破解这些机关，就能激活你手上古老的神秘碎片。使用你们激活过的神秘碎片，放到藏宝区大门的机关上，大门就会向你们打开，现在请选择你们的英雄，分别从4个方向进入古堡，一起开始冒险吧！

第1关：快手夺钥匙。

师：带着藏宝图来到古堡门口，可是古堡的大门却紧闭，藏宝图显示大门的钥匙就藏在如下形状的盒子中。你能在下面的盒子堆中找出这个钥匙盒吗？找到了请赶紧点击钥匙盒在哪里？（学生点击ipad上的图形后翻出钥匙）（课件出示见图6-15所示）

（课件声音）通关提示语：钥匙，钥匙，在哪里，找到我了才过关。

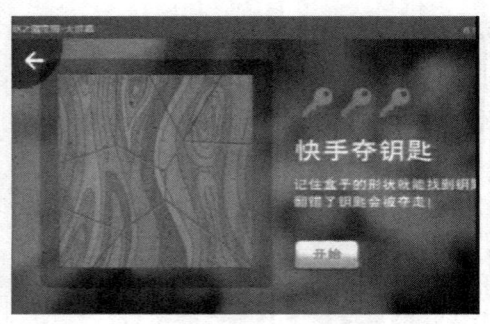 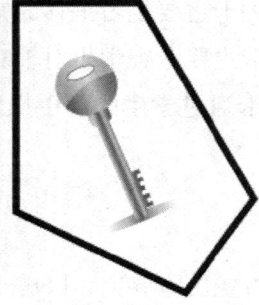 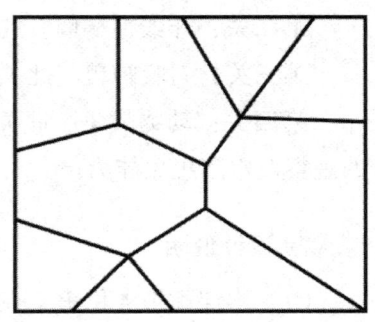

图6-15 快手夺钥匙游戏界面

第六章 游戏化学习——让学习与兴趣、快乐、成长共舞　　131

（动画效果：成功找到三把钥匙，钥匙闪亮，屏幕上出现了第一块勇士勋章：▲）

师：此关卡难度较低，亲爱的同学们，你通关了吗？如果你通关了将获得一块勇士勋章：▲。

师：恭喜你们顺利闯过第一关！接下来真正的探险就要开始了，做好准备了吗？

◉（2）Advance（进阶）

第 2 关：炸毁神秘墙，如图 6-16 所示。

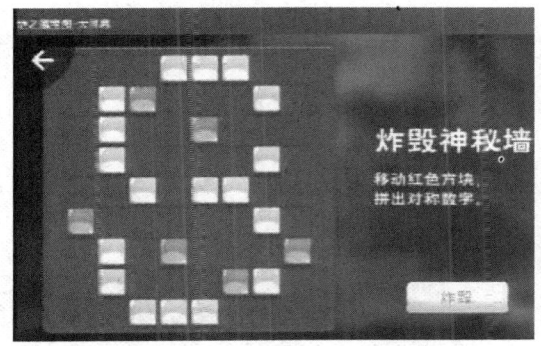
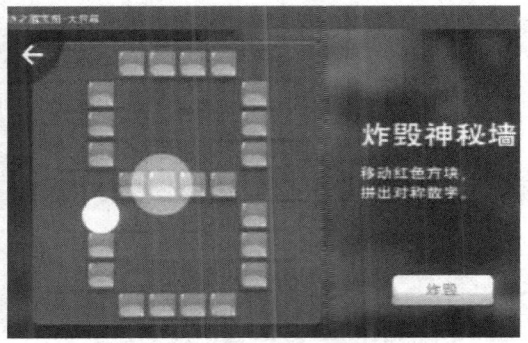

台下学生在平板上操作，学生代表在台上移动红色方块，并说一说红色方块朝哪个方向平移？每次平移几格？

图 6-16　炸毁神秘墙

师：哇，好惊险啊……终于拿到钥匙了，可是眼前却被一面墙堵住了去路，别着急，这是一面神秘墙，要破解神秘墙，先看藏宝图的提示——

通关要求：任意移动红色方块（灰色方块不能移动）到正确位置，按要求拼出图案，炸毁神秘墙。

出示提示语：红色方块推一推，对称数字它是谁。

（动画效果：让学生完成后就点击按钮提交，"轰隆"一声巨响，神秘墙炸毁，道路畅通）

师：此关卡难度较高，亲爱的同学们，你通关了吗？如果你通关了将获得一枚勇士勋章：▼。

第 3 关：召唤神兽，如图 6-17 所示。

学生在台下用平板操纵，学生代表上台操作，并在过程中不断给台下学生抛出问题："这是不是轴对称图形呀"

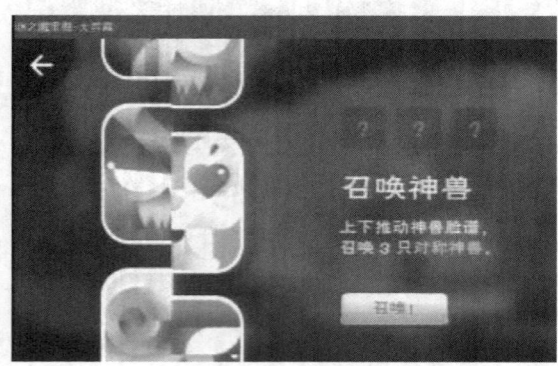 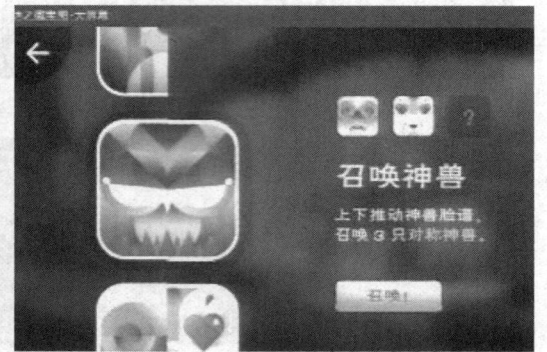

图 6-17　召唤神兽

师：经过了神秘墙，可是眼前却出现守护古堡的怪兽，怕是要过不去啦！不过藏宝图提示选中对称的怪兽脸谱就可以进入古堡，同学们，准备好开始吧！

通关要求：上下拨动两侧图案，成功拼成轴对称图形才能通关（神兽脸谱图案具有迷惑性，其中只有三个图案是轴对称）。

出示提示语：上下移动神兽脸谱，召唤三只对称神兽。

（动画效果：学生成功拼出轴对称图案。点亮三只怪兽脸谱，"轰隆"一声巨响，藏宝间大门打开——）

师：此关卡难度一般，亲爱的同学们，你通关了吗？如果你通关了将获得一枚勋章：▲。

第 4 关：动物战争，如图 6-18 所示。

第六章　游戏化学习——让学习与兴趣、快乐、成长共舞　　133

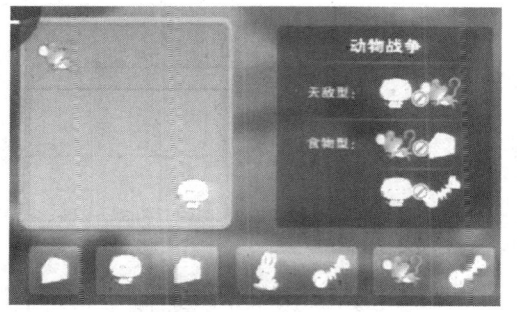

1. 理解规则

天敌型：
猫不能跟老鼠毗邻

食物型：
老鼠不能和芝士毗邻
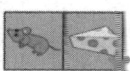

猫不能和鱼毗邻
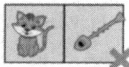

★注意每种动物会和它最喜欢的食物同色喔！

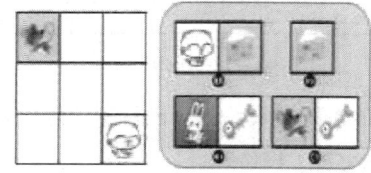

维持动物和平，将动物按照一定规则摆放，才能通关。

2. 小组合作

到底应该先从哪一块拼图开始摆呢？现在请拿出学具和同桌赶紧试一试！（同桌两人一套磁性学具动手操作）

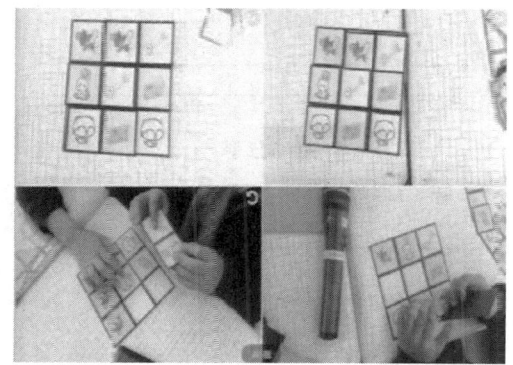

3. 即时投影

教师巡视，并用平板拍照学生作品同投至大屏幕，在大屏幕上针对学生的作品进行展示、纠错。

图 6-18　动物战争

师：经过了千辛万苦，终于来到了藏宝间，可是藏宝间里面发生了动物战争，我们必须维护动物和平，将动物们按一定的规则摆放，才能拿到藏宝箱！

通关要求：动物不能和它们的天敌或者喜爱的食物毗邻而居，让动物们维持和平这样才能拿到藏宝箱。

（动画效果：学生在屏幕上根据自己的作品移动图案，成功拼出轴对称图案。点亮三只怪兽脸谱，"轰隆"一声巨响，藏宝间大门打开——）

师：此关卡难度较大，亲爱的同学们，你通关了吗？如果你通关了将获得两枚勋章：

第 5 关：宝藏密码，如图 6-19 所示。

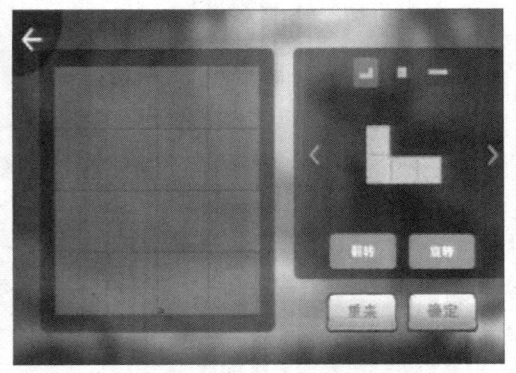
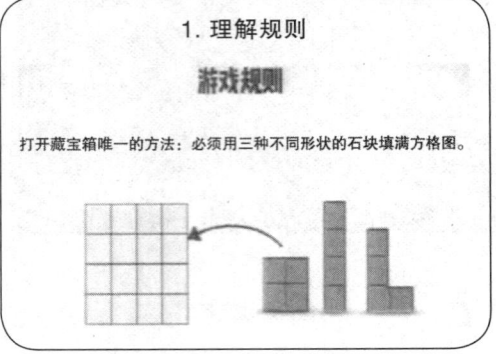

1. 理解规则

游戏规则

打开藏宝箱唯一的方法：必须用三种不同形状的石块填满方格图。

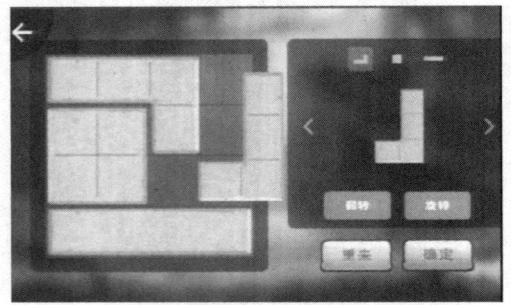

2. 动手操作

学生用学具在台下操作，学生代表上台在屏幕上操作。

3. 策略分享

师：说说你为什么要先放正方形？可以先摆长方形吗？长方形只能摆在哪？

引导学生发现：L 型图形必须要用两次。

4. 分类讨论

师：最多能找到几种拼法？

引导学生发现：原来通过旋转，看起来不一样的实际上是一样的。

图 6-19　宝藏密码

师：我们顺利地拿到了藏宝箱，可是所有的宝藏都被锁在这个密码箱里，打开密码箱的唯一办法是什么呢？

第六章 游戏化学习——让学习与兴趣、快乐、成长共舞

通关要求：用这三种不同形状的石块填满方格图，也就是填满方格图三种形状都要用上，才算过关。

（动画效果：学生在屏幕上移动四连方，成功填满方格图，屏幕出现了最后两个勋章。）

师：此关卡难度较大，亲爱的同学们，你通关了吗？如果你通关了将获得两枚勋章：  。

◉（3）Yeah！

师：密码箱上有这样一个图片 ，请你用刚刚收集的勇士勋章拼出这个钥匙（学生在大屏幕上动手将七个勋章拼成上述钥匙，密码箱打开）。

师：过五关，斩六将，我们终于全部过关。《谜之藏宝图》的游戏到此结束。

📂 **想一想**

孩子们，勇士们，寻宝的历程，充满了挑战，也充满了智慧。今天的课结束了，并不意味着学习就止步了。关于四连方，还有更多有趣的问题等着大家来挑战，大家有信心吗？课后留个探究作业，小勇士们，接受挑战吧！

★ 游戏作业纸

班级：_____ 姓名：_____

◉（1）寻找四连方家族

"四连方"家族有很多兄弟姐妹，课堂上，我们已经认识了田大姐、L小弟和一小妹，想一想，四连方家族还有哪些成员，你能把他们画在下面的方格纸上吗？

(2) 四连方拼拼乐

在下面的方格图隐藏着 4 个不同的四连方宝宝，你能把他们都找出来吗？记得用不同的颜色区分哦！

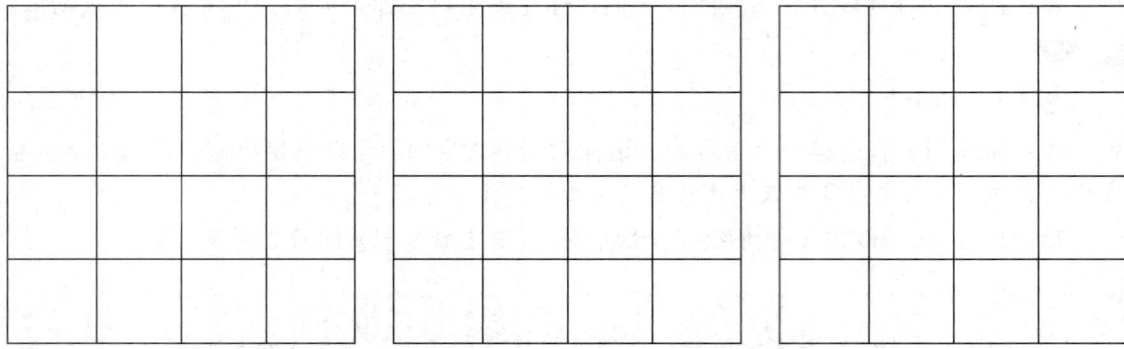

📖 评析

《谜之藏宝图》这节课就是基于人教版二年级第二学期第三单元《图形的运动》这一单元内容，自主开发的一节单元游戏练习课。我们重塑学习方式，采用"技术＋游戏化"的教学手段，借助教育信息技术将数学知识融于游戏中。一方面，本课设计使用的 APP 游戏，为原创的闯关游戏，谜之藏宝图游戏 APP 带来的音效、画面的转变让学生身临其境，学生可以在平板上完整体验图形的运动变化过程。学生不仅觉得好玩、有趣，更不觉得累，让游戏课堂在一直有思考趣味中无形地学习。另一方面，智慧教室平台和即时投影技术让学生的操作结果得到最快速的反馈，便于展示讲解。整个课堂在思维中碰撞思考的火花，"技术＋游戏化"的创造性设计让课堂不失本真，又发展了学生思维。

本课设计使用的 APP 游戏，为原创的闯关游戏，游戏虚拟 4 位勇士在古堡历险寻宝，勇士们运用数学智慧破解机关、战胜神兽、寻得宝箱的探险故事为情境。游戏共有五个环节，在前面三关中，信息技术的辅助使游戏元素恰当地融合在环节当中，有游戏化的故事背景、挑战性的闯关、虚拟的勇士形象化身、控制感、反馈系统，包括画面、音效的出现、神秘性、时间限制、奖励结构……这些重要的游戏元素构成了"勇士寻宝——闯关升级"的游戏机制并与教学深度融合，科幻的学习情境、创意的游戏设计，为学生营造了令人恋恋不舍、心潮澎湃的学习活动。学生完成游戏活动的同时也在完成数学知识的构建，这样的学习，学生的专注度更高，学习兴趣更浓厚，学习效果也更好！

这种课程还有高度的容错能力培养，一方面技术可以最大程度地暴露课程上学生出现的问题，另一方面即使在游戏过程中学生会遇到许多困难，但他们绝不会放弃，会斗志盎然地坚持到底，这就是游戏精神，也是"游戏化"学习的美妙之处。

在最后两个环节，我将线上游戏转移到线下，提供实物，让学生人人动手操作，并在实践操作中提升综合能力开发学生的高阶思维。在游戏学具和投影技术的帮助下，学生完成游戏任务并展示成果,但是,在这里,完成任务并不是我们的终极目标,游戏背后的思考才是我们的关注。"先选什么图形?"不同的取材蕴含着不同的逻辑,"田字型"可摆放在9个不同的位置上,一旦确定了它,"L字型"就只能追随左右,顺藤摸瓜完成任务。"一字型"只能有一处位置,先摆它,剩下两个就比较容易了……从"拼出符合要求的图形"到"拼出尽可能多的图形",从"发现共性与规律"到"应用规律解决问题",学生学会正确地综合地分析信息,从一到多,再发散思维,最后着眼于解决实际问题。

CHAPTER 07

第七章　项目化学习——基于真实情境的知识建构与应用

项目化学习（Project-Based Learning）又称"基于项目的学习"，也就是人们常说的项目式学习。基于真实情景，问题化驱动的项目化学习，近年来在教育领域备受追捧，越来越多的人参与其中。

为什么项目化学习变得如此受欢迎？是因为项目化学习的特点极其契合今天时代发展的潮流，符合人们对教育理想的追求。

7.1 为什么要进行项目化学习

7.1.1 进行项目化学习的原因

创新是时代发展的趋势，创新人才的培养需要从基础教育开始，这必然需要教育的大变革。

昨天的教学方法已不能适应当今时代学生的培养。今天的世界发展要求学生在学习获得比传统的学术知识更多的东西，他们需要学习如何解决问题，创造性地思考，如何在协作团队中工作。他们还需要项目管理的技能。传统的教学往往不能培养学生21世纪所需的技能、思维方式和工作方式，而项目化学习正擅长于此。

项目化学习的本质是：让学生更多掌握自己的学习，获得更多真实的学习成长机会。当学生自己掌握学习后，会发生令人意想不到的事情，如图7-1所示。

项目化学习趋向于"完整的学习过程"。因为"完整的学习过程"就是完整的教育过程，是完整的成长过程，在发展学生的情感、态度、价值观，以及发展学生的思维能力、实践能力和社会能力方面更加有效，教育价值更加丰富。在项目化学习中，围绕学生自己发现或提出的感兴趣的问题所展开学习活动,并对学生的过程和结果进行评价,不仅通过考试,更注重让学生通过应用知识和展示技能来接受评价。[1]

图 7-1 《为学生赋能》中对学生掌控自己学习的阐述[2]

大量实践表明,在这样的学习过程中

- 学生所做的工作比传统的作业更真实,更像是在学校之外的世界里发生的事情。
- 学生往往会表现出高度的主动性和学习热情,学习内容常常是跨学科的,学习方式常常是小组协作式的活动,学习成果的呈现形式是多样的。
- 不是以唯一答案为目的的学习,而是为了解决问题,每个人或每个小组所得到的答案是不确定的,是他们自己思考和实践的个性化产物。
- 学生在学习的过程中深入自主,全情投入。

项目化学习让学生获得 21 世纪所需的技能,最终学生拥有解决问题、批判思考、创新思维、沟通表达、团队协作等未来社会需要的能力,这正是孩子面对充满了不确定的未来

---

[1] DANINEL L. Schwartz, JOHN D. BRANSFORD, A time for telling[J]. Cognition and instruction, 1998, 16 (4): 475-522.

[2] 约翰·珥宾塞,A. J. 朱利安尼. 为学生赋能:当学生自己掌控学习时,会发生什么 [M]. 王晒,董洪远,译. 北京:中国青年出版社,2019.

世界的生存能力、生活能力和工作能力，获得这些能力甚于在传统的考试中取得更好的成绩表现。它是真实的，它吸引了学生的思想和心灵。

一个好的项目可以让学生真正关心如何提高他们的项目质量，因为他们可以超越分数看到真正的目标。今天的学生希望有机会和他们的同龄人使用一切技术。实践中我们发现，教师也喜欢使用项目化学习。所有这些都为变革提供了强有力的论据。

今天的教育要培养未来的人才，各国教育研究者都高度关注学校教育应当培养学生具备哪些关键能力或核心素养，才能使其适应未来的职业与生活。也正是在这样的背景下，我国提出了学生发展的核心素养。而项目化学习的过程与真实的学术研究工作、技术创新工作的职业情境更为接近。面向未来，我们需秉持全人教育理念，创造条件，让学生通过项目化学习等多种方式体验完整的学习过程。完整的学习过程才更加接近生活，这样的教育才能培养出完整的人，培养出适应未来社会的人。

7.1.2　什么是项目化学习课程

著名的美国教育家约翰·杜威（John Dewey）曾经提过一个观点，"在完成一项任务中主动获取的知识，比被动接受的知识更有意义"，这个观点正是项目化学习的核心，如图 7-2 所示。那究竟什么是项目化学习课程呢？我们不妨一起来了解一下。

图 7-2　项目化学习的核心

下面总结一下项目化学习课程的特点，以帮助我们理解它的概念，如图 7-3 所示。

图 7-3　项目化学习的特点

- 以项目（问题）为学习的起点；
- 学生的一切学习内容是以项目为主轴而架构；
- 项目（问题）是学生在未来可能面临的"真实世界"的非结构化的问题，没有固定的解决方法和过程；
- 学习过程以学生为中心，学生要担负主动学习的责任；
- 着重培养学生的批判性思维，解决问题的能力，团队合作能力，以及沟通交流能力；

- 每次项目考察结束或每个课程单元结束时,学生要进行自我评价并接受小组评价,项目完成后公开展示;
- 让孩子发现自己的兴趣,让真正的学习过程得以发生。

7.2 怎样进行项目化学习

7.2.1 去哪里寻找优质的项目点子

现阶段国家义务教育阶段的主要课程类型,分为国家课程、地方课程和校本课程。根据不同的课程性质,项目化学习的定位也有所不同。为此,夏雪梅等人把项目化学习分成三种类型的项目:**活动项目、学科项目、跨学科项目**。[①]

什么是高质量的项目化学习?去哪里去寻找优质的项目点子?不同的项目化学习类型的开展涉及学校的宏观实施和教师课堂的微观实施[②]。

1 活动项目中如何寻找优质点子

(1)学校实施活动项目的项目来源

所谓活动项目,是指帮助学生解决身边日常问题的项目。活动项目与在学校进行的一般活动不同,它包含了本质性问题、驱动型问题、项目成果等项目跟踪的设计要素。

1)学校实施活动项目的主要目标

主要目标是培养学生发现问题、分析问题、解决问题、团队协作、沟通的能力,让学生在项目中关注自我、关注他人、关注社会、关注身边事。

2)学校的实施路径

学校在寻找活动项目时,首先要思考"学校要培养学生具备哪些素养""学校要培养学生具备哪些能力""学校需要学生具备哪些知识"三个方面设计活动项目。其次学校要明确自身的定位、学校已有的特色校本课程,比如有些学校是学生养成教育特色学校,就可以结合德育活动通过班队会课开展活动项目;有些学校坐落在有历史遗迹、地方文化遗产的地方,就可从这些方面切入活动项目。另外,学校会开展各式各样的活动,比如传统节日活动(元宵节和端午节等)、德育教育活动、安全主题活动、学校兴趣小组活动、体育活动、班级团队活动、劳动教育、社区服务、社会实践等许多活动都可以转化和升级为活动项目。

项目可以是学生自己出的问题,也可以是教师补充完善后的活动项目,通过本质问题、

---

① 夏雪梅.项目化学习设计:学习素养视角下的国际与本土实践[M].北京:教育科学出版社,2018.
② 感兴趣的读者可观看网易公开课中《基于项目化学习策略的教学设计》系列。

驱动问题、项目成果等显性项目学习要素，引导学生观察生活、提问、动脑，培养学生创造性思维和灵活解决问题的能力。

（2）教师实施活动项目的项目来源

1）活动项目从哪里来

活动项目来源比较广泛，教师要有生活的敏感性和同理心，要尽可能鼓励学生观察自己的生活和自己周围的世界，在阅读中思考，在实践活动中体验，在参观游览中联系以往的经验产生共情、质疑，提出真实问题的想法。

项目化学习要求教师选择适当灵活的项目类型，为学生设计有意义的现实问题，与学生一起通过有挑战性的项目，建立解决学习困难的学习支持，创建独立和合作学习的环境，提高学生创造性解决问题的能力。

2）教师实施途径

教师可利用班会课、德育相结合的方式，寻找学生在真实生活中了解的真实案例。师生在课堂交流的第一轮使用"头脑风暴法"，让学生快速列出他们的想法，点子越多越好；教师先不用评判学生点子的质量，鼓励学生尽可能多地说出自己的想法。学生在说的过程中，老师可以利用身边的电脑、手机、纸笔等快速记录学生的想法，作为好项目的储备。

第二轮使用"点子碰撞法"，让不同的学生对同学提出的点子进行重新加工，在认可他人观点的基础上加入自己的创意和建议，不断优化项目。

下面这个项目是以调查健康零食来开展的：

项目简介：学生经常在上学或放学途中购买零食，很多零食都是三无商品，却受到小学生的青睐，以这个背景作为项目的开始。

驱动性问题：

项目1：你身边的同学最喜欢购买的零食有哪些？

项目2：调查这些零食的生产厂家、零食成分表。

项目3：儿童身体需要的营养成分有哪些？

项目4：如何选择健康的零食？

（3）学生实施活动项目的项目来源

学生在日常生活中寻找项目的点子，应该从真实生活中急需解决的难题、困境中来设计活动项目，学生可在家长的帮助下列出自己的想法，选择合适的活动开展项目。看看下面这个样例：

项目简介：很多孩子在看牙医时，医生说每次刷牙要刷2分钟，并且如果每个部位都能刷到，可以避免大多数的口腔疾病。但是很多孩子做不到，依据这个驱动问题可以做个活动项目。

例如：为什么会蛀牙？刷牙时间长短对牙齿健康的影响？

能不能设计一款音乐刷牙计时器，可以提醒使用者什么时候从牙齿的一个部位移到另

第七章 项目化学习——基于真实情境的知识建构与应用

一个部位,这些项目都是学生能切身体会到的,并且对学生的牙齿保健有很好的作用。

学生可把一些奇思妙想汇报给老师,老师进行详细评估后利用班会课、德育课进行活动项目的精选、推广和实施。

2 学科项目中如何寻找优质项目点子

学科项目主要集中在一个学科上,必要时可以联系到其他学科。学科项目可以是国家课程的项目实施,也可以是学科活动的拓展,目的是通过运用教学方法改变学生僵化的学习模式,提高国家课程和地方课程的质量。

◉（1）学校实施学科项目的项目来源

学科项目是指学生自主或合作,探究教学中与现实相关的问题的项目。在解决这类真实问题中,学生深刻理解学科的核心知识,在项目中展现学科的核心能力,在成果中体现学科的核心素养。

学科项目的实施主要是从国家课程或者地方课程入手,进行项目单元设计、探究性的学科主题活动、学科探究作业,从学校的一两个学科慢慢蔓延到所有学科。

以下是深圳市新沙小学 2020 年新冠肺炎疫情期间所做的学科项目化学习样例,这个案例结合疫情和语文学科在小学低年级学段学生中开展,分四周进行,每周一个主题,学生通过这个案例关注疫情,关注疫情期间的人,培养学生的家庭责任和社会责任。

项目主题 1：这个寒假与往年有什么不一样？

驱动问题：

这个寒假与往年有哪些不一样？

问题链：

这个寒假与往年寒假有哪些不一样？

项目主题 2：为什么不能出门玩呢？

驱动问题：

为什么不能出门玩呢？

问题链：

1）什么是新冠肺炎？

2）新冠肺炎给我们的生活带来了什么影响？

项目主题 3：在家我们能干些什么呢？

驱动问题：在家我们能干什么呢？

问题链：

1）怎样才能让自己在家的时间变得既健康、有趣又有意义呢？

2）怎样关爱家人？

项目主题4：我心中最敬佩的人是谁？
问题链：
1）哪些人在为抗击新型冠状病毒疫情而努力着？
2）为什么他或他们是你心中最敬佩的人？

（2）教师实施学科项目的项目来源

学科项目的目标是针对国家或者地方课程的课程标准，教师寻找对应的课程标准中学科核心素养对学生的价值和意义。

一方面教师要深入研究吃透教材，理解教材单元之间的逻辑关系，还要站在学科素养的高度上、学校实际情况和学情思考学科项目的设计。因此，教师不要被每节课零碎的知识点所束缚；要设定高目标，利用这些目标来整合细微的知识，建立知识的联系。此外，在教学项目的设计中，基于单元目标，可能需要考虑如何与过去学习的类似目标相关联，以及如何为将来学习类似目标奠定基础。教师不仅要看一册教材，有时还得看整个学段的教材。

（3）学生实施学科项目的项目来源

学生在课堂中的难点、概念混淆的地方或者学科知识点的融会贯通中遇到的困惑等，如果这些可以利用动手实验、虚拟体验等方法加以解决，学生可以联合家长的资源和力量作为学科项目的入项。

3 跨学科项目中如何寻找优质项目点子

跨学科项目是学生合作探究真实世界中的复杂问题的项目。跨学科项目学习涉及两个或以上的学科知识。

（1）学校实施跨学科项目的项目来源

1）学校的实施目标

跨学科项目目标具有综合性、长期性，学生需要具备所跨学科的知识和能力储备，还需要整合不同学科的核心知识、能力和素养来解决现实生活中真实的、复杂的问题。

2）学校的实施途径

跨学科项目比较有挑战性，难点在于教师彼此之间不知道对方学科在教什么内容，学校可以成立不同学科的学习共同体，提供机会让不同学科的教师翻看对方的教材，为跨学科项目的诞生寻找相似点和重合点。跨学科项目可以从学生的真实想法、重大新闻事件和热点、不同学科重叠性比较高的内容和关联、人类历史中永恒的问题等方面进行思考和切入，比如全世界面临的环境污染问题、气候变暖、太空探索问题等。

（2）教师实施跨学科项目的项目来源

教师自己要有跨学科的经验，有兴趣开展跨学科项目研究的教师可以牵头成立交流思想的工作坊，打造无边界的学科工作坊。通过思想交流，教师们会发现一些学科中重叠的地方。比如基于科学、综合实践活动、美术，就会产生跨学科组合。

7.2.2 高质量项目化学习计划的核心要素

项目化学习的共同核心是国家课程标准，强调在运用知识解决真实问题的同时，培养学生的批判性思维、沟通能力和协作能力。因此，高质量的项目化学习计划需具备以下几个核心要素：

1 核心知识和技能

项目注重学生掌握学科标准的核心知识和技能，并培养学习素养，掌握人工智能时代的技能和素养，包括与人沟通、项目管理、批判思维和解决问题的能力、团队合作能力、个人和社会能力以及坚持不懈、敢于冒险的精神。

2 挑战性问题

项目是基于一个真实情境的、有意义的问题，学生在项目过程中需要解决的问题有一定的挑战性，问题的答案是开放的，不是通过互联网一搜索就可以简单地得到答案，项目化学习中的驱动问题鼓励学生从多个维度开展探索，答案不分对错。

【案例】项目学习口如何设计高质量驱动问题

★ **家庭项目化学习案例**

【真实情景】

关于五一假期的出游计划。五一节马上到了，北京父母要带两个孩子（10岁哥哥和8岁妹妹）出游，时间6天，预算1万元左右。

【一般驱动问题】

父母劝说孩子们花三天时间去北京故宫参观学习，利用两天时间制作作品。其中给10岁儿子的驱动问题A：故宫博物院有很多展馆，用英文写篇游记给国外的网友，介绍你最喜欢哪个展馆，并解释你为什么喜欢这个展馆。

给8岁爱好美术的女儿的驱动问题B：故宫博物院的瓷器非常漂亮，你最喜欢哪些色彩？画一幅色彩搭配有国潮风的水彩画，作为家庭客厅展览画。

【可预见的成果】

孩子们选择一个自己感兴趣的展馆，通过参观，加深对故宫的理解，绘制绘画＋文字版旅游日志。

这是一个典型的基于问题的小项目，可以帮助孩子明晰目标、查找相关资料、浏览过程中主动询问导游，并积极记录与及时整理输出展馆的重要细节。10岁儿子写一篇高质量的英文游记（journal）发给美国网友，和网友互相交流促进学习。8岁女儿画一幅色彩斑斓的水彩画或者手机摄影作品，打印并在客厅或书房挂出。

而同样的现实情景,通过设计一个优质的问题,重新加以整合:

【优质驱动问题】

五一节马上到了,家庭成员计划出游,有多重的出游选择。请认真查阅资料,制订家庭出游计划。父母和孩子们充分讨论,确定总的驱动问题:

在五一假期期间,如何充分利用故宫资源,优化自己家庭的环境并培养亲人之间的亲密关系?

【可预见的成果】

如图 7-4 所示。

(可预期的产品)第六天:作品展示、评价与反思

研究报告撰写:《古代科举考试制度的历史变迁与现代数字时代考试的异同?》

旅游摄影+日志上传马蜂窝App:上传故宫图片与文字游记,获取和真实用户的互动、获得经济报酬。

(父母)管理者:如何利用故宫文化打造自己的数字化营销,继而建立个性化IP?

(父母)信息技术老师:如何利用现代技术(编程、deep learning或者VR技术)让传统文化(600岁的故宫)部分展品重新焕发生机?

利用Python,制作国学知识问答小程序

儿童故宫美术作品

玫瑰花饼

制作可调节书架

图 7-4　可预见的成果

第七章 项目化学习——基于真实情境的知识建构与应用

★ 案例解析

虽然一般驱动问题，充分考虑了孩子的需求和爱好，但依旧不是一个上乘的驱动问题。我们仔细分析优质驱动问题设计的项目学习流程和可预期的产品，可以发现，相比于一般驱动问题，**优质驱动问题有以下优势**：

第一，在行前规划阶段，孩子在父母的帮助下充分理解了经济学大概念"投资与消费"。虽然都是花钱，但有些花钱行为（比如去游乐园玩一些重复的项目，买不需要的纪念品，超出基本需求的零食，去已经参观过的景点等），都是消费行为；但是基于未来能得到更高回报的花钱行为（比如提高自己的技能、培养自己的审美、见识等，制作故宫一手出游规划上传××旅游网站或App给他人出行带来参考价值以换取经济报酬等），是能产生复利效应的投资行为。理财是家庭教育非常重要的内容，通过这类项目学习可以很好养成孩子的理财行为与习惯。

第二，充分培养孩子媒体素养（media literacy）和批判性思维（critical thinking）。出行前，孩子们可以通过查阅不同的旅游网站和App（比如携程、马蜂窝蚂游、去哪儿、美团）上的用户评论，搜集不同渠道的信息，查阅"我爱故宫"的数字影像展馆等微信号，查阅故宫博物院的中英文官方网页，查阅知网CNKI、Google scholar等学术网站，学会分析不同媒体的叙述方式与可信度，并形成自己的观点与论证，以此作为出游规划的设计起点，养成很好的媒体素养和批判性思维，为下一步的创造性思维能力打下坚实的基础。

第三，在项目实施过程中，充分借助学科大概念搭建了多向度的探索空间。

（a）**数学大概念**：利用数学中计算、数据可视化、概率等解决现实生活中的具体问题。比如通过查找资料或者基于现象发现新的子问题，故宫的屋顶结构探索。可拓展的研究子问题（故宫中的数学）：**故宫冬天没有暖气靠什么取暖？**

（b）**历史大概念**：紧密把握历史人物、现象及其关系是历史学科的核心概念。在参观故宫的过程中，孩子们可以通过体验动画、声效系统、道具、文字、图片、导览手册等多重方式，置身于科举考试特定时代和特定场景，深刻发掘并理解中国古代考试制度的历史线索、变迁与特征趋势，形成一篇有理有据、表述规范清晰的研究报告。可拓展的子问题：**古代科举考试制度的历史变迁与现代数字时代考试的异同**，如图7-5所示。

（c）**文化、国学、传统文化大概念** 虽然国学、传统文化和文化之间有重合之处，但是文化有其存在的核心概念和核心要件。文化是一个民族、群体或个人生存结构的关系图。其中非常重要的议题是文化的再生、传承与创造性使用。可拓展的子问题：**如何利用现代技术让传统文化（600岁的故宫）部分展品重新焕发生机？**

而"大国学"的概念是对中国文化的客观呈现，对于中华民族的凝聚力和向心力的建设有非常重要的意义。国学是中华民族几千年以来绵延生息创造的文化整体，每一个民族都参与了中华文化的创造；从内容上看，故宫的文学、艺术、建筑、美食、宫廷音乐、书画、花窗、陶瓷、匾额等都是中华文化或者国学的组成部分。可拓展的子问题：如何利用科技，做一个强国潮风格的国画、书法和音乐的营销方案？

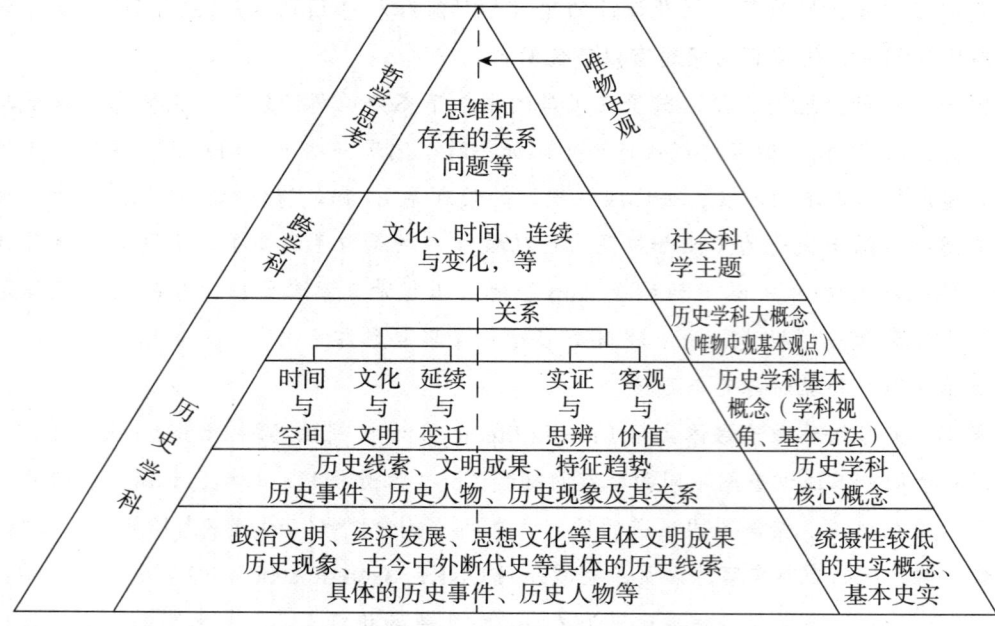

图7-5 古代科举考试制度的历史变迁

（d）语文大概念：母语承担着文化理解与传承的学科功能。现代人的历史感，常常需要重新建立起学习者与本国文化象征之间具体而细微的连接。反复解读文物国宝与自我之间的关系，可以获得美学与知识意义的愉悦，吸纳深藏其中的民族自豪感和国家荣誉感。学习者可以利用计算机信息技术，制作简易App或者小程序，出题范围可以从文学常识、诗词歌赋、"四书五经"，到展览现场墙面、展板等处出现的相关知识，甚至是难度最高的真实殿试试题。可拓展的子问题：**如何利用Python编程和信息技术，制作一个中国传统文化知识考查的简易App？**如图7-6所示。

（e）科学（物理）大概念：物理核心概念有五个：力、运动、牛顿第一定律、牛顿第二定律和牛顿第三定律。其中力学是其核心组成部分，力学中做圆周运动的物体受到向心力的作用，方向始终指向圆心。向心力不是物体实际受到的力，它是物体所受各个力的

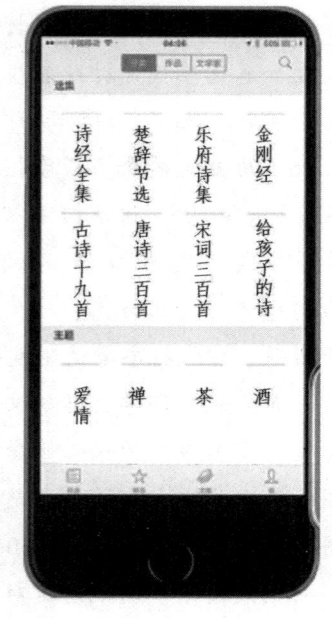

图7-6 一个中国传统文化知识考查的简易App

合力或分力。做圆周运动的物体在运动方向上不受力。可拓展的子问题：**如何利用"故宫为什么百年不倒"的原理设计一个可以拉伸的书架？**如图7-7所示。

（f）**艺术大概念**：艺术中最基本的元素在于培养人对艺术的感受、体验、评价和能动创造的能力。故宫美学可谓博大精深，从故宫建筑、到宫廷音乐、再到名家书画、花窗、匾额、陶瓷等，无一不蕴含着深厚的文化气息，考虑到孩子的年龄，可采用摄影作品和儿童绘画作品的产出方式。可拓展的子问题：**如何利用故宫元素，创作一幅有特色的儿童画，用以家庭客厅装饰画？**如图7-8所示。或者如何拍摄最感兴趣的故宫摄影作品，上传旅游网站，为即将前来的游客写下详细的节日故宫游览攻略？

图7-7　可以拉伸的书架

图7-8　儿童故宫美术作品

（g）**劳动技术大概念**：劳动技术教育是使学生初步掌握基本的劳动技术知识和技能，培养学生正确的劳动观点，形成良好的劳动习惯。家庭中劳动技术能力往往体现一定的节气与时令特色。屈原在《离骚》中有诗云："朝饮木兰之坠露兮，夕餐秋菊之落英。"五月份是我国北方地区玫瑰花开的时节，利用玫瑰（月季等）做玫瑰花酱，继而做"御膳房"佳品的玫瑰花饼。这项活动可以通过动手实践，让孩子理解正统的满汉糕点，了解中国的民俗、节气与时令、饮食南北差异，有关慈禧、张学良等名人与玫瑰花饼的历史渊源等。可拓展的子问题：**如何制作有国潮特色的故宫美食，自家品尝并送给班上的外国朋友？**如图7-9制作的玫瑰花饼。

图 7-9 玫瑰花饼

当然还会有故宫博物学等，但是项目学习中优质问题的第三个特征是**可操作性**，即适可而止，懂得可操作性与选择丰富性之间的平衡，及时划定界限才能少即是多。故宫庞大的文物群为人们的探究与项目学习提供了丰富的宝藏。项目学习的问题驱动需要指向让故宫与人们生活建立起"细致而入微"的生活化联系，采纳中国传统文化中佛教的智慧，"须弥纳于芥子"。

第四，除了各学科内部和跨学科的大概念之外，案例优质驱动问题中的大问题下包含了多个子问题，为学习者提供了多维度的探索空间，这种可操作的设计框架能够导向结果产出的丰富性，如图 7-10 所示的五一假期家庭项目化学习项目。

五一假期家庭PBL项目驱动问题与预期成果

第一天：行前规划

父母跟孩子们利用经济学"投资与消费"的概念充分讨论去哪里，不去哪里？（哪些是消费行为，哪些是投资行为？）

两个孩子利用数学中的计算、数据可视化、概率等学科概念推算出一家出行的费用、时间安排、交通工具选择等。

利用批判性思维和媒体素养，社交媒体评论阅读，专业的学术网站等充分查阅资料、确定项目的家庭出游路线探索问题。

父母和孩子们充分讨论，确定驱动大问题：在五一假期期间，如何充分故宫资源，优化自己家庭的环境并培养亲人之间的亲密关系？

子问题1：故宫中的数学：冬天没有暖气靠什么取暖？
子问题2：历史探究：古代科举考试制度的历史变迁与现代数字时代考试的异同？
子问题3：文化与技术：如何利用现代技术让传统文化（600岁的故宫）部分展品重新焕发生机？
子问题4：国学探究：如何利用科技，做一个强国潮风格的国画、书法和音乐的营销方案？
子问题5：大语文与技术：如何利用Python编程和信息技术，制作一个中国传统文化知识考查的简易App？
子问题6：科学（物理）与工程：如何利用"故宫为什么百年不倒"的原理设计一个可以拉伸的书架？
子问题7：美学：摄影或者绘画：如何把故宫独特之处记录并传递出来跟其他观众分享？
子问题8：劳动技术：如何制作国潮特色的故宫美食？（玫瑰花饼制作）

图 7-10 五一假期家庭项目化学习项目

第五，在项目探究过程中充分调动了家人的沟通合作意识，强化了社会情感教育，这些是能够培养学生高阶思维能力和核心素养的脚手架。如图 7-11 所示，从案例优质驱动问题中我们可以看到可预期的高阶思维能力与核心素养培养：基于实际问题的调研能力；媒体素养、做出对比分析综合的能力；批判性思维能力、创造性思维能力等。

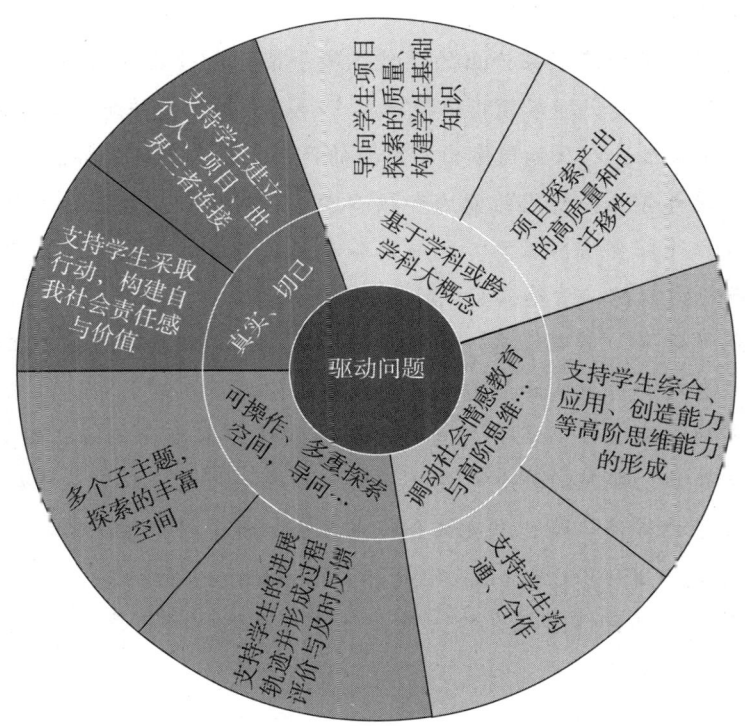

图 7-11　可预期的高阶思维能力与核心素养培养

★ 高质量驱动问题的特征

一个好的问题，是成功实施项目化学习的第一步。从上面同一问题不同的产出结果我们可以看出，优质的驱动问题具备以下四个特征：

（a）**真实与贴己性**：只有基于学习者经验、认知水平和真实的生活情景的问题，才是真正能引发学习者投入（engagement）的问题。但往往由于学习者年龄和经验的有限性，难以提炼到学科大概念的高度。因此和一些项目学习倡导者认为"让孩子自己提出真实问题"有所不同，真正优质的问题是基于学习者真实和贴己的真实情景问题，但往往需要教师和家长等帮忙提炼。

（b）**基于大概念的多向度探索**：大概念（Big Ideas）也被称为核心观念、核心概念等。菲利普·菲尼克斯（P. Phenix）称为"代表性概念"，林恩埃里克森（Lynn Erickson）称为"大观念"。温·哈伦（W. Harlen）对"大概念"进行了界定，认为：大概念集中体现了学科的核心要素与要素之间的关联。大概念具有概括性、普遍性、永恒性、抽象性,是学科结构的骨架,有助于协助学习者在新的场景中迁移。大概念可以分为"跨学科大概念"和"学科大概念",都具有广泛的适用性和解释力。因为大概念具有强大的解释力和可迁移性。因此,可以帮助学习者搭建多向度的探索空间,这才是项目学习优质驱动问题最核心的要素。

(c)能搭建通向多维度产品产出的操作性脚手架:通过驱动问题激发学习者的内在动力且具有可操作性,能提纲挈领指出持续思考和探索的方向并能导向探究结果的生成;导向产品产出的丰富性,以及如何做出高质量的产品,丰富产品的样态。

(d)能搭建培养学生高阶思维能力和核心素养的脚手架:在探究过程中能充分调动学习者的沟通合作等社会情感教育。优质的驱动问题能够让学生在项目实施过程中,培养学生高阶思维能力与核心素养,实现社会情感教育。

好的驱动问题起着"借假修真"的脚手架功效,借助项目学习这个工具,提升参与者(教者和学习者双向)真实的能力和素养。驱动问题要实现其中一点或者两点特征并不难,但是要同时达到上述四点并不是件容易的事情。需要设计者具备多方面的素养:根植于对现实问题真切观照的社会责任感;对学科知识、跨学科知识中核心概念的创造性应用;对人文精神与科学精神以及社会研究方法、科学研究方法的熟练掌握;对教育教学方法,尤其是PCK(Pedagogical Content Knowledge)的谙熟;对课程设计理念与思维的应用;对学生社会情感教育的关照。而这些能力之间也并非散开,而是有层级,可习得,有工具,可依循。

3 主动持续探究

优秀的项目首先要利用学生目前已有的知识,来源于学生的想法,把项目交到学生手上时要吸引学生的注意力,激发好奇心,培养学生持久探究项目的能力。

4 真实学习

项目要基于真实的情境,与学生关心的问题紧密相连,以复杂而非常有趣的真实场景来引发学生兴趣。只有当知识、方法置于与现实问题和学生学习兴趣相关的情境中,才能更容易激发学习者的内驱力。

5 自主权利

项目化学习强调以项目为驱动,以学生为中心,教师要把掌控权交给学生,只是担任协助者和引导者,以及问题的咨询者,学生可以自主选择项目,在发现及解决问题的过程中进行自主探究和决策。

第七章 项目化学习——基于真实情境的知识建构与应用

▌6 重视学生的反馈和分享

教师要重视学生对项目的反馈，及时听取其他人的建议。

▌7 及时复盘和修正

鼓励学生不断地复盘，不断修订、更新、迭代作品。

▌8 公开展示

项目结束，把学生的作品公开展示，并聘请专家评审，这样能更好地体现学生能力的发展，证明自己和团队成员的成长。

7.2.3 如何制订项目日程表

项目化学习项目为学生提供机会并建立一些品质（主要包括：解决问题的能力、责任感、和其他队友和谐地交流和工作、独立完成任务、批判性的思考能力、自信、时间管理和高效地工作），以及学会更深入地学习传统的知识，并理解如何将其用于现实的生活中。为了更高效地完成项目内容，秉要执本，教育学生成为时间的有效管理者，是项目的首要目标。⊖

★ 项目节点规划

项目实施需要整体思考项目的节点。节点的实施使得项目学习的过程更加清晰充实，意味着项目的进展，也意味着项目的反馈和评估。项目节点有连贯项目、评估检测的作用，让管理者和学生都能清楚项目的关键走向，并不时停下来反思已经走过的历程，展望未来需要完成的工作，检测项目目标的达成。

关于项目节点的规划有以下 2 种方式：

◉（1）按时间分配——项目叙述板

首先，根据项目的类型，规划整个项目所需要的大概时间，活动项目时间相对较短（大概一周），跨学科项目时间相对较长（大概一个月），具体时间根据具体项目而定。

如图 7-12 所示，项目故事板，大概把项目分为三个时间段，以项目阶段式叙述为主，简单易懂，且显现了项目内在的思路，让学生更清楚项目的任务和评价，明确在规定的时间内完成项目任务，且师生进行共同的项目管理，适合初步实施项目化学习的师生。

⊖ 夏雪梅. 项目化学习的实施：学习素养视角下的中国建构 [M]. 北京：教育科学出版社，2020.

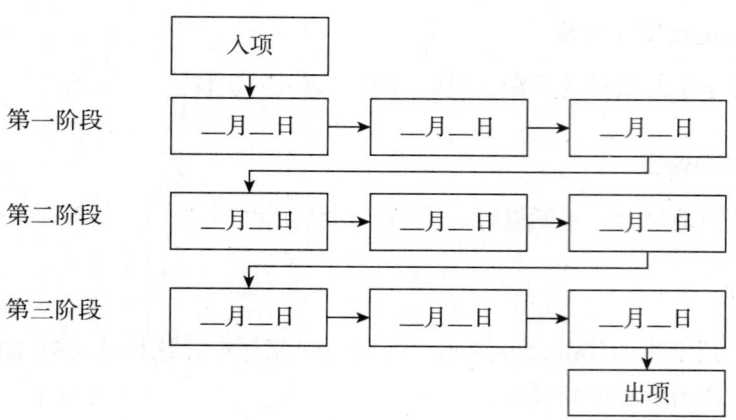

图 7-12　按时间分配——项目叙述板

● （2）按内容分配——项目里程碑

入项阶段，引导学生提出项目驱动性问题，设计大致的流程图（图 7-13），以可视化的方式呈现，表示事情发展的顺序。这可以帮助学生有逻辑地思考探索，以项目里程碑的形式呈现，也可以在了解项目进程的同时，增强学生的成就感。

图 7-13　项目流程图

根据项目流程图，让学生有条理地完成每一个任务，形成自己的项目里程碑。如图 7-14 所示，在每一个里程碑中，记录学生的关键问题/子问题，每一个里程碑节点，教师应进行形成性评价，并适当指引学生进行下一步任务规划。最终完成任务，形成总结性评价。

项目名称：				学科： 项目负责人：				
驱动性问题：								
项目里程碑1	项目里程碑2	项目里程碑3	项目里程碑4	项目里程碑5	项目里程碑6	项目里程碑7	项目里程碑8
入项	完成流程图第 1 步	完成流程图第……步	完成流程图第……步	完成流程图第……步	完成流程图第……步	完成流程图第……步	完成流程图第 N 步	出项
关键问题/子问题	关键问题/子问题	关键问题/子问题	关键问题/子问题	关键问题/子问题	关键问题/子问题	关键问题/子问题	关键问题/子问题
形成性评价1	形成性评价2	形成性评价3	形成性评价4	形成性评价5	形成性评价6	形成性评价7	总结性评价

图 7-14　按内容分配——项目里程碑

7.2.4 项目的管理与评价

项目的管理者主要包括学校层级、教师层级和学生层级。项目的分类主要有活动项目、学科项目和跨学科项目。不同层级的管理者根据不同项目的特点进行分制管理，是提高项目效果的关键。

1 学校层级的管理

（1）活动项目

重点目标：让学生探索解决日常生活中真实的问题。活动项目的目标在于对学生发现问题、分析解决问题、交流沟通和创造性思考等学习素养的培养。活动项目不以获取学科知识为主要目标，强调学生自主运用以往所学的知识或搜索相关信息创造性地解决问题。

主要特点：几乎所有的学校都可以开展，尤其是重视探究类活动、校本课程较为丰富且有特色的学校。因此，在课程实质、实施与评价等方面，此项目都有很大的施展空间，尊重学生的兴趣，体现真实问题的导向和创新创意。

开展途径：学校需要宏观把握，对全体学生进行分年级分配项目任务，如图7-15所示。

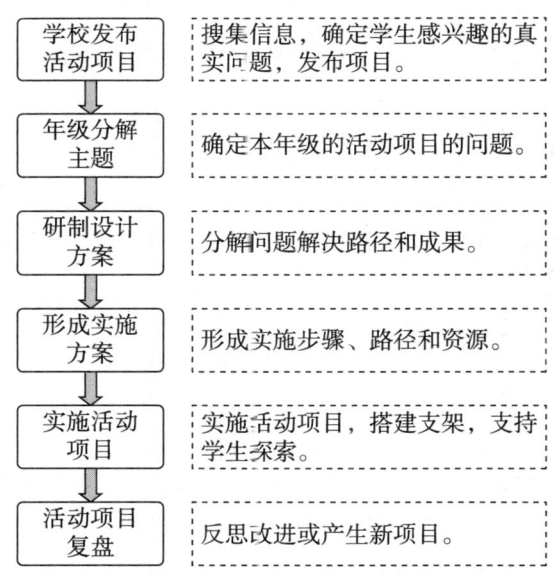

图 7-15 学校层级的活动项目开展实施路径

学校在整个活动项目的管理中，需要考虑以下问题：

活动项目容易与国家课程割裂，因此在其中，如何衡量学生的成长，"学生在活动中到底获得了什么？"是学校层面需要把握的，项目获得需要纳入反思，以增强学生在活动中的获得。

（2）学科项目

重点目标：让学生自主或合作探索学科中涉及与真实情景有关问题的项目。在解决此类真实问题中，学生深度理解学科的核心知识，在项目实施过程中体现学科关键能力，在最终成果展示中体现学科核心素养。学科项目的目标要基于国家的学科课程标准，寻找对应标准中的核心知识与能力。

主要特点：学科项目主要是在相应的学科中展开，其产生于学科与真实世界的交织。从课程标准的层面上说，很多学科的概念和关键能力都源于真实情境并需要在真实情境中深化理解，需要实践、动手实验。从课时上讲，一般不建议为了某一个学科项目的实施大量地额外增加课时，可以适当调整与这一项目临近的班会、综合实践课程、校本课程等。

开展途径：学校可以基于校情选择1~2个学科来设计学科项目，梳理该学科中比较核心的能力单元和知识内容，如图7-16所示。

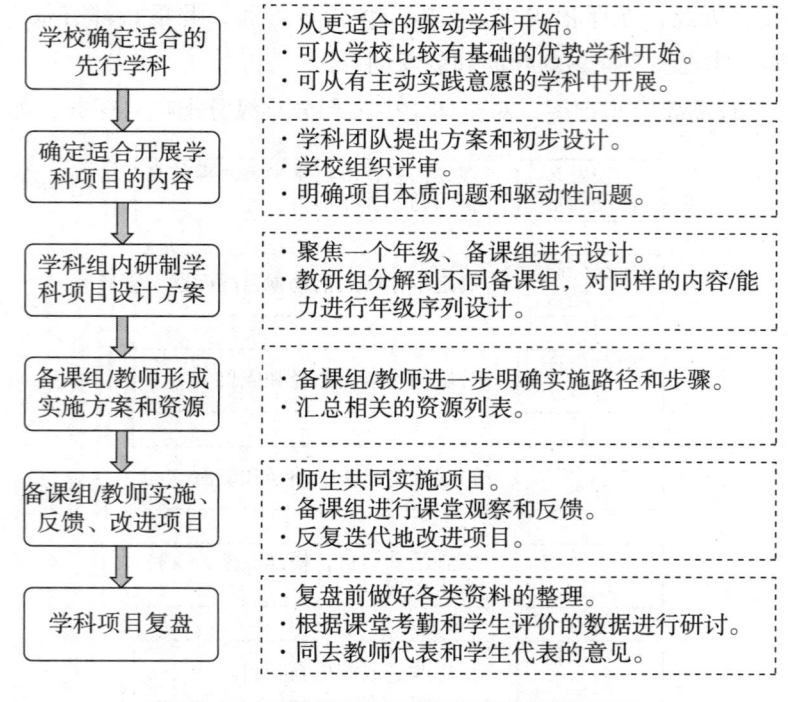

图 7-16 学校层级的学科项目开展实施路径

例如：从学科角度出发，科学学科，可以选择有明显项目成果特征的内容单元；语文学科，小学阶段可以选择一些主题比较明确、文本更加清晰的单元，比如童话创作等；数学学科，可以选择统计类、几何图像的运用等单元；艺术学科，可以从鉴赏单元、输出性的单元切入，比如艺术鉴赏和创作等。

学校管理从设计项目开始，以"以终为始"的原则，设计学科项目成果和过程的评价量规，考虑如何设计可以体现学生对该学科核心知识和能力的把握。然后在驱动性问题下展开探究和学习。

在日常教学中，学校督促教师关注学生能力的培养，主要包括提出问题、合作与交流、倾听与表达等学习素养，为学科项目开展奠定基础。

学校在整个学科项目的管理中，需要考虑以下问题：首先，学科项目涉及教与学的深水区；其次，学校需要系统梳理学科知识体系；再次，学校管理制度的相应调整也有利于保证学科项目的开展。具体管理问题见图 7-17。

学校在学科项目管理上应考虑的关键问题

考虑如何让一个教师从按部就班进行一堂课的讲授到基于单元和问题建构的项目；要让教师习惯从一道道题转变为驱动性问题，引发学生的思考、问题界定，形成问题链，引导学生主动思考和探索。

在基于单元涉及学科项目时，厘清单元的知识架构，提炼出单元关键能力和核心知识，并"以始为终"的设计本质问题和驱动性问题；适当调整学科单元、单元内的教学内容顺序；对教学内容进行适当的压缩和补充，可以补充一些微视频、文本阅读等资料。

例如课时、绩效、教研、专业发展等一系列的保障。需要给予教师更多的专业支持，包括备课、教研制度、时间上的支持和保障。学校也需要给予参与项目化学习取得一定创新突破的教师给予支持和鼓励，激发教师探索的积极性和创造性；学校层面的学科项目需要形成一定的反思复盘，迭代优化，以形成高质量的国家课程实施资源。

图 7-17　学校在学科项目管理上应考虑的关键问题

（3）跨学科项目

跨学科项目是学生合作探究真实世界中复杂问题的项目，指向真实学习的泛在性以及学科之间的不可分割性。

重点目标：跨学科项目的目标具有综合性。学生需要整合不同的学科知识与方法，解决复杂而真实的问题。跨学科项目的目标往往还需要体现对人类、世界所面临的真实问题的关怀和责任。

主要特点：跨学科项目内容丰富，是一个非常综合的问题，需要不同的项目小组选取不同的视角，综合运用科学、生物、地理等跨学科的知识和技能，以系统的方法加以研究和解决。

开展途径：如图 7-18 所示。

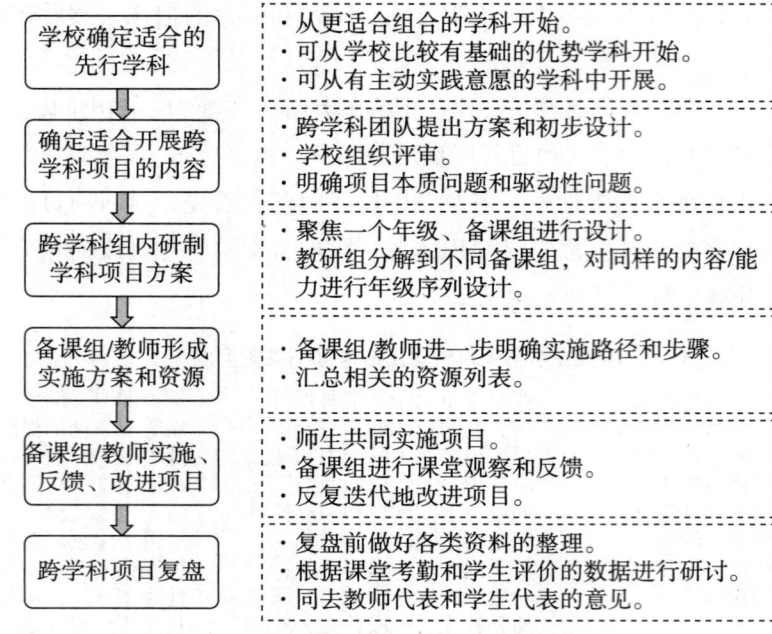

图 7-18　学校层级的跨学科项目开展实施路径

学校在整个跨学科项目的管理中，需要考虑以下问题：首先，考虑跨学科项目涉及周期比较长的问题；其次，学校需要组织跨组教研活动的开展，要对核心学科有深入的理解。具体管理问题见图 7-19。

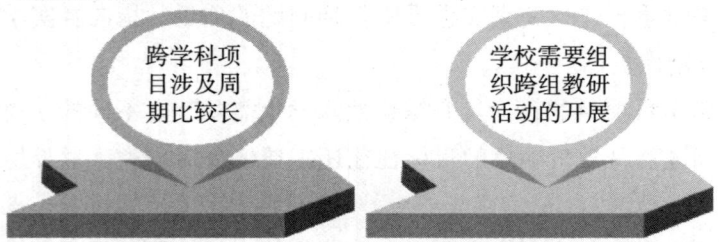

图 7-19　学校在跨学科项目管理上应考虑的关键问题

2 教师层级的管理

教师是整个项目的实施者，也是重要管理者。

虽然三类项目各有特点，复杂性的差异也较大，实施样态也不太相同，但就流程而言，

第七章 项目化学习——基于真实情境的知识建构与应用

都需要经历从"入项—探索—出项—展示"的基本阶段。就项目管理和评价而言，以教师层级的视角，提出每一个阶段的管理实施要点。

首先，在项目实施前，教师需要对项目进行核查。此步骤是之后对项目有效管理的关键。

①做好项目计划书，并听取其他专家和代表学生的意见；
②有项目实施的课时计划；
③对每一个项目节点的核查点都一清二楚；
④对每个阶段的评价内容清晰明了；
⑤对学生的分组以及组长情况一清二楚；
⑥准备相关的资源：包括项目实施场地、外部人员支持、必要的 PPT、视频等资料；
⑦学习过程中的学习支架以支持学生的差异性学习；
⑧留出最终项目成果展示的场地。

入项管理：入项是为了让学生很好地进入到问题解决的情境中。

教师需要对项目进行初步的审核，以做到让学生产生解决驱动性问题的强烈意愿，让学生觉得项目有体验感和真实感，让学生有认知上的冲突；其次，让学生有探索的空间，学生会有"有效失败"，之后对项目有深入和持久的探索；最后，项目本身需要与学生建立联系，尽量设计学生可以体验和感受的活动。

项目实施过程中：采取一定的学习支架。所谓"支架"，是罗伯特·塞钦斯·伍德沃斯（R. S. Woodworth）等将该术语从建筑领域引入教育领域。[1] 并不是所有的材料和学习单都是学习支架，学习支架是学生在完成"具有一定挑战性任务"时，自己经过努力仍然不能解决问题时，教师所给予的支持。因此"教师的有时机的指导和讲述"才可以称之为"学习支架"，如图 7-20 所示。

学习类型	核心知识	认知策略	学科能力	学习素养	资源
学习支架类型	概念支架	元认知支架	科学实践支架	学习实践支架	资源支架
学习支架形式	提问、学习单、概念图、范例、微课、核心知识评价表。	问题解决流程图、矩阵分析、维恩图、时间线等。	工程实践模型、实验流程、实验报告写作量规。	创新性思维、批判性思维、探究性合作规则等。	网址、视频、搜索引擎、辅助阅读材料、新技术工具等。

图 7-20 项目化学习的学习支架类型和形式

---

[1] J C WINNIPS. Scaffolding by design: A model for www-based learner support[M]. Enschede: Universiteit Twente, 2001.

3 学生/家长层级的管理

学生在实施项目化学习之前，应有一定的准备。项目的实施过程，是一个给学生赋能的过程，学生是整个项目的中心，需要学生自己承担起学习的责任，发现自身的长处，并学会沟通交流，思考学习，学会分析问题，并查找资料解决问题。经过几次项目化学习之后，学生可以自如地组建团队，进行分工，做好项目管理。

◉（1）认知准备

- 学生对项目化学习的认识、理解，对项目的主题以及实施过程中自己承担责任和任务的管理；
- 学生需要了解项目化学习是一个探究式学习，需要自主提问，并解决问题；
- 整个项目的目的是为了解决一个实际的问题；
- 项目的整个过程需要学生有一定的生活相关的经验，并学会查找资料解决问题。

◉（2）情感准备

- 学生需要对整个项目的实施有好奇感；
- 对整个项目需要有热情；
- 对整个项目有认同感；
- 做好承受失败的准备并具有反思的能力。

◉（3）行为准备

- 学生需要学会与他人合作沟通；
- 学会进行项目的时间和内容上的管理；
- 学会有一些基本的体验和认知；
- 学会搜索资料。

同时，在强调"家校合育"的教育背景下，家长应适时地参与到项目中，促进孩子进一步成长。

4 项目评估

"评价和评估是对目标实现情况的判断，基于可衡量的标准和证据"。当我们评判一个人的表现时，传统上我们称之为"assessment（评价）"。当我们判断一个程序的性能、学校、公司或机构时，传统上我们称之为"evaluation（评估）"。

评价主要有形成性评价与终结性评价两类，如图 7-21 所示。

形成性评价和终结性评价的明显区别是，终结性评价用于最终项目成果的整体判断，而形成性评价关注项目实施过程中短期收集和使用证据来指导学习，主要是在日常教学实践中进行。

在项目成果和实施项目的过程中，教师通常更加关注项目实施过程，对于这些过程来说，形成性评价是最有用和最合适的工具。科学已有验证，形成性评价的有效使用有助于形成优质的终结性评价。在项目实施过程中，有效的形成性评价量表对于学生创新性思维和知识架构的构建至关重要。

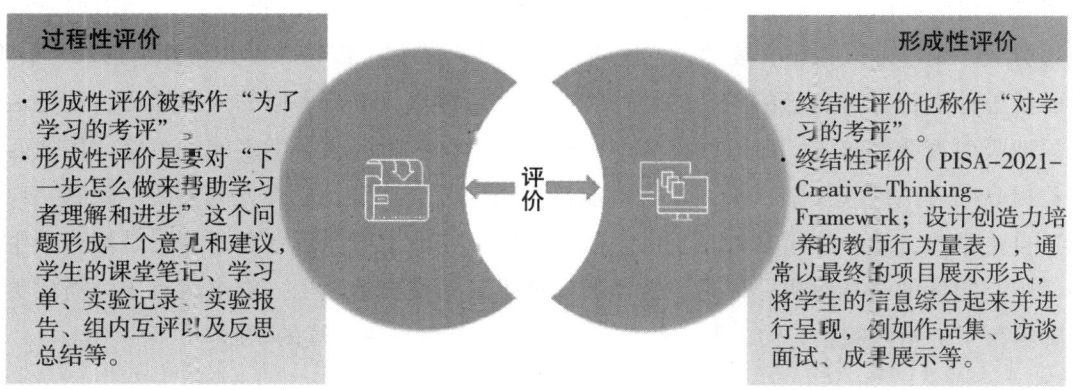

图 7-21　评价的分类及特征

- **在形成性评价中，创新性思维评价方面的量表工具**：经典的创造性思维测量包括测量发散性思维的托兰斯创造力测验（Torrance Tests of Creative Thinking，TTCT）、测量重组思维的远距离联想测验（Remote Associates Test，RAT）等。
- **在终结性评价中，创新性思维评价方面的量表工具**：同感评估技术（主观评价法）CAT，关注产品和专家评价。

7.3　项目化学习典型案例评析——用人物玩转绘本

六年级英语绘本阅读《堂吉诃德》

深圳市福田区荔园外国语小学科学教研组　陈敏

新冠肺炎疫情当前，学生的学习方式发生转变，同时也要求我们老师的教学方式发生改变。学校制订了"家庭项目化学习"的主题教学模式。在学校的教学方针指导下，我们英语学科结合学生学习兴趣、爱好、能力等因素，决定以"经典名著评析"为家庭项目化自主学习的主体，旨在让学生感受多元文化的同时，培养正确的价值观，丰富情感，增强体验。○

○ 王长纯，曹运耕，王晓华. 学科教育学概论 [M]. 北京：首都师范大学出版社，2000.

1 缘起

平时在课堂上，总有这样的孩子，偷着阅读，时不时发出笑声，翻看孩子们的书一看，大多是母语阅读内容，真是让英语老师又爱又恨。绘本里的故事曲折离奇，人物性格鲜明，机智勇敢，乐于助人，正义凛然，向往自由……如：哈利·波特、堂吉诃德、汤姆·索亚、爱丽丝等他们都有着自己的独特的性格特质、生活背景、丰富多彩的人生经历，正是这些深深地吸引着我的孩子。所以，提高学生英语的阅读能力，教会学生阅读策略，使之匹配日益提高的母语阅读认知水平，让学生能自主阅读英文故事，显得尤为重要。家庭"项目化"自主学习，给予学生足够自主的空间和时间，完成学习项目任务，这正是培养学生静心、用心阅读的最佳时机。但是，这样的阅读不是随便交给学生一本书就行了，需要英语老师给孩子们指明阅读方向，并交给孩子一把开启英语自主阅读的钥匙。

2 巧思

小学阶段的学生处在"认识自我、了解他人、与人交往"的社交启蒙阶段，对活灵活现的"人"最感兴趣。听一听，孩子们每每说到、演到这些故事里的人物，总是滔滔不绝、神采飞扬。他们喜欢这些性格迥然、个性鲜明的人物。对人物性格的感知和体会用条框式的教授是无法实现的。在反复阅读故事中，教师最大限度地帮助孩子了解人间真善美；以阅读故事为基础，设计学生喜欢的项目任务；启发学生自主制订阅读计划，并引导和督促学生实施项目计划，完成项目学习内容。六年级孩子需要完成《堂吉诃德》故事的阅读任务。那么设计什么项目内容呢？基于孩子们喜欢表演、喜欢说英语的特点，我们设计项目任务必须有趣味性，有可操作性。通过一连串有趣的子项目任务，完成泛读到精读的过渡，完成人物的品读过程，并学会关注故事中的人物特性、人物间的逻辑关系等，理清故事中事件的内在联系，从而读懂、读透整本故事，最后完成总的项目任务。最终使学生思维层次从第一层"知识、记忆"层面，逐步过渡到"分析、理解"层面，最后到"应用、创新"层面，诱发学生自己的思考，从而达到对学生思维提高的逐步训练、逐层深入的过程[1]。

3 探索

我们的课程实施主要通过以下几个方面来实施。

（1）选定项目

教学活动开展之前，我们了解到"堂吉诃德"时代是没有骑士的，因此主人翁幻想自己是在骑士年代，因此我们以"穿越时空"为题材，帮他满足自己的愿望，提供时代背景支持，先抛出"穿越记：您穿越了时空，变成堂吉诃德，国王要招聘骑士，判断您是否适合当骑士，并录制一个视频"的主题。这一主题贴近学生生活，能激发学习探究热情。

---

[1] 珍妮弗·塞拉瓦洛. 美国学生阅读技能训练 [M]. 刘静，高婧娴，译. 北京：北京科学技术出版社，2018.

第七章 项目化学习——基于真实情境的知识建构与应用

（2）制订计划

围绕故事《堂吉诃德》，从英语文学方面，我们需要了解"堂吉诃德"时代是没有骑士的，因此主人翁幻想自己是骑士年代。因此我们以"穿越时空"为题材，帮他满足自己的愿望，提供时代背景支持；从哲学角度，"如何利用有限的资料，进行客观的判断？"这需要整合哲学辩证论的知识；从美术角度，那个时代背景会是怎么样的一幅图样，"如何制作简历版面、视频背景？"这些需要美术知识，孩子们可以查找资料，通过阅读理解资料，自己创作录制视频的背景。那么"骑士的装束是怎么样的？配饰又是什么？"这都是美术学科需要理解的。做出判断之后，学生录制视频，这需要摄影、音乐配音、电脑剪接的方面的学科知识进行辅助完成"如何录制一个高质量视频"。基于以上分析，《堂吉诃德》这本故事书选择的是删减版，内容不多，难度不大。我们计划安排7个课时，见表7-1。

表7-1 《堂吉诃德》课时计划

解决问题	穿越时空，你变成堂吉诃德，国王招骑士，经历了那么多事，你认为自己适合当骑士吗		
课次	项目目标	项目活动	项目策略
第1课时	通读全文 了解大意	树状图	问
第2课时	精读细思 分析情节	流程图	思
第3课时	语言分析 细品人物	玩、演	品
第4课时	课外拓展 细解人物	图表	查
第5课时	对比类比 分析人物	双圆图	比
第6课时	细细品味 得出结论	投票器	选，分析
第7课时	选定题材 完成项目	自由创作	写/创

进行一"问"，二"思"，三"演/玩"，四"查"，五"比"，六"投"，七"写"七个教学引导。有了这七步的教学引导，学生非常清楚学习目标，熟悉学习内容，即使没有老师的面授，学生也容易在老师的指导下自主学习，分层完成各级小项目，最后完成终极项目任务。而这些任务能充分拓展学生思维的广度，增加孩子思维的厚度和深度，发展学生思维的复杂性，从而实现把故事书读"厚"，让孩子们体会到："怎么思考"有时候比"思考什么"更重要。具体实施过程，我们以六年级《堂吉诃德》为例。

4 教学实施

◉（1）"问"：找信息（Find information）

"问"就是用提问的方式找出信息。具体操作是通过找出、画线、列表、描述、写出等方式找到关于绘本人物的基础信息和绘本的基础知识点。

1）阅读前：你知道这个故事什么东西？想知道了解什么？

2）阅读中：什么人，在什么地方？做了什么事情？（大意）

3）阅读后：你喜欢绘本里面的哪些人物？他们在什么地方？做了哪些事？

◉（2）"思"：理解信息（Make sense out of information）

"思"是强调学生对人物深层次的思考。教学不但要求学生知道"是什么"，还要知道"为什么？怎么样？"。我们会根据人物设计出一系列活动，让学生概括、观察、思考、解释事件的因果关系，并讨论出人物的心理活动、性格特征。

1）关注故事逻辑顺序过程：故事发生的顺序是怎么样的？

2）冲突和解决办法是什么？

3）该人物为什么会做这样的事情？起因是什么？结果是什么？有什么影响？

◉（3）"演/玩"：用信息（use information in a similar situation）

关注人物的动作、神态、语言，体会人物思想、性格。这既是解决字词句，也是让学生品味人物性格特点、情感状态，更能让学生有感情地演出这个角色，感受不同人物的内心世界。教师鼓励学生根据自己的理解和词语储备设计自己的台词。要求学生画出堂吉诃德自画像，体现人物的性格特点、面部表情，也可以用衣物、头饰等装扮出堂吉诃德的模样。

1）玩游戏。用一两句话对绘本里人物的神态、语言、外貌、行为、动作等进行描述。

2）玩"谁是卧底游戏"。根据对方的描述，猜测人物。

3）分析人物心理、想法、感受，加入自己的理解，并添加属于自己的个性台词。

4）如果你是主角，你会说什么？你会怎么做？（共情）

5）根据人物性格，推测出各自不同的故事结局。

◉（4）"查"：分析信息（explore relationships, and draw collections among the ideas）

这是让学生对信息进行分析、筛选、分类、检测并找出共性，通过以下几个步骤来实现：

1）了解作者，并理解绘本人物的背景、内心世界、性格特点。

2）完成"档案袋"图。查找骑士的装束、要求、宣言等内容。

3）你知道有哪些骑士，他们是怎样的人？

◉（5）"比"：分析信息，对比处理新旧信息（take information apart）

"比"是深入分析人物性格特点，完成性格对比图。运用图表、制作对比图、绘画、分析解释和预测（diagram, make a chart, draw, solve, calculate）等教学策略。

第七章 项目化学习——基于真实情境的知识建构与应用

1）对比完成"双放大镜"图，寻找不同点。
2）类比完成"双放大镜"图，寻找不同点。
❂（6）"选"：对比信息，做出自己的判断（make a judgement）
1）投票：你认为堂吉诃德能成为一名国王的骑士吗？
能（FOR）：（　　）　　不能（AGAINST）：（　　）　　不清楚（NO IDEAS）：（　　）
投票情况如图 7-22 所示。

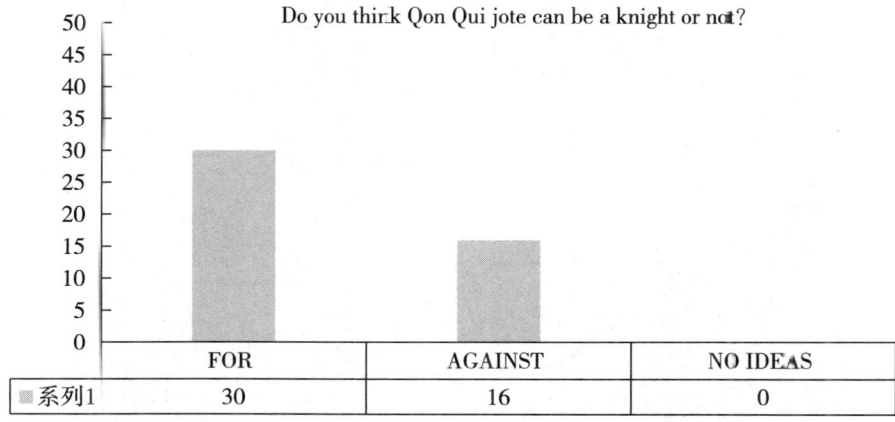

图 7-22　投票情况

2）分析原因。
❂（7）"写"：新知识的生成（use information to create something new）
根据选项，进行写作。
1）选择"能"，请完成简历，并录视频。
2）选择"不能"，请创编人物，并完成简历，录制视频。

5 回顾

经过 2 周的教学实践，学生们能很好地适应自主学习，并能深入理解绘本，达到深度阅读的效果。

❂（1）学生作品
1）阶段反馈
在第三次阅读对堂吉诃德人物及相似人物进行类比和对比后，学生从多角度呈现了自己的思考。○

（a）主线明确，条理清晰。
作品相对简明扼要，清晰明了，突出主线，点面结合。

○　小杨老师. 北美思维导图作文：我的第一本思维写作书 [M]. 北京：中国人民大学出版社，2020.

(b)层次分明,触类旁通。

通过老师的引领学习,六年级的学生在设计思维导图(mind map)时能够领会文本意思,并且触类旁通,想到更多的视角。例如,王罗茜同学在阅读过程中,对比了堂吉诃德和爱丽丝,宋鹏楠同学对比了堂吉诃德和故事《老人与海》的亚瑟(Arthur),制作出层次分明的思维导图,如图7-23所示。

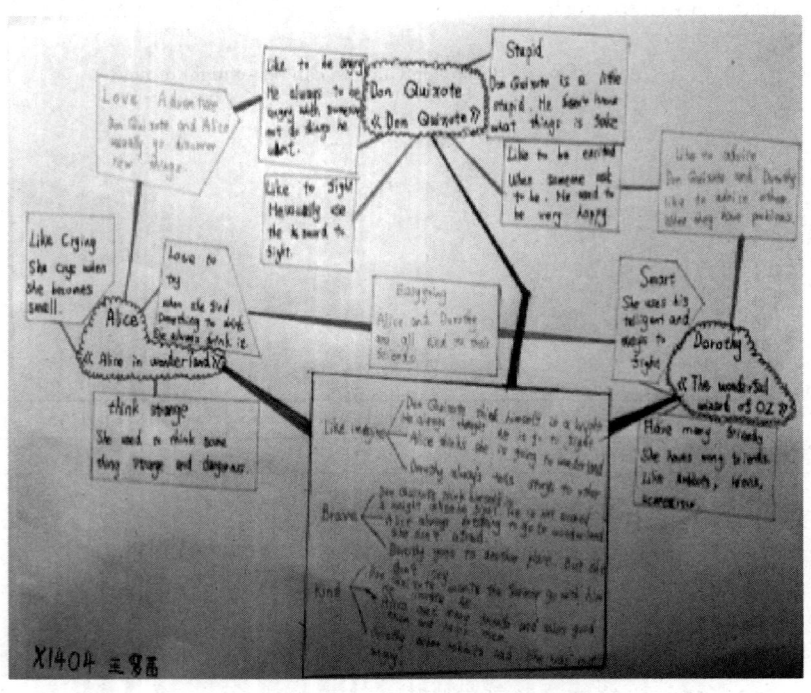

图 7-23　王罗茜的思维导图

张轩浩同学的思维导图(图7-24)观点新颖、耳目一新。

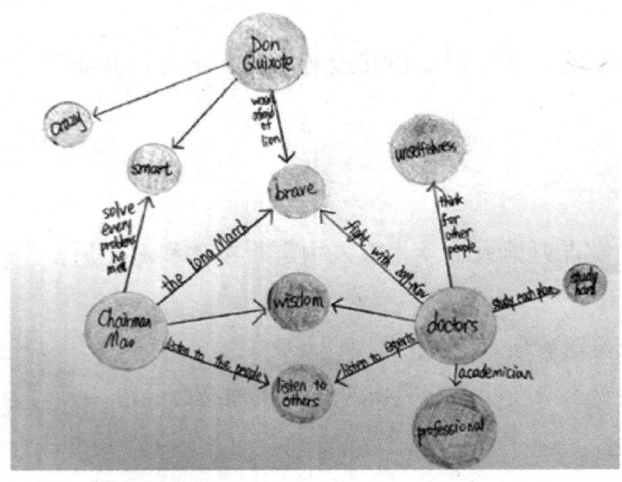

图 7-24　张轩浩的思维导图

2）项目作业反馈

在最后的故事读后感的任务中，很多同学作品语言流畅，条理清晰，观点新颖，写出了自己的真情实感。也许学生们的理解没有大人们深刻，语言还不成熟，观点略显幼稚，但却是孩子自己通过阅读建构出来的，也并不影响他们彰显个性，率性地表达自己的心声。

（a）初试牛刀，崭露头角。

同学们初次尝试可以自主选择，并能根据自己的理解，选择不同的结果。大部分同学选择"同意"，小部分同学选择"不同意"，并给出了自己的定义，如图 7-25 所示杨雅添同学的思维导图。

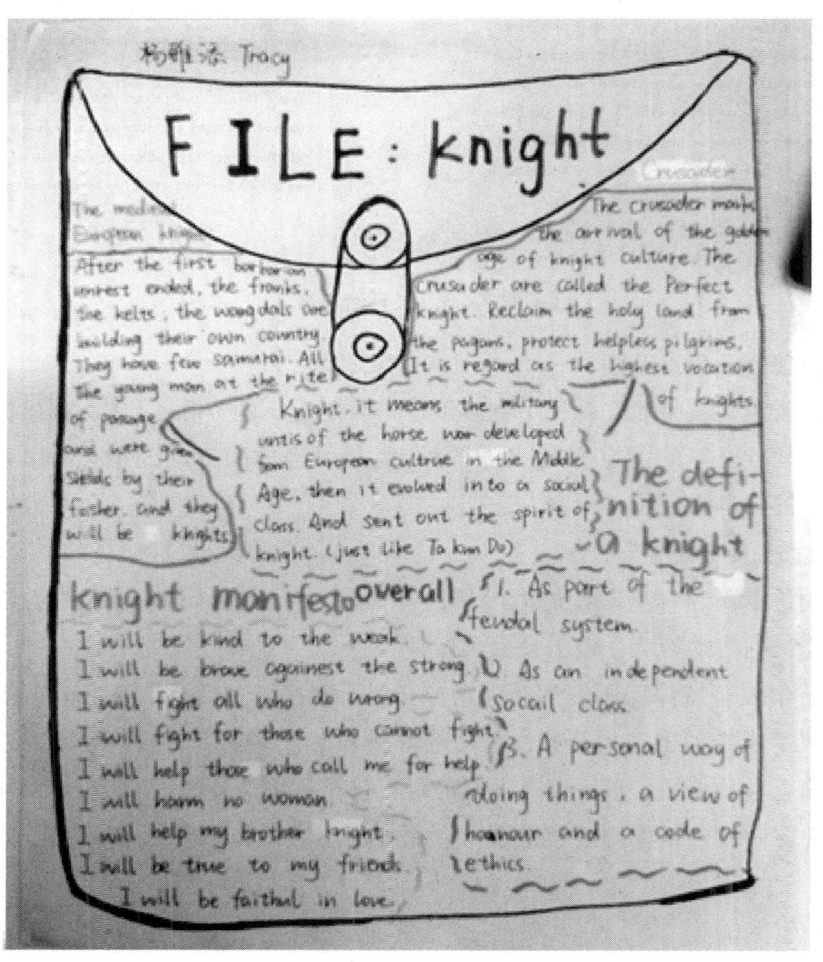

图 7-25　杨雅添的思维导图

（b）深刻透彻，有理有据。

张轩浩同学的作文"Be brave and a good listener"，深入阅读完成了故事绘本，结合当前疫情，表达了对"勇者"的敬佩之情，并以饱满的激情对自己的人生做出了规划和许下了承诺，如图 7-26 所示。本文掷地有声，令读者热血沸腾，心潮澎湃。

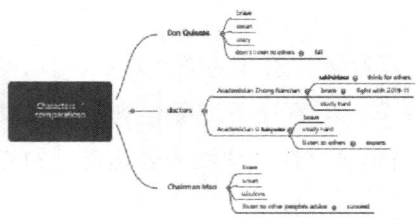

图 7-26　张轩浩心得

（c）视角独特，论点新颖。

刘梓萌同学读完故事后，对比了堂吉诃德与鲁迅笔下的"孔乙己"，找出他们相同性格特质——"天马行空"的空想主义，找出他们性格神经质的特点，并对比作者当时的写作背景，揭露了社会本质，看得深刻、透彻。

◉（2）家长反馈

经过 2 周的学习，学生阅读能力增强，自学能力有所提高，家长们纷纷认同和赞成本次《堂吉诃德》的教学策略。以下是家长留言：

家长一：学校坚持停课不停学的理念，开展了家庭"项目化"学习。英语科目的学习是以阅读经典《堂吉诃德》为开始，在陈老师引领下，孩子反复阅读故事，理解深刻，学会了多角度的思考和总结。孩子喜欢上思考啦！孩子利用课外时间阅读了大量的英语故事。

家长二：举一反三地学习经典故事，利用在家学习，和家长反复讨论，加深理解故事。这个方法好！

◉（3）反思

从理论支持，到学生情况分析，教材选择，各年级的学习框架建立，学习指引制作，到最后微观课堂教学策略选定，教学步骤的落实，本次家庭项目化英语学习收获满满。

因此，我们的教学设计根据绘本中的"人"这一主线进行了"问、想、演、查、比、写"等不同的项目任务，让学生从单一的知识和故事理解、故事复述层面，深入到人物背景、人物内心、人物特点，并通过分析、对比、整理相似性格特征的人物等教学手段，让

第七章　项目化学习——基于真实情境的知识建构与应用

这一类人物形象更加形象、深刻，仿佛活灵活现地展现在孩子们眼前。最后通过投票，进行个性思考，让孩子们自己塑造出更多人物。整个绘本阅读都是以"人物"为主线，进行项目化学习、探究，最后得出自己的认知，达到深入阅读绘本、提高学生思维的目的、从而实现家庭项目化英语中用人物玩转绘本学习。

📖 评析

　　从学生的作品和家长反馈，用项目式学习的方式进行课外阅读，孩子们的兴趣大大提升。尤其是本项目学习以"穿越时空"为题材，提供时代背景支持先抛出"穿越记：您穿越了时空，变成堂吉诃德，国王要招聘骑士，判断您是否适合当骑士？"这样贴近学生思维的问题，极大地激发了孩子们的探究热情。本项目学习，以英语绘本为载体，需要学生利用有限的资料进行客观的判断；需要整合哲学知识进行辩证思考；需要用到美术、信息等能力进行作品的设计和制作，这无疑实现了跨学科的有效整合。一个好的项目不仅需要还原真实世界的本质面貌，更应该具有开阔学生眼界、提升学生格局的立意。要有更深切的社会关怀，为学生打开面向世界和面向未来的窗口。

　　项目根据绘本中的"人"这一主线进行了"问、想、演、查、比、写"等不同任务的设计，层次清晰，循序渐进。在探究过程中，每一个学生都拥有创造性，创造性不再是少数人独有的、神秘的、随意的想法，而是每个学生对一件事的重新理解或是新的创造。在PBL的学习过程中，学生不再仅从老师的授课中获取知识，而会从一个具有开放性的学习项目中对特定问题进行思考和认知，以及在项目的实操和团队合作中获取更多知识、锻炼相关技能。对老师来说，最大的挑战之一是学会循序渐进地"放权"，从项目设计或引导的角度，分享学习资源，促进学生之间的合作。

　　陈敏老师的设计敢于"放权"，同时制定了明确的学习步骤，逐步引导。这不仅是在玩一个项目，而用项目的形式来承载学习。通过累积领域知识、思维方法，逐步产生富有洞见的新想法。我们的教育正在创造机会，让学生能够对经验、行动或事件作新颖而有意义的诠释，有机会解决日常的、复杂的真实问题，发展自己的创造性。

CHAPTER 08

第八章　逆向教学设计——评价先行的教学策略

逆向教学设计是一种教学策略，也可以称为一种设计思路，是以"追求深入理解的教学"为目的。逆向教学设计与众不同之处就是教学评价先行，将对教学评价的设计置于教学活动设计之前。

> **【案例 1】**
>
> 在学校办公室里常听到这样的困惑："这个问题，我在班级里讲过三遍了，为什么学生做题时还是错的？"
>
> **案例分析**：大多数教师只会发发牢骚，只有少数教师会进行深入思考。如：出现这种现象的原因到底是什么，是解题时马虎、粗心、大意吗？是学生态度不认真吗？还是学生真的没懂，即使老师已经讲过了三遍？

我们想对案例 1 中的老师提出一个建议：如果想要改变现状，实现学生的真正理解，可以尝试运用逆向教学设计。

8.1　什么是逆向教学设计

以往教学，教师过于关注"教什么、怎么教"，而忽略了更为重要的"为什么教和教到什么程度"的问题，这是对课程标准的研究不够，把握不准。基于课程标准的教学，最需要教师清楚具体的课程目标，以及可以通过怎样的途径来评价学生是否达到了课程标准要求的水平。因此，课堂教学设计需要有新的模式，那就是"逆向教学设计"，就是一种可以体现"教、学、评"一体化的教学设计模式，它以实现学生的理解为设计核心，而非以教材为核心。

8.1.1　逆向教学设计的提出

追求理解的教学设计（Understanding by Design，UbD）是近年来美国课程改革中涌现出来的新理论和新实践，由格兰特·威金斯（Grant Wiggins）和杰伊·麦克泰格（Jay McTighe）提出的一种可服务于备课、上课及评价的教学设计框架。在利用该框架组织教学时，教师往往从最终想要达到的目标出发来设计整个教学过程，因此该教学策略又被称为逆向教学设计（backward planning）。

落实学科核心素养离不开良好的教学设计，正是反思了传统教学设计的不足。威金斯和麦克泰格指出，传统的教学设计存在"两个误区"。

其一，"活动导向的教学设计"，普遍发生在小学阶段，往往只考虑到他们擅长的教学方法和有吸引力的学生活动，其不当之处在于"只动手，不动脑"。教学活动丰富多样，却缺乏对存在于学习者头脑中的重要概念和恰当的学习证据的关注，缺乏对活动意义的深入思考，这陷入了"活动导向"的误区。

其二，"灌输式的教学设计"，常见于中学。教师只知道根据具体的知识点以及这些知识点在高考、中考等考试中可能出现的题型来设计教学过程。其不当之处在于，教师和学生过多地关注碎片化、零散性的知识，缺乏总括性的目标来引导，这陷入了"灌输式的"教学设计的误区。

逆向教学设计强调"以终为始"，即从预期的学习结果开始，逆向思考整个教学过程，这与我们传统的教学设计思路是相反的。逆向教学设计的第一步就是要阐明学习的预期结果：即学生在教学活动中应该真正理解和深入思考的是什么。逆向教学设计的第二步不是急于规划教学活动，而是确定"是否达到预期学习结果"的证据，即评价方案，这是与传统教学设计最大的区别。第三步才是规划教学活动。

8.1.2　逆向教学设计与传统教学设计的区别

许多教师从输入端开始思考教学，即从固定的教材、擅长的教法，以及常见的活动开始思考教学，而不是从输出端开始思考教学，即从预期结果开始思考教学。换句话说，太多的教师只关注自己的"教"，而不是学生的"学"。他们花费大量时间思考的是：自己要做什么、使用哪些材料、要求学生做什么，而不是首先思考为了达到学习目标，学生需要什么。

传统教学设计是以目标为导向的综合性操作。包括三个问题："第一问，目标是什么（到哪里去）？第二问，达成目标的方法是什么（怎么去）？第三问，揭示目标达成的评价方法（到了吗）？"[1]

---

[1] 钟启泉. 单元设计：撬动课堂转型的一个支点 [J]. 教育发展研究，2015（24）：7-11.

基于理解的逆向教学设计，重构备课方式和评价方式，强调以核心素养为指向，从预期结果开始思考教学，评价必须前置，重视过程评价。两者的对比分析如图8-1所示。

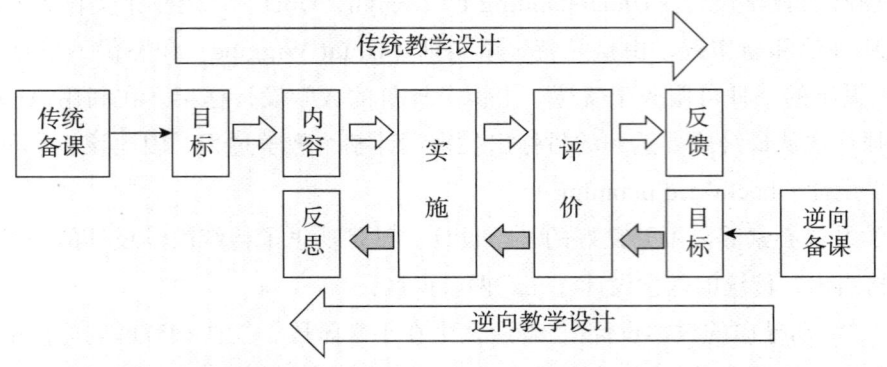

图8-1 传统教学设计与逆向教学设计的区别

逆向教学设计是以提高学生理解与应用能力为目的的新型教学设计模式，运用逆向教学设计思路，它强调"以终为始"进行教学设计和实施，即先确定单元预期学习结果，再确定评估证据，最后才是设计学习活动。该教学模式主要具体流程分为三个阶段，如图8-2所示。

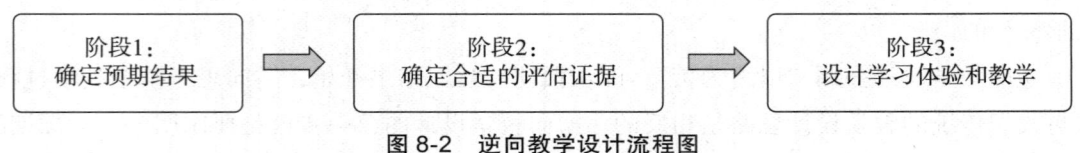

图8-2 逆向教学设计流程图

8.1.3 逆向教学设计的运用效果

逆向教学设计的运用是否能够提高学生成绩也得到了一些研究并取得显著的效果。1995年的第三次国际数学和科学研究测试了42个国家的4年级、8年级和12年级学生的数学及科学成绩。这项当时最广泛、最缜密的研究发现，追求理解的教学能够有效提高学生成绩。例如，在数学上，日本的实验学校虽然教的主题较少，但学生的成绩更好。这是因为日本教师把学生的认知理解作为首要目标，学生需要自己演绎和解释数学规则及定理，以此来达到深度理解。1996年纽曼（Newman）及其同事在美国24所中小学中观察了504节课和234个评价任务，发现采用真实情境教学法进行教学，如追求理解的教学设计，能够同时提高高效学习者和低效学习者的成绩，并且能够显著减少这两者之间的差距。

8.1.4 逆向教学设计的理论基础

逆向教学设计是基于认知心理学对学习过程的研究提出的。当然，建构主义、范例教学、多元智能、布鲁姆目标理论等理论也为其提供了部分理论支撑。

认知心理学认为：第一，有效学习是学生对知识的理解和运用；第二，与死记硬背比起来，基于理解的学习更容易迁移；第三，课程应该围绕"核心概念"或"大概念"来组织，而不是一味地对更多知识范围的覆盖；第四，课堂中要有更多的形成性评价；第五，要更多地对学生何时、何地以及怎样运用知识进行评价；第六，有经验的老师用学科知识的认知结构指导他们的教学活动（如作业、练习、评价、提问等）。

建构主义教学理论主张：第一，学习不是由教师把知识像"传送带"一样，简单地教给学生，而是通过学生自己完成知识建构的过程；第二，学生在学习过程中会主动地建构知识的意义，这种建构的过程是无法由他人来代替的；第三，学习应该是一个交流和合作的互动过程。追求理解的教学设计，必须帮助学生们意识到他们要做的不仅仅是接受"灌输"的知识，还要主动"揭示"隐藏在事实背后的内容，并思考它们的意义，即要有内化的过程。

"范例教学"认为，效果好的、方式正确的教学不是传递，而是对学生自学的辅导；范例学习不是复制性地接受细节的知识和技巧，而是学习者在教师的启发辅导下，借助精选出来的、清楚的、典型的"范例"来主动掌握具有普遍意义的知识、能力和态度。"范例教学"强调，教学活动不是"搬运"和传授知识、技巧，而是诱导、启发、协助学习者，通过主动的、积极的思考进行学习；其目标是学习者收获解决问题的能力、继续学习的能力以及良好的学习态度。

8.1.5 逆向教学设计的教育教学理念

一般来说，逆向教学设计更适合于单元教学计划，而不是单课或范围更大的课程项目。单课时间太短，不能实现复杂的学习目标，所以单元教学设计越来越受到重视。

为实现"为理解而教"的教学目的，需要以大概念来引领和指向。第一，有效学习关注对所学知识的理解和运用；第二，学习者需深入理解基本的概念和原理，注重在新的真实情境中运用知识来解决问题，从而促进知识的迁移；第三，教师需要围绕学科的大概念和核心内容对课程内容进行整体化、结构化的组织，帮助学生深入理解所学知识，强调知识的深度理解和融会贯通；第四，逆向教学设计是为单元设计服务的，适合复杂的项目学习和高阶思维的培养。

8.2 为什么要进行逆向教学设计

为什么要进行逆向教学设计？

运用逆向教学设计,简单地说就是为了实现有效学习,而不是有趣学习,或其他什么目的。对于一个学生来说,可能他知道很多重要的事情,即使能够解决定量问题(或者能够应付纸面的考试),却仍然没有理解其含义或概念。

例如,在高中物理学习中,很多学生能够顺利地计算有关天体运动的问题,但却解释不清"为什么抛出去的苹果会落到地面上,而月球绕地球运动却没有落到地面"的现象。这说明,这些学生并没有真正理解"力与运动的关系"这一大概念。

"逆向教学设计"主张:我们的课堂、单元和课程在逻辑上应该从想要得到的学习结果导出,而不是从我们所擅长的教法、教材和活动导出[1]。实践证明,当教师用逆向思维进行教学设计时,会让课堂充满创造性,且能实现为学生理解而教。

8.2.1 逆向教学设计能够实现学习者的真正理解

【案例2】

在一次教师座谈会上,一位年轻教师苦笑着说:"我读过一些论述大概念的文章,包括这方面的专著,可是现在还是不懂什么是大概念"。经过访谈发现,大多数一线教师对"大概念"这个概念是很难把握的,似乎懂得,但又说不清道不明,当然大概念理念下的教学实践就更难以实施了。

这个真实的案例形象地说明了一种现象:"我知道但不理解,正因为不理解,所以更不会运用"。

1 什么是理解

"理解"这个词有多种不同的意思,理解的表现是多方面的,并通过不同类型的证据表现出来。迄今为止,研究者对"理解"的含义虽有阐述,但各抒己见,远未形成一致的观点。"理解"的方式多种多样,这些方式互相重叠又无法简化,相应地,也有许多不同的教"理解"的方法[2]。

威金斯和麦克泰格提出了"理解的六个侧面",见表8-1。

---

[1] 格兰特·威金斯(Grant Wiggins),杰伊·麦克泰格(Jay McTighe).追求理解的教学设计[M].闫寒冰,宋雪莲,赖平,译.上海:华东师范大学出版社,2016.

[2] JOHN PASSMORE. The philosophy of teaching[M]. Cambridge: Harvard University Press, 1980.

表 8-1 理解的六个侧面

	含 义
侧面 1：能解释	通过归纳或推理，系统合理地解释现象、事实和数据；洞察事物间的联系并提出例证。
侧面 2：能阐述	叙述有深度的故事；提供合适的转化；从历史角度或个人角度揭示观点和事件的含义；通过图片、趣闻、类比和模型等方式达到理解的目的。
侧面 3：能应用	在各种不同的真实情境中有效地使用和调整我们学习到的知识。
侧面 4：能洞察	批判地看待、聆听观点；观其大局。
侧面 5：能神入	能从他人认为古怪的或难以置信的事物中发现价值；在先前直接经验的基础上进行敏锐的感知。
侧面 6：能自知	显示认知意识；觉察诸如个人风格、偏见、心理投射和思维习惯等促成或阻碍理解的因素；意识到我们不理解的内容；反思学习和经验的意义。

《布鲁姆的教育目标分类学》（修订版）将认知过程分为六个水平，即记忆/回忆、理解、应用、分析、评价、创造。其中，理解强调在将要获得的新知识和已有知识之间建立起联系，换句话说，理解是新获得知识的现有心理图式和认知框架的整合。理解层次包括的认知过程有：解释、举例、分类、总结、推断、比较和说明，见表 8-2。

表 8-2 理解的七个认知过程

	表 现
解释	能够将信息从一种表达形式转变为另一种表达形式，它可能涉及将文字转换为文字，图画与文字间转变，数字与文字间转变，音符与声音间转变，等等。
举例	列举一般概念或原理的具体例子。
分类	要求学生识别某事/某物属于某一个类别（如某一概念或原理），这涉及查明与具体例子和概念或原理两者都"相符"的相关特征或模式。
总结	用一句话来描述呈现的信息或概括出信息的主题。
推断	涉及在一组例子或事件中发现模式，这要求学生能够对每个例子的相关特征编码，发现例子之间的相互关系，从而抽象出能够解释这组例子的概念或原理。
比较	涉及查明两个或更多对象、事件、观点、问题或者情境之间的相似点与不同点。
说明	要求学生建构和运用某一系统的因果模型。

威金斯关于理解的六个侧面论将理解的内涵视为包含认知过程、情感态度、元认知领域的集合；而根据布鲁姆的认知目标分类中的"理解"，仅包含认知过程，其内涵远小于理解的六个侧面论中的理解。

理解是智力层面的建构，是人脑为了弄懂许多不同的知识片段而进行的抽象活动。换言之，如果学生理解了，他们可以通过展示所知道和能够做到的特定事情来证明自己理解了。

2 能够迁移是实现理解的表现证据

没有概念生成的过程，就不能获得任何知识的迁移，更不能对新体验产生更好的理解㊀。正如布鲁姆所指出的，理解是通过有效应用、分析、综合、评价，来恰当地整理事实和技能。换句话说，理解是关于知识迁移的，如果具备真正的能力，那就能够将所学的知识迁移到新的甚至有时令人感到困惑的情境中去。

例如，鲁迅的作品《祝福》里有这样的情节："'我真傻，真的，'祥林嫂抬起她没有神采的眼睛来，接着说。'我单知道下雪的时候野兽在山坳里没有食吃，会到村里来；我不知道春天也会有……'"。故事情节是令人遗憾的，祥林嫂的儿子阿毛被狼吃了。可以看出此前祥林嫂就没有真正理解村庄周围野生动物的生态环境状况和狼的本性，从而导致惨剧发生。

在语文学科教学中，基于理解的逆向教学设计为学生提供阅读文本的策略，鼓励学生尝试批判性阅读，即利用已学过的文学概念自我生成或揭示作品内容及意义，并加以运用。这对于学生来说，是一个具有思维挑战性的任务，它与我们目前常用的检测习题不同，它是去机械化、去偶然化的证据，证明学生已掌握阅读作品的某一个方法。"理解"要求高中语文课堂上的学生自主选择运用正确的方法完成阅读，并能够解释自己为什么要运用这种方法，以及这种方法在其他语境下能否继续加以运用，即理解具有"可迁移性"。

什么是迁移？迁移是一项重要的应用知识的能力，也是实现理解的表现，是教学的终极目标，而逆向教学设计有助于我们实现这一目标。教师只能帮助学生学到整个学习领域中相对很小范围里的观点、范例、事实和技巧，所以我们需要帮助学生将内在的有限知识迁移到许多其他环境、情境和问题中去。

案例1说明，对于有些知识，学生知道，但没有真正理解，不具有迁移能力，即使老师已经讲完了三遍，但在解决实际问题时还会持续地出现错误。

课堂上，当教师讲完一个概念或原理后，经常问一下学生"你听懂了吗"，往往学生给出肯定的回答，但这并不代表学生已经掌握了这个知识点，因为他不一定理解了。是否理解，要看他是否能够形成迁移，即是否能在另一个情境中独立解决实际问题。当前的"听懂"不代表理解了，理解了也不一定会解题，能够解出题来很可能讲不清楚，即使讲清楚了也不一定能在新情境下会迁移应用。达到上述各种表现所需的能力层次是逐级升高的，如图8-3所示。

㊀ 杜威．我们如何思维[M]．伍中友，译．2版．北京：新华出版社，2015．

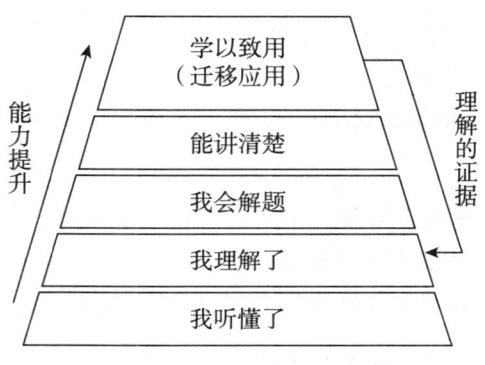

图 8-3　能力层级

在教学中，如果学生能够阐明知识的逻辑，能够对现成的论述提出自己的见解和进行评价，并能够将知识与技能迁移到新的情境中，那就证明其已经理解。

8.2.2　单元逆向教学有助于学习者建构大概念

【案例 3】

多年以前，一位大学二年级理科女学生返回母校与老师交流时说："我感觉当年在高中时物理学科的学习很艰难，大学物理课程反而不难学"。当问到为什么时，她说"在高中时老师讲什么就听什么，再就是不断地做题，自己一直是迷糊的；而大学物理的学习方法则不同，一本书可以从头到尾看很多遍，可以从宏观上把握整书的全部学习内容。"

通过案例 3 可以发现，该大学生在高中阶段物理学科学习到的可能仅仅是一个个独立的琐碎的知识点，而不是有体系的知识结构。而她在大学的学习方法是成功的，注重课程的总体把握，易于形成关于学科或课程的完整的知识体系。可见，有必要及时梳理对大概念的理解和方法的运用，进行深入的实践研究，使其更好地服务于教师的教和学生的学。

什么是"大概念"呢？它的定义为"指在一个学科领域中最核心、最有价值的学科内容"。

例如，高中物理教材中《圆周运动》一章研究了许多实例，像"火车平面转弯""水流星""汽车过拱桥"等，所有这些都是在帮助学生逐步建构一个大概念"曲线运动中的力与运动的关系"。进而，结合直线运动中对力与运动关系的认识，建构更大的大概念"运动与相互作用的关系"，即"力是改变运动状态的原因，且 $F_合=ma$"。

大概念是"将通过研究特定现象而形成的，始于小的、局部的和特定背景下的概念，连接在一起，形成更抽象的能够对自然界一定范围内有关现象进行解释和预测的较大概念"。也就是说，大概念"大"的关键，不是基础，也不是范围宽大，而是核心。至于大概念教学，与其说是一种方法，不如说是一种理念。

大概念可以有多种表现形式：

1）**学科内容**，如"面积是物体的表面或围成的图形表面的大小"是小学数学的大概念。

2）**学习主题**，如"送别诗的意象"就是初中语文学科的大概念。

3）**重要原理**，如"力是改变运动状态的原因，且 $F_{合}=ma$"就是高中物理的大概念。

4）**主要观点**，如"生物的多样性和适应性是进化的结果"就是初中生物的大概念。

基于大概念的单元逆向教学是为了解决目前课堂教学中存在的课时之间的零散性、知识理解的浅层性和单元之间的割裂性等问题。第一，它倡导实施单元整体教学，并围绕基本问题、核心人物来揭示、理解和应用大概念；第二，它强调首先以掌握知能、理解意义和学会迁移为单元预期结果，其次以挑战性、开放性、真实性、表现性任务为单元评估依据，最后以探究整合、实践反思、问题解决为单元学习活动主线的逆向过程，实现从整体到局部的课堂教学，促进"大概念——单元——课时"的深度融合，实现深层学习。

8.2.3 逆向教学设计重视多元评价方式的实施

逆向教学设计下的教学评价打破传统教学设计中以成绩为主导的评价方式，鼓励教师多维度评价学生的综合素质和成绩。教师可采用传统计分式检测知识性评价，通过赋分的方式检验学生作业完成情况和进行单元测试。逆向教学设计还注重在教学过程中实施评价，既能完成课后评价，又能在课前和课中评价学生的表现。教师在综合课堂前、中、后三个环节评价的基础上，评估是否达成设定的教学目标。

要关注学生是怎么学的，关注学生的学习过程，通过了解学生在课堂上如何讨论、如何交流、如何合作、如何思考、如何获得结论等来综合评价他们的学习，评价课堂教学效果。只有实施评价多元化，才能放手让学生充分感受学习过程的各个环节，促进全面发展，而不只是最后的分数。

> 例如，有的学生思维很敏捷，想法独特新颖；有的学生擅长推理归纳，分析数据；有的学生领导力很强，善于沟通等等。教师可以采取自评、互评、延时评价、表现性评价等多元评价方式肯定他们，让他们在各个不同的方面找到自信。根据实时反馈，引导学生理解并掌握知识，实现知识的迁移，提高解决实际问题的能力。

综上，逆向教学设计旨在通过改变教学设计的流程，"以终为始"的设计理念，有助于教师精准设计教学探究活动，提高学生参与活动的主动性和积极性，并为学生提供学习迁移的情境与框架，学生在掌握理解知识和技能的同时提升自己的理解能力和迁移能力。

8.3　怎样进行逆向教学设计

杜威的研究表明：理解必须是"领悟"，但知识只需"获取"。这句话可以这样理解，"理解"只能主动获得，而知识可以被动接受。知识是对相对直接的事实和概念的总结，这些事实和概念可以通过学习和教学活动来获得。"理解"是学生通过探索、表现和反思来弄清楚所学内容和课程的含义，并试图建构知识的结果。

8.3.1　合理制订学习目标是教学设计的第一步

【案例4】
具有五年教龄的小方老师的课堂很受学生欢迎，这几天他在准备一节公开课，进入磨课阶段。当他把教案拿出来跟大家交流的时候，大家发现他对各种教学活动方案的设计很丰富，教学环节也很清晰，教学方法的运用恰当合理，准备得比较充分。但唯独在"教学目标"这一部分的阐述上是混乱的，明显是一种应付的态度。交流时发现，他写教学目标是为了完成任务，而不是出于教学设计的需要。

这种现象很普遍，许多青年教师，包括部分老教师，对教学目标的设定都是"漠不关心"，他们在实施课堂教学的时候主要参考教材编排、教参建议，或者单纯模仿，以及基于以往的经验。这种课堂教学，是典型的"以教师的教"为中心，而不是"以学生的学"为中心。

1　制定学习目标的依据

学习目标的制定，不是根据个人经验，也不是依据教材，更不是依据考试大纲，而是各个学科的"课程标准"。以高中为例，普通高中各学科课程标准（2017版2020年修订）颁布后，将再无考纲，新的课程标准是各个版本教材编写的依据，是等级性考试（或合格性考试）的依据，也是教师教学和学生学习的依据，如图8-4所示。

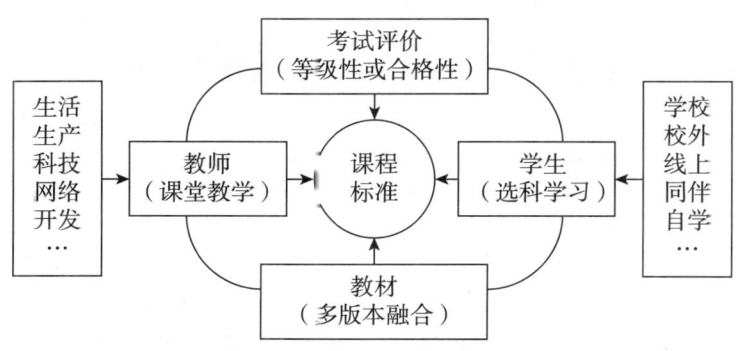

图8-4　教学设计中四要素关系图

在具体的课堂教学中，需要根据学生的知识基础、能力水平和课程标准中的"学业质量水平"等级划分，合理制定单元学习目标和课时学习目标。

2 从多个维度设计学习目标

> 【案例 5】
>
> 在对高中物理教师的访谈中，李老师曾说过："对于 2003 年版的《普通高中物理课程标准》，我几乎没有看过，课堂教学目标的设定，除了参考《教学参考书》以外，我参考的是每年出版的'考试大纲'，考什么我就教什么。"

案例 5 中的情形是一线教师中的常见现象，旁观者不能简单地用"过分追求功利"来界定它，可能的客观原因之一是当时学科课程标准与高考考试大纲并存，他们几乎互相独立，让教师们无所适从。

埃里克森和兰宁指出：一直以来，传统课程设计被内容和技能所框定，是"二维教学目标"设计，并且依赖诸如识别、解释、分析等动词来表征心智处理所处的水平。研究表明，尤其是在科学和数学领域，学生在进入高中和大学后仍在关键概念上存在着诸多误解。传统课程设计的另一个重要问题是，它不是以大概念为中心的。教师们可以复述目标，但是当被问及从主题和技能中被抽取的概念的理解时，他们往往难以清楚地表达这些观点[①]。

为此，埃里克森和兰宁在《以概念为本的课程与教学：培养核心素养的绝佳实践》一书中给出了制定学习目标的三维要求。以概念为本的教学设计需要教师们清晰地表述他们希望学生们知道什么、理解什么、能够做什么，或者说从事实、概念性理解、技能三个维度来设计学习目标。这三者的认知层次高低的关系如图 8-5 所示。

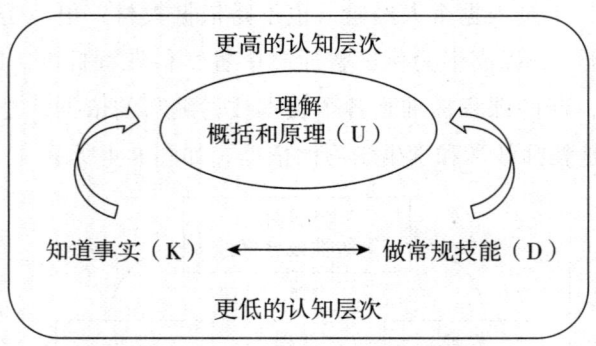

图 8-5　认知层次的三个维度

---

① 林恩·埃里克森，洛伊斯·兰宁. 以概念为本的课程与教学：培养核心素养的绝佳实践 [M]. 鲁效孔，译. 上海：华东师范大学出版社，2018.

8.3.2 逆向教学设计的操作模式

1 具体操作模式

逆向教学设计以单元为基本单位,将教学过程具体划分为三个阶段:明确预期学习结果、规划评价证据,以及设计课程和教学活动。可以通过三个阶段来促进高品质教学的生成,如图 8-6 所示。

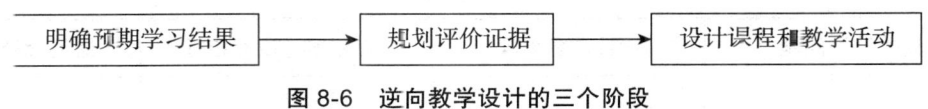

图 8-6 逆向教学设计的三个阶段

第一,明确预期学习结果。

在这一阶段里,教师在设计教学时要回答如下问题:我们需要学生知道什么?理解什么?掌握什么样的技能?当教师在思考预期结果的时候,需要抓住"重大思想"和"核心问题"。威金斯和麦克泰格认为所谓"重大思想"就是引领解决科学问题的原理和定律,"核心问题"指的是引发探究的问题。

第二,规划评价证据。

在这个阶段教师要思考的问题是:我们需要让学生做什么才能知道他们的学习是否达到了预期结果?教师需要在教学的过程中运用多种评价方式和任务来持续地监测学生的进步,用形成性评价来检测学生的学习表现与预期结果的差距,用评价带来的反馈调整教学。

第三,设计课程和教学活动。

在这个阶段,教师要考虑的问题是:什么样的教学活动能够帮助学生通过评价达到预期的结果?如何对这样的教学活动排序?逆向教学设计从第一阶段到第三阶段的设计与实施不是一个线性推进的关系,而是一个反复比对的过程,以确保结果、评价和教学的一致性和可行性。

简单地说,设计的基本程序是:依据课程标准,确定教学目标;依据教学目标,明确评价标准;依据教学目标与评价标准,制定教学计划与教学内容。

2 设计的出发点

逆向教学设计的三个阶段分别包含但不仅限于以下问题:

阶段一:学生应获得什么样的长期迁移目标?在获得重要理解后,学生应该理解什么意思?学生应该考虑哪些核心问题?学生应该获得什么知识和技能?学生到底应该达到什么样的最终目标或标准?

阶段二:什么样的学业成绩或结果可以证明理解和学习迁移真实地发生了?给定第一阶段的预期学习成果,使用什么标准评估学生表现?什么样的证据可以用来测试第一阶段的预期学习结果？应用的评估方法是否与第一阶段的所有预期结果相对应？

阶段三：什么样的活动、体验和授课有利于达成学习目标以及圆满评估？什么样的学习计划可以帮助学生逐渐实现自主迁移与理解意义？如何监控学业进步？如何排列和划分各单元，使所有学习者获得最大学业成就？阶段三的学习项目是否和阶段一的目标以及阶段二的评估办法保持一致？

具体参见表 8-3 UbD 矩阵。

表 8-3　UbD 矩阵

关键的设计问题	设计注意事项	参考依据（设计指标）	最终设计成果
阶段一 1. 什么是有价值的恰当的结果 2. 关键的预期学习是什么 3. 学生应该理解、知道什么，能做什么 4. 什么样的大概念能包括所有的目标	1. 国家课程标准 2. 区域特色主题 3. 教师经验和兴趣	关注大概念和核心挑战	与清晰目标和内容标准相关的、围绕持久理解和基本问题的单元架构
阶段二 1. 预期结果的证据是什么 2. 什么是理解的前当证据	1. 理解六侧面 2. 评估类型的连续性	有效、可靠、充分	为达到预期结果而锚定在单元中的可靠且有用的证据
阶段三 什么样的学习活动和教学能促进理解，增进知识和技能，激发学习兴趣并发挥学生自身的长处	1. 基于研究的学与教的策略库 2. 恰当的使能知识和技能	参与性和有效性，使用 WHERETO 的元素： W：将达到什么目的 H：把握学生情况 E：探究和装备 R：反思和修改 E：展示和评价 T：根据学生需求、兴趣和风格量体裁衣 O：组织教学以发挥最大的参与性和有效性	学习活动和教学的一致性，能够唤起和产生预期的理解、知识和技能，激发学习兴趣，使优秀的表现性行为成为可能

这种从学习预期所做出的改变出发，教师进行逆向教学思考的方法就是逆向教学法。它要求教师认真思考"学习"发生的证据，在如上所提供的三个阶段的总结性问题中，每一个都需要教师深入思考后给出适当的解决方案，才能完成一个系统的逆向教学设计。

8.3.3　逆向教学设计范例

为便于更好地理解三阶段流程，不妨先来观察一个由威金斯与麦克格泰提供的应用逆向教学设计的课程方案范例。表 8-4 具体地解释了三个阶段的内涵。

表 8-4　逆向教学设计的范例[1]

阶段一：确定学习目标	
既有的学习目标（Established Goals）： 这项课程设计工作处理哪些相关的目标（如学科课程标准）	
理解（Understandings）： 学生将会理解…… 1. 哪些是大概念 2. 期望学生理解的是哪些具体的大概念	主要问题（Essential Questions）： 哪些有启发性的问题可以增进探究、增进理解、增进学习迁移
学生将知道……（Student will know …）　学生将能够……（Student will be able to …） 通过本单元的学习，学生将知道什么，能做什么 ……	
阶段二：设计评价活动	
表现性任务（Performance Tasks）： 1. 学生将通过哪些真实的实践任务来表现期望的学习结果 2. 理解能力的具体表现会以哪些标准来判断	其他证据（Other Evidences）： 1. 学生将通过哪些其他的证据（如随堂测验、正式测验、开放式问答题、观察报告、家庭作业、日志等）来表现达成期望的学习结果 2. 学生将如何反思及自我评价其学习
阶段三：制订学习计划	
学习活动（Learning Activities）： 哪些学习活动和教学活动能使学生达到期望的学习结果？这项课程设计需要回答 W= 如何帮助学生知道这个单元的方向和对学生的期望？如何帮助教师知道学生之前的知识和兴趣（where） H= 如何引起（hook）所有学生的兴趣并加以维持（hold） E= 如何使学生做好准备（equip），帮助他们体验（experience）关键概念的学习并探索（explore）问题 R= 如何提供学生机会以重新思考（rethink）及修正（revise）他们的理解和学习 E= 如何促进学生评价（evaluate）自己的学习及学习的含义 T= 如何依学习者的不同要求、不同兴趣、不同能力进行因材施教（tailor） O= 如何组织（organize）教学活动，使学生的专注和学习效能达到最大程度并得以维持	

8.4　逆向教学设计典型案例评析

相关资料表明，国内单元设计已开始受到学者关注，如钟启泉指出了单元设计的价值与作用，认为它是撬动课堂转型的一个支点，并引介了逆向教学设计思路。[2]下面就让我们通过对几个典型案例的欣赏，来体会和学习大概念单元逆向教学设计的具体运用方法。

---

[1] JAY MCTIGHE, GRANT WIGGINS. 重理解的课程设计：专业发展实用手册[M]. 赖丽珍, 译. 台北：心理出版社股份有限公司, 2008.

[2] 钟启泉. 单元设计：撬动课堂转型的一个支点[J]. 教育发展研究, 2015(24): 7-11.

8.4.1 典型案例评析一 逆向教学设计，让学生的学习真正发生[一]

教学内容

"长方形的面积"引起的思考

教学年级

小学

所属学科

数学

案例导读

一次研讨活动中，北京市王洋老师按照传统的"活动导向"思路设计并执教了一节课《长方形的面积》，教师讲解清晰、到位，活动内容丰富，学生主动参与。然而，看似很"顺"的一节课，在评课时，老师们却都表示出了担心，提出了各自的困惑。这是为什么呢？王老师是怎么办的？

下面就让我们欣赏这个非常具有启发性的教学案例吧。

案例呈现

(1) 老师们的担心

学生真的学会了吗？刚上课时，当老师问"都谁知道长方形面积＝长×宽"时，班中只有六位学生认为自己知道，那其他同学都学会了吗？在自主探索环节中，这些原本不会的学生是真明白了吗？已经清楚地知道"长方形面积＝长×宽"的学生，这节课又有什么提升呢？

(2) 讨论引发的教师思考

第一，长、正方形面积这一内容，学生需要达到什么样的目标？

第二，学生的原有水平是怎样的，都有哪些方法？

第三，课堂上，如何让不同水平的学生的认知都有所发展？

(3) 依据逆向教学设计理论进行的再设计

1) 研读课标和教材，明确预期结果

(a) 课程要求

搜索并掌握长方形、正方形的面积公式，会估计给定简单图形的面积。

(b) 研读单元教材，确定单元目标

a) 结合实例理解面积的含义；体会统一面积单位的必要性，认识常用的面积单位，建

[一] 王洋，刘晓婷. 逆向教学设计，让学生的学习真正发生——"长正方形的面积"引起的思考 [J]. 中小学数学（小学版），2019（9）：16-19.

立 $1m^2$、$1dm^2$、$1mm^2$ 的表象；熟悉相邻两个单位之间的进率，会进行简单的单位换算。

b）探索并掌握长方形、正方形的面积公式，会应用公式正确计算长方形、正方形的面积，并能够解决简单的实际问题。

c）经历对长方形、正方形有关知识的探索过程，发展空间观念，积累教学活动经验。

（c）多版本教材比较，明确课时目标

横向对比三个版本的教材，都非常重视学生对长方形面积公式的推导过程。三个版本的教材都分别先让学生借助 $1cm^2$ 小正方形摆一摆，初步感知长方形面积的计算方法，然后引导学生借助表格发现长、宽和面积之间的关系，归纳长方形面积的计算方法。三个版本的教材也略有不同（这里从略）。

通过对课标和教材的分析，我们制定了本课时的学习目标：

a）经历探索长方形、正方形面积公式的过程，并能够应用长方形、正方形面积公式解决简单的问题。

b）在归纳长方形、正方形面积公式的过程中，培养推理能力、解决问题的能力。

c）在探索、交流、分享中，激发学生的好奇心。

2）调研学情，确定评估证据

教材中直接让学生用 $1mm^2$ 这个面积单位来研究长方形的面积，那如果不直接给出，学生会想到吗？学生又会呈现怎样的方法呢？为了解学生本源想法，设计了一道题对学生进行调研。为了方便学生研究，给他们提供了一个长 6cm、宽 4cm 的长方形。

调研题目：请你想办法求出下面长方形的面积，并用你的方式解释一下你的想法。

根据本节课的学习目标和学生的作答情况，我们将学生对长方形面积的计算方法划分为三个水平，评价量规见表 8-5。

表 8-5 评价量规表

水平层级	水平 0	水平 1	水平 2
水平描述	将面积算成周长	1. 知道"长方形面积＝长×宽"，但是不知其背后的道理 2. 有意识画面积单位，但是面积单位画得不规范	1. 不仅知道"长方形面积＝长×宽"，还能通过画面积单位的方法解释这样算的道理 2. 通过数面积单位，得出长方形的面积
作答样例	问题：请你想办法求出长方形的面积，并用你喜欢的方式解释一下你的想法	问题：请你想办法求出长方形的面积，并用你喜欢的方式解释一下你的想法	问题：请你想办法求出长方形的面积，并用你喜欢的方式解释一下你的想法

通过对学生作答情况进行水平划分，调研结果如表 8-6 所示。

表 8-6　调研结果

水平层次	水平描述	人数	百分比
水平 0	将面积算成周长	4 人	10%
水平 1	1. 知道"长方形面积 = 长 × 宽"，但是不知道其背后的道理。	15 人	37.5%
	2. 有意识画面积单位，但是画得不规范。	6 人	15%
水平 2	1. 不仅知道"长方形面积 = 长 × 宽"，还能通过画面积单位的方法解释这样的道理。	11 人	27.5%
	2. 通过数面积单位，得出长方形的面积。	4 人	10%

以上学情调研，采用的是"表现性评价"，评价的主要目的不是为了甄选和淘汰，而是为了使教师获得对学生学力现状的当堂把握，并且能够将这些信息灵活运用到后续的教学指导和以学生为主体的学习活动当中去。因此，针对学生的完成情况，并不是简单地以"对"或"错"进行数据统计，而是根据学生的思考水平进行等级划分。

以上评价量规的制定依照了以下流程：

①教师根据学习目标，设计表现性评价任务；

②教师收集学生的作品，将作品进行分类，并根据学习目标和学生的认知水平的差异将作品进行水平划分；

③归纳同一水平等级的作品的不同特征，然后记入评价准则中。

根据表现性评价的结果可以清晰地看出学生认知水平的差异。评价量规中的水平层级和典型样例，成为课堂上教师评价学生的有力证据。接下来，教师要思考的是：如何将不同水平的作品进行反馈？如何帮助低水平的学生上升到更高水平？根据以上思考，我们对学习活动进行改进。

3）根据证据，改进学习活动

改进点 1：为水平 0 的学生提供面积单位模型

根据前面调研结果可以看出，当学生自主探索长方形的面积时，有的学生将面积和周长混淆，说明他们对面积的概念还不是很清楚；有的学生有意识画出面积单位，通过数面积单位的个数来得出长方形的面积，但是画得不够规范，说明他们对面积单位的理解不是很透彻。面对水平 0 的 4 名学生，教师在巡视时，如果发现学生独立探索有困难，那么将给学生一些小正方形模型，鼓励他们通过摆一摆的方式得出长方形面积，为学生自主发现长方形的面积公式搭建了脚手架。

改进点 2：为水平 1 的学生提供表达困惑的机会。通过学情调研可以发现，全班有 21 名同学，他们只知道"长方形面积 = 长 × 宽"，却不知其背后的道理；或他们想到了画面积单位来数出长方形的面积，但是无法将其与长方形的长和宽建立联系。课上，如果只是让水平 2 的学生分享自己的想法，那么水平 1 的学生将是被动接受知识。他们认可水平 2 的想法吗？他们在自主探索时遇到了什么困难？教师都无法得知。因此，教师要给水平 1 的学生表达困惑的机会，让他们谈一谈自己的想法，并说一说自己在哪里遇到了困难，学生的困惑即是知识的生长点。将学生的困惑解决了，他们对知识的理解才会真正有所提升。

改过点 3：为水平 2 的学生提供富有挑战性的题目。在数学课上，大多数教师是依水平 2 的学生来上课的。例如这节课上，全班有 29 名学生不知道长方形的面积为什么等于长乘宽，但是有 11 名学生是很清楚的。在课上，教师会选择水平 2 的学生来分享自己的想法，为水平 0 和水平 1 的学生讲解长方形面积公式的推导过程，代替了教师的直接告知。不可否认的是，水平 2 的学生的确在语言表达及与人交流方面会得到提升，但是他们原本已经非常清楚长方形面积公式的推导过程，那么如何帮助他们的认知水平有所提升呢？教师应该为这些学生提供更具挑战性的题目。在已经初步探索出长方形面积公式之后，水平 0 和水平 1 的学生借助长 3cm、宽 2cm 和长 4cm、宽 3cm 的长方形进行验证时，可以为水平 2 的学生提供长 3.5cm、宽 2cm 这样的非整厘米数的长方形，培养他们灵活解决问题的能力，促进他们对长方形面积的认识提升到更高的水平。

案例小结

让学习真正发生的课堂，不是表面非常顺利、不敢暴露学生错误的课堂；让学习真正发生的课堂，不是高水平的学生独占话语权，其他学生只作为陪衬的课堂；让学习真正发生的课堂，不是只顾让不会的学生学会，而忽略高水平学生向更高水平发展的课堂。

评析

通过该教学案例可以发现，教师进行教学设计时，在分析课标和教材的基础上，瞄准大概念"长方形面积的理解和计算"，确定了单元学习目标和课时学习目标。评价依据的确定是在充分调研的基础上的，为教师掌握学生的原有认知水平提供了可靠的证据，教学活动的安排是在传统教学的基础上进行了改进的，将评价设计先于活动设计，并让学生认知水平的提升看得见、摸得着。通过这个案例，可以看出与传统教学设计相比，逆向教学设计的明显优势和效果。

8.4.2 典型案例评析二 高中生物逆向教学单元设计之作业设计

★ 教学内容

细胞的结构

○ 周瑞山，刘芳敏. 例析高中生物逆向教学单元设计之作业设计 [J]. 文理导航（中旬），2020（8）：68-69.

★ 教学年级

高中

★ 所属学科

生物

★ 案例导读

早期的作业大都作为巩固知识的方法，即知识操练，用以巩固和强化课堂中所学的知识，而现如今作业还兼具了培养良好习惯与训练科学思维的功能。但在"逆向教学"中，作业不仅仅是课堂教学的反馈，更是教学设计的依据，即达到预期理解的证据之一。这意味着作业的设计需要优先于教学设计，并成为教学的指导与评估手段。

★ 案例呈现

◉（1）明确教学的方向—制定教学目标

逆向设计是以目标为导向，因此作业的设计最终是为了指向具体的目标。以《细胞的结构》为例，《普通高中生物学课程标准（2017版）》对于该部分内容给出了本单元需要实现的核心概念"细胞各部分结构既分工又合作，共同执行细胞的各项生命活动"，在此基础上进一步细分为四个水平层次，见表8-7。

表8-7 细胞的核心概念和水平层次

核心概念	水平层次
细胞各部分结构既分工又合作，共同执行细胞的各项生命活动	能以结构和功能观，说出细胞组成结构和功能之间的关系
	能运用结构与功能观，举例说明细胞组成结构和功能之间的关系
	能够在特定情境中，运用结构与功能观，分析细胞组成结构和功能之间的关系
	能运用结构与功能观，阐释细胞结构和功能的关系，并能够将科学、技术、工程学、数学知识和能力综合运用在实践活动中

同时在课程标准中，具体的学习内容要求如下：

1）概述细胞都由质膜包裹，质膜将细胞与其生活环境分开，能控制物质进出，并参与细胞间的信息交流；

2）阐明细胞内具有多个相对独立的结构，担负着物质运输、合成与分解、能量转换和信息传递等生命活动；

3）阐明遗传信息主要储存在细胞核中；

4）举例说明细胞各部分结构之间相互联系、协调一致，共同执行细胞的各项生命活动。

分析上述水平要求和具体内容要求，为我们的教学目标设计指明了方向。因此，基于核心素养视角下的本单元的具体目标可以制定为如表 8-8 所示。

表 8-8 核心素养视角下学习的具体目标

素养	具体目标	质量水平
生命观念	能够运用结构与功能观，阐释细胞组成结构和功能的关系，并能够将科学、技术、工程学和数学（STEM）知识和能力运用在实践活动中	水平等级四
科学思维	能够从洋葱表皮细胞质壁分离现象中总结细胞膜选择透过性的特点，并预测细胞处于不同环境中的形态变化	水平等级三
科学探究	能够正确使用工具进行观察，并选用合适的材料与他人合作搭建细胞模型，以口头或书面的形式介绍所搭建的模型及其特点	水平等级二
社会责任	运用细胞吸水和失水的原理，解释生活和生产中的有关生命现象，并将其原理应用于生活中	水平等级四

当然，在分课时教学设计时，可以将单元教学目标进行相应的分解与细化。

◉（2）确定合适的评估证据—作业设计

作业作为教学评估的主要证据，设计时不仅需要对标教学的目标，同时也需要让学生能够明确呈现其学习结果。在《细胞的结构》单元中，我们设计了能够体现目标的课程作业。

1）单元长周期作业

为了实现"细胞各部分结构既分工又合作，共同执行细胞的各项生命活动"的单元总目标，在该单元教学实施之际，设计开展细胞"亚显微结构"模型制作大赛。以小组为单位完成作业，随作品同时递交作品情况表，须标明模型结构名称、制作者的分工情况。作业中鼓励同学表现创意，但不得出现科学性错误。学生在单元学习过程中，依据学习知识选取合适的材料，搭建完整的细胞结构模型，如图 8-7 所示。

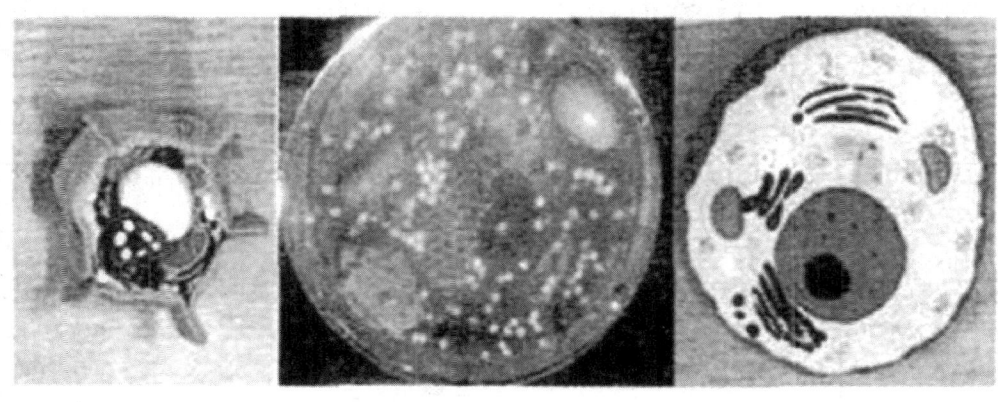

图 8-7 细胞结构模型

在完成该份作业的过程中，学生需要充分运用STEM知识与能力，还有小组尝试运用3D打印的技术，获得更为精细化的细胞器模型。在完成模型搭建的同时，学生需要对模型作品进行说明，阐释各个细胞结构的特点及其行使功能间的关系，以达成较高的学业水平要求目标。

2）分课时作业

针对单元内各个教学环节需要达成的目标，可以以基本的检测题作为作业进行评估。在作业的设计中，同样需要关注学生能够达成的知识、技能、理解的预期目标，见表8-9。

表8-9 作业设计

	预期目标	例题	目的
知识	认识细胞中的各个结构。	请说出以下各个结构的名称及其功能。	能够根据图像识别具体的细胞结构
技能	通过对洋葱表皮细胞质壁分离现象的观察，理解细胞膜的功能。	在"观察植物细胞的质壁分离和复原"的实验中，对紫色洋葱鳞片叶外表皮临时装片进行了三次观察（如图所示），下列有关叙述正确的是（　　） A.若选择非紫色的内表皮细胞进行实验，则需要将显微镜视野调得更亮一些。 B.第二次观察时可以发现细胞质壁分离首先发生在细胞的角隅处。 C.吸水纸的主要作用是吸除滴管滴加的多余液体，以免污染镜头。 D.为了节约实验时间，可以省略第一次显微观察步骤。	了解洋葱细胞质壁分离和复原实验的具体过程，以及质壁分离的判断依据
	细胞的物质组成与结构的关系。	请根据磷脂分子的特性，判断以下哪一项符合细胞膜的结构模式图（　　） A. B. C. D.　亲水性 疏水性	观察细胞膜作为细胞边界的物质基础
理解	细胞结构间相互联系实现特定功能。	下图为某细胞的部分结构及蛋白质转运示意图，请回答下列问题。 细胞膜	阐明细胞内具有多个相对独立的结构在担负着物质运输、合成等生命活动中的具体作用及相互间的联系

（续）

预期目标		例题	目的
理解	细胞结构间相互联系实现特定功能。	（1）游离在细胞质基质中的核糖体上合成的蛋白质可穿过_____进入细胞核，而附着在内质网上的核糖体上合成的蛋白质可通过_____作用分泌到细胞外，却不能进入细胞核。 （2）上述蛋白质是通过在核糖体上游离的氨基酸之间发生_____的过程形成_____（化学键）。 （3）在上图的细胞结构中，进行生命活动所需的能量主要是由_____提供。 （4）原核细胞能够以上图所示的方式完成蛋白质的加工过程吗？请简述理由：_____。	阐明细胞内具有多个相对独立的结构在担负着物质运输、合成等生命活动中的具体作用及相互间的联系

以上述单元作业设计为例，以"课时作业"设计指向达成较低层次的教学目标评估；同时以"单元长周期"教学设计，指向单元的核心概念，对单元的整体学习情况进行总结与评估，并以此指导课堂教学设计的实施。当学生能够完成上述"分课时作业"，说明课堂教学达成预期目标，当学生小组能够完成"单元长周期作业"并进行详细的模型说明则说明本单元的教学达成预期目标，学生对核心观念达到理解的程度。

◉（3）设计学习体验，给学生更多的成长空间

基于"单元长周期作业"的设计，在教学设计时采用项目化学习（Project Based Learning）教学模式，以"如何搭建细胞亚显微结构模型"为课程的驱动性问题，学生需要进行自主学习并运用所学到的知识来完成作业任务。

例如学生在课堂教学中学习了细胞膜以磷脂双分子层与蛋白质为基本骨架，具有选择透过性及半流动性的特点，在课后就需要选择合适的材料来体现细胞膜的结构特性与功能特性。又比如，在学习细胞器相关内容时，学生围绕核心问题，通过自主学习或教师引导了解细胞中与蛋白质的合成、加工与分泌过程有关的细胞器及其功能，整合信息后分析、描述出合成加工的具体过程。那么，在模型搭建的过程当中，学生就需要根据蛋白质合成、加工、分泌的具体过程，考虑细胞中核糖体、内质网、高尔基体等细胞器在细胞中的相对空间位置，甚至表现出囊泡的胞吐过程，并在模型说明中进行具体的阐述。

— 📖 案例小结 —

基于逆向教学单元设计的作业设计，是从学习者的"理解"出发，教师通过设计真实情境下的真实任务，为学生的学习提供明确的方向，学生在学习的过程中不仅仅是简单地积累知识，更是将抽象的知识转化为具体的实际问题。学生也并不是一次性地完成某次作业，而是在学习的过程中，对自己的作业进行不断地反思与改进，最终形成一项经过反复思考与修改的学习成果，通过模型的展示与交流，并将自己的学习成果同学习伙伴共享。

> **评析**
>
> 该教学案例说明，基于理解的逆向教学设计，不仅仅局限于对课堂教学过程的设计，也可以延伸到对课后作业的逆向设计。受此启发，课后的活动课程、研究性学习课程等，是否也可以运用渗透逆向教学设计理念呢？答案是肯定的。

8.4.3　典型案例评析三　基于逆向设计的"STEM+物理"课例开发[⊖]

★ 教学年级

高一

★ 所属学科

STEM+物理

★ 案例导读

STEM 教育作为一种教学思想和策略，已经成为培养创新人才的重大举措。但在当前的 STEM 教育中，教师通常以演绎的形式安排任务，根据内容设计教学活动，关注活动形式的多样化，导致学生学习内容过于宽泛，知识间缺少有机联系，学习体验华而不实，如"重活动轻知识"或"重模仿轻创新"，这些都偏离了 STEM 教育的本质。

逆向设计法体现了"翻转"设计的思想，关注表现性评价及其证据，进行"STEM+物理"教学如何运用逆向设计呢？如何坚持学生发展导向、多元主体参与、重视结果的同时更重视过程呢？下面让我们欣赏教学实例"桥梁+力的分解"。

★ 案例呈现

◉（1）确定预期目标

"STEM+物理"课程的教学目标可以结合 STEM 素养与物理核心素养角度描述。本课例的学习目标见表 8-10。

表 8-10　目标设置

学习目标	素养	二级指标
会准确表达力的分解和分力的概念	物理观念	相互作用观

⊖ 周和建. 基于逆向设计的"STEM+物理"课例开发——以"桥梁+力的分解"为例[J]. 中学物理, 2020(5): 40-42.

（续）

学习目标	素养	二级指标
会运用力的分解知识解决实际问题	科学思维	模型建构、科学推理、科学论证
	知识融通与应用	结合科学知识，解决现实问题
运用力的分解知识，设计和搭建桥梁	系统设计与创新	应用学科知识进行科学探究、设计
	物化实践与表达	借助材料对方案进行物化并交流

◉（2）确定合适的评估证据

1）表现性任务

利用学校科技创新实验室的工具，在木工师傅的帮助指导下，切割好木块零件。搭一座桥，要求跨度大、结构简单、造型美观。

利用学校创新实验室的传感器，测试桥梁模型承受能力。结合力的分解知识，定量分析桥面压力与两侧桥墩压力之间的关系。进一步讨论桥梁结构和受力特点。

将桥梁模型放在学校地震馆的震级工作台上做抗震实验，定性分析桥梁稳定的最重要因素是什么。

利用木条和胶水制作木结构桥梁，开展木结构桥梁承重比赛。

用工程制图软件，设计桥梁模型。利用学校创客实验室的3D打印机，打印桥梁模型。

2）其他证据

小测验：生活情境中的力的分解实例。例如，高大的桥为什么要造很长的引桥？为何刀刃的夹角越小越锋利？如何把陷入泥坑的汽车拉出来？

简答题：描述不同种类桥梁的结构特点和受力特点，分析它们的优缺点。

3）评价指标

"力的分解"学习任务评价量表见表8-11。

表8-11 "力的分解"学习任务评价量表

	A（1分）	B（2分）	C（3分）
力的分解方案	未按实际作用效果分解力	按实际作用效果分解力	按实际作用效果分解力，并能设计实验验证方案
小组协作	无分工协作，由个别成员完成	分工清晰，执行有序	分工清晰，执行有序，讨论与思维碰撞热烈
介绍演示	展示讲解缺乏逻辑、思路混乱	展示讲解逻辑清晰，组员认知均衡	能对其他组员的观点进行提炼与科学归纳

学生搭建的一些桥梁模型如图8-8所示。

图 8-8　学生搭建的桥梁模型

从表 8-12，自评和互评小组搭建的桥梁模型。

表 8-12　桥梁模型评价指标

模型图	桥梁种类	艺术性：结构简单、造型美观等	实用性：桥梁跨度、汽车通行、船只通航等	安全性：桥梁承重、抗震能力等	受力分析：力的分解、力矩平衡等

（3）设计学习体验

1）力的分解

任务 1：在水平面斜向上拉木块，拉力有什么作用效果？

材料：木块、电子秤、白纸、铅笔、橡皮、三角板 1 对。

执行任务：在电子秤上斜拉木块，观察电子秤读数变化，确定拉力的作用效果，分解拉力。

任务 2：木块放在斜面上，它的重力有什么作用效果？

材料：木块、泡沫板、白纸、铅笔、橡皮、三角板 1 对。

执行任务：将木板放在泡沫板构成的斜面上，观察泡沫板形变情况，确定重力的作用效果，如图 8-9 所示，分解重力。

图 8-9　分解重力

任务3：石拱桥最上方的石块的重力有什么作用效果？

材料：拱桥模型、白纸、铅笔、橡皮、三角板1对。

执行任务：根据实际情况，确定作用效果，分解重力。

2）桥梁模型制作

任务1：利用科技创新实验室的工具，在木工师傅的帮助指导下，切割好木块零件。用木块搭一座桥，要求跨度大、结构简单、造型美观。

任务2：利用创新实验室的力传感器，测试桥梁模型承重能力，如图8-10所示。结合力的分解知识，定量分析桥面压力与两侧桥墩压力之间的关系。进一步讨论桥梁结构和受力特点。

任务3：将桥梁模型放在地震馆的震级工作台上做抗震实验，定性分析桥梁稳定的最重要因素是什么。

任务4：利用木条和胶水制作木结构桥梁，开展木结构桥梁承重比赛，如图8-11所示。

任务5：用工程制图软件，设计桥梁模型，如图8-12所示。利用创客实验室的3D打印机，打印桥梁模型。

图8-10　测试桥梁模型承重能力

图8-11　测试木结构桥梁承重比重

图 8-12　设计桥梁模型

📖 **案例小结**

　　一个优秀的 STEM 教育活动，体现的是学生像科学家一样思考，像工程师一样解决问题，鼓励学生主动发表见解、观点，在逐步探究中深化对知识的理解。当完成 STEM 学习后，需要分析过程、总结方法，教师要为学生提供反思和再思考的机会。

📖 **评析**

　　基于逆向设计的 STEM 教育实施框架，在具体学习环节中，通过先行明确教学目标、评价标准和评价方式，再逆推教学活动设计，抓住关键问题并挖掘学科核心概念，最终达成了 STEM 教育学习目标。

知识索引

(根据拼音首字母排列)

知识	对应页码
B	
班级教学	7, 98
班级授课制	57, 113
表现性评价	178, 186, 192
C	
产婆术	23
传统教学	16, 19, 51, 52, 92, 98, 171, 172, 178, 187
创造和革新的能力	2
创造教育理论	55
创新性思维 / 创造性思考 / 创造性思维	161 / 155 / 23, 49, 91, 142, 147, 151, 161
D	
大概念 / 核心概念 / 核心观念	147, 148, 149, 150, 151, 152, 173, 174, 177, 178, 180, 182, 183, 187 / 15, 147, 148, 151, 152, 173, 188, 191, 196 / 151, 191
大数据	11, 55
单元教学 / 单元整体教学	173, 189 / 178
单元设计	143, 171, 173, 183, 187, 191
"道尔顿"学制	7
低阶思维	72
定制化学习	67
动机理论	16, 17
F	
发现学习理论	18
翻转课堂	12, 15, 62, 66
范例教学	173
G	
高阶思维	65, 72, 134, 136, 151, 152, 173
个别教授	6
个体评价	101, 104
沟通与合作的能力	2
过程性评价 / 过程评价	102 / 102, 172
H	
哈蒂排名	12, 15, 16

（续）

知识	对应页码
核心素养	5, 63, 64, 100, 102, 140, 143, 144, 151, 152, 156, 171, 172, 180, 189, 192
合作学习	2, 4, 5, 6, 10, 12, 15, 16, 31, 43, 53, 67, 84, 85, 86, 87, 88, 89, 90, 91, 92, 93, 97, 98, 99, 100, 101, 102, 103, 104, 105, 106, 142
互评	101, 108, 178, 194
混合式学习	5, 10, 12, 13, 14, 15, 50, 51, 52, 53, 54, 55, 56, 57, 58, 59, 60, 61, 62, 63
活动理论	55
活教育	9
J	
建构主义	11, 18, 55, 172, 173
教师评价	101, 186
教学策略（定义）	3
教学情境化	67
教学工学理论	16
教学系统设计理论	55
教学做合一	8
教育传播理论	55
接触理论	16
结果性评价	102
解决问题的能力 / 问题解决能力	2, 33, 86, 140, 142, 145, 153, 173, 185, 187 / 64
K	
课堂革命	3, 4, 5
L	
理解的六个侧面	174, 175
理解的七个认知过程	175
廉方教学法	9
量化评价	100, 101
M	
媒体素养	147, 151
N	
逆向教学设计	170, 171, 172, 173, 174, 176, 178, 181, 182, 183, 184, 187, 192
P	
批判性思维	66, 67, 140, 145, 147, 151
Q	
迁移	6, 28, 40, 65, 66, 69, 70, 71, 72, 91, 92, 103, 104, 105, 152, 173, 176, 177, 178, 181, 182, 183

（续）

知识	对应页码
浅表学习 / 浅层学习	65, 66 / 15, 65, 71, 72
浅层学习策略	15
情境化教学 / 情境教学	49 / 5, 9, 10, 12, 13, 19, 20, 21, 22, 23, 25, 26, 27, 28, 35, 37, 172
全人教育	140
R	
人本主义	55
人工智能	1, 2, 3, 56, 64, 65, 145
认知层面的等级制度	89
认知精制理论	16
认知心理学	172, 173
认知主义	55
日常行为观察法	101
S	
社会互赖理论	16
深度学习	5, 10, 12, 13, 15, 64, 65, 66, 67, 68, 69, 70, 71, 72, 73, 79, 80, 81, 83
深度学习策略	15
生活教育	8
实用主义	18
首要教学原理	55
四步评价法	101
T	
探究式教学 / 探究式学习	12, 17 / 2, 17, 20, 160
同伴评价	100, 103, 104
团队合作 / 团队协作	64, 97, 140, 145, 169 / 139, 141
团队评价	101
W	
网络学习 / 网络化学习	14, 50, 52, 53, 54, 55, 58 / 56
问题解决教学	12, 17
五步教学法	25
五段教学法	7
X	
线上教学 / 在线教学	50, 56 / 50, 56
项目化学习	2, 5, 10, 12, 17, 18, 138, 139, 140, 141, 142, 143, 145, 150, 151, 152, 153, 159, 160, 161, 169, 191
信息技术素养	2
形成性评价	100, 101, 154, 160, 161, 173, 181
行为主义	10, 55

（续）

知识	对应页码
虚假学习	65, 66
选择理论	16
学生体验	15
学生小组成就分工法	103
学习共同体	88, 102, 144
学习支架	159
Y	
延时评价	178
游戏化教学 / 游戏化学习	112, 115, 119, 120, 122, 123, 125, 127, 128 / 5, 10, 12, 16, 17, 111, 112, 114, 115, 119, 128, 129,
远程学习	14, 50
云计算	55, 64
Z	
在线学习	11, 14, 50, 51, 52, 53, 54, 55
整个教学法	8
直接授课	2
智慧课堂	56
质性评价	100
终结性评价	14, 100, 160, 161
终生学习的能力	2
自然教育	24
自我评价 / 自评	100, 104, 141, 183 / 101, 178, 194
自主学习	4, 50, 53, 61, 67, 73, 105, 114, 115, 161, 162, 163, 165, 191
综合教学法	109, 110
最近发展区	16, 17
做中学	35